- 돈화문(敦化門)의 의미 -

돈화문(敦化門)이란 말의 뜻은
돈(敦)자가 도타울 돈으로
사람에게서 그 의미를 찾는다면

사람이 감각을 계발하여
정신의 그릇이
한없이 넓고 커서

천지만물과 우주만유가
내면에 포용되고도 남을 정도로
소우주와 대우주가
하나가 되어
정신이 개벽된

대인이 되기 위한 문을 이름하여
돈화문(敦化門)이고

이 돈화문을 들어서야
큰 덕(德)을 번창(繁昌)시킬 수 있다는 뜻으로
창덕궁(昌德宮)인 것입니다.

※ <한번 깨어나 살자꾸나!>의 모든 글은 저자 원아 유종열선생의 낭독음성파일과 연결되어 있습니다. 스마트폰으로 QR코드 인식기를 실행하고 각 글의 QR코드를 촬영하면 원아님의 낭독녹음 영상을 볼 수 있습니다.

※ 봄나라 홈페이지(bomnara. com)에 많은 공부자료가 있으니 홈페이지를 방문하세요!

한번 깨어나 살자꾸나!

한번 깨어나 살자꾸나!

초판발행 | 2018년 2월 1일

지은이 | 원아(圓我) 유종열

펴낸이 | 지수연

펴낸곳 | 도서출판 봄나라 (제300-2005-28호)

전화 | 02-765-2848

팩스 | 02-765-2847

홈페이지 | bomnara.com

주소 | 서울시 종로구 율곡로6길 36, 905호

계좌번호 | 국민은행 817201-04-125746 지수연

가격 | 40,000원

ISBN | 978-89-94614-14-4

<인 지 생 략>

이 책의 저자이신
원아 유종열님의 뜻에 따라
인세를 저자에게
전혀 지불하지 않고
전액을 봄나라 운영기금으로
사용하기로 하였습니다.

「이 도서의 국립중앙도서관 출판예정도서목록(CIP)은 서지정보유통지원시스템 홈페이지(http://seoji.nl.go.kr)와 국가자료공동목록시스템(http://www.nl.go.kr/kolisnet)에서 이용하실 수 있습니다.(CIP제어번호: CIP2018000284)」

태양을 위시한
모든 물질의 빛은
자기를 비추지 못하고
남만을 비춘다

그러나
사람에게 잠재되고 내재된
영성의 빛은
자기도 비추고
남도 비춘다

그러므로
우리는
밖으로 나가는 빛을
돌이켜
자기의 안을 비추며
살아가는 생활을
시작하여야 한다

읽어두기

1. 지금까지 우리는
좌뇌본위의 삶을 살아왔습니다.

2. 좌뇌본위의 삶이란
생각을 위주로 하는
양자택일의 이분법적인 삶을 말합니다.

3. 그러다 보니
남성위주의 사회, 물질만능의 사회,
과학기술 만능의 사회로 치우친
인간과 세상이 되고 말았습니다.

4.그러므로
좌뇌본위에 치우친 인간을 바로잡자면
우뇌의 개발을 통해
좌우가 균형잡히고
두뇌와 가슴이 통하는
성숙한 인간으로
환골탈태(換骨脫胎)하지 않으면
안될 시점에 이르렀습니다.

5. 우뇌가 개발되는 정도에 따라,
외면과 아울러 내면도 중시하고,

남성과 더불어 여성도 중시되고,
물질만이 아니라 정신도 중시되고,
과학기술만이 아니라 의식의 진화도 중시하는,
완전히 균형잡힌
인간과 세상이 탄생될 것입니다.

6. 문제는
좌뇌본위로 치우친 인간을
어떻게 하여야 우뇌를 개발시켜
좌우가 합작이 되고
조화로운 음양의 한쌍이 되도록
하느냐인 것입니다.

7. 좌뇌를 시간의 형식이라면
우뇌는 공간의 형식입니다.

8. 좌뇌를 분석적이라면
우뇌는 종합적입니다.

9. 좌뇌를 외향적이고 남성적이라면
우뇌는 내향적이고 여성적입니다.

10. 그러므로
지금은 그 동안 개발을 미루어 온
우뇌개발에 심혈을 기울여야 할 때입니다.

11.여기에
획기적인 우뇌개발의 길이 있습니다.

12. 돌아 봄, 바라봄, 늘 봄의 생활로
전환하기만 하면 됩니다.

13. 그렇게 살면
무한한 공간 속에 자리잡고
영원의 시간을 운행하는 장본인이 됩니다.

14. 소원이 성취됩니다.

15. 이 책은
읽고 이해하는데 그쳐서는 안됩니다.

16. "늘 봄의 생활"이 정착되고
내재화 될 때까지
계속 되풀이해서 읽으셔야 합니다.

원아 유종열 선생의

한번 깨어나 살자꾸나!

-제1권 늘봄의 생활-

도서출판 봄나라

봄1

한번 깨어나 살자꾸나!

꿈 속에서
꿈을 꾸고 있는 동안은
꿈꾸는 사람이다.

나를
나의 몸이나 마음과
동일시하는 순간부터
꿈은 시작되었다.

그리하여
너와 우리와 그들,
세상만사가
모두 꿈 속의 일이 되었다.

꿈을 꾸는 동안은
자기가 누구인지 모른다.

어디서 와서
왜 살며
어디로 가는지 깜깜하다.

나라고 하는
최초의 생각으로 부터
꿈의 세계가 펼쳐진다.

그러므로
꿈의 세계로부터
깨어날 가능성이란
절대절명의 악몽을 꾸다가
죽지 않으려고 발버둥치다가
깨어나보니
그것이
꿈이었다는 것을 아는 수밖에 없다.

꿈을 깨고 보면
자기라고 하는 실체가
없다는 것을 알기에
죽을 나가
없다는 것을 알게 된다.

그러므로
생사의 문제는
생사라고 하는 꿈을
깨어야 해결이 된다.

철학이니 종교니 수행법이니
모두
생각이 엮어 만든
꿈의 조각일 뿐이다.

나라고 하는 꿈,
인생이라고 하는 꿈,
이 세상이라고 하는
꿈을 깨기 위해서는
누군가
꿈을 깨워줄 자가 있어야 한다.

스스로 깨어나기는
대단히 어려운 것이 사실이다.

그러므로
꿈을 깬자만이
꿈꾸는 자를 도와줄 수 있다.

꿈은 환상의 세계,
거짓의 세계,
어두움 속에서 진행되는 세계다.

꿈을 깨지 못한 사람들이
벌이는

꿈 속의 세상은
요지경이다.

아무리 먹어도
배부르지 않은 것을
먹으려고 몸부림치면서
서로 차지하려고
싸우며 사는 수라장이다.

헛된 것을 소유하려고
기력을 다 소진시키고
헛되이 생을 마감한다.

일장춘몽이다.

지식과 정보의 사회 역시
꿈을 꾸는 자들이 만들어가는
꿈 속의 세상일 뿐이다.

아무리 고상하고
차원이 높은들
어디까지나
꿈 속의 일일 따름이다.

꿈을 깨지 못하였으므로
한편으로는 하나님을 찾으면서
한편으로는 전쟁준비에 여념이 없다.

드라마는
언제나 청군 백군으로 편을 짜
게임을 벌이게 되어 있다.
승패를 가리고 선악을 가리려고 한다.

몽유병자의 행동이다.

체제와 제도와 법률을
아무리 뜯어고치고
개혁을 한답시고 아무리해도
꿈속의 일이다.

꿈을 깨지 않고서는
행복과 평화는
꿈 속의 구호에 지나지 않는다.

인류를 구하기 위해서는
인류를 꿈에서 깨우는 도리밖에 없다.

남을 깨우기 위해서는
우선 나부터 꿈에서 깨어나야 한다.

봄1 윈아님참말씀

내가 깬자가 되어야 한다.

내가 깬자가 되기 위해서는
깬자와 만나
그의 도움을 받는 것이 첩경이다.

나는 이 일을 위해 생애를 바치기로 했다.

한번 깨어나
살아보아야겠다고
생각하는 사람이
한사람이라도 있다면
나는 기꺼이 그를 도울 작정이다.

꿈은 깨면 그만이다.

수행이니 보림이니 하는 것도
꿈 속의 일이라는 것을
깨어나보아야 안다.

꿈을 깨는 데는 시간이 걸리지 않는다.

– 2003.10.02

봄2

사는 까닭

빈 손으로 와서
죽을 때 가져갈 수 있는 것이 무엇일까?

돈이나 지위나
명성 따위는 다 놓고 가더라!

올 때는 빈손으로 와도
갈 때는 빈손으로 가면 안 되잖아!

올 때는 오는 줄 모르게 왔고
갈 때는
내가 누군 줄 알고
가는 줄 알고
가야 할 것 아닌가?

가져가지 못하는 것을
아무리 소유한들 뭣해!

이왕이면
가져갈 수 있는 걸 소유해야지!

올 때 분명
꿈 속에서 온 게 분명하니
갈 때도 분명
꿈 속에서 갈 게 뻔하구나!

인생 일장춘몽이라고 하더니
나 보고 하는 소리로구나!

내가 누군지도 모르는 바보가
남이 바보라고 하면
성질내는 꼬라지 한번 보소!

모르면 모르는 줄
알아야지
모르고도 아는 체
자꾸 자꾸 하다보니
거짓말쟁이가 되었구나!!

몸둥이가 나라고
맘이 나라고

정신나간 소리
꿈꾸는 소리!

이제 그만 일어나거라!

흔들기! 해서 안되면
꼬집기! 그래도 안되면

찰싹! 귀쌈배기 때리기!

그래도 늘어지면
불이야 불! 소리치고

그래도 안 깨면
집에 불싸질렀뿔라!

죽든지 살든지

알게 뭣고?

판자의 이빨에
털난 도리를

함 말해보소!
야?!

봄2 믿아님참말씀

-2003.10.06

봄3

고독까지도 사랑하자

고독 앞에
강한 사람이
참으로 강한 사람이다.

아이 때는 심심해서 못살고,
어른이 되어서도 심심해서 죽을 지경이다.

세상 사람이 모두
고독 앞에 맥을 추지 못한다.

고독이란 놈이 힘이 쎄서가 아니라
고독을 두려워하고 기피하는(미워하는)
사람의 마음이
고독이란 놈의 힘을 부추겨주기 때문이다.

그러므로
고독이란 놈이 찾아오면
외면하거나 문전박대하지 말고
맞아들이고 봐주어야 한다.
눈을 맞추어주어야 한다.

고독이란 놈은 도적처럼
남이 안 보는 사이에 들어와
마음을 사로잡는 놈이므로
일단 들키면 맥을 쓰지 못한다.

그 작은 놈도
사랑 한 번
받아 보고 싶어
찾아 온 놈이지!

이 사실을 안다면
그래
언제든지 찾아오라고
문을 활짝 열어 놓고
환영까지 해주면
금방 수그러진다.
사랑받는 것이 목적이기 때문이다.

사랑이 만병통치약이다.

고독을 비롯하여
한 생각 일어난 것이 생이고
한 생각이 사라진 것이 멸이다.

한 생각 나고 죽는 이치가

생물이 나고 죽는 것과 같다.

그러므로
항상 깨어있어야 한다.
깨어있지 않으면
잠이 오고 꿈을 꾸게 된다.

고독에 사로잡히면
고독이란 놈이 주인공이 되어
한바탕 꿈의 세계가 벌어진다.

고독감에 일단 사로잡히면
꿈의 세계로 빠져든 것이다.

제 마음이지만
제 마음대로 안되는 것이다.
꿈에 빠졌기 때문이지!
눈뜨고 꾸는 꿈이지!
고독을 미워한 댓가를
꿈을 통해 치루는 것이지!
일종의 형벌인 셈이지.

미워함은
우주의 진실이 아니기에
거짓의 세계에 빠뜨리는 것이다.

꿈에서 깨어나야
미워함이 진실이 아니라는 것을
확실히 알게 된다.

사랑할 필요는 없다.
미워하지 않으면 몽땅 사랑이다.

미움은 거짓이고 꿈이고 환상이다.
꿈과 환상과 거짓만 사라지면
그대로 진실이요 사랑이다.

본래 사람이 사랑 자체이기 때문이다.

본심 자리는
말하자면 텅비고 밝으며 무한하다.
부족함이 없다.
고독하지 않은 존재다.

고독이란
꿈속의 거짓 존재이다.
사람은 고독하게 태어났다는 말은
꿈 속에서 하는 말이다.
꿈을 깨고 보면
거기에 고독이란 놈을
눈을 씻고 보아도 보이지 않는다.

그러므로
잠에 빠지고 꿈을 꾸지 않기 위해
눈을 부릅뜨고 깨어있어야 한다.
고독이란 놈이 찾아오든지,
심심한 놈이 찾아오든지,
환영해주기 위해서 말이다.

한눈 파는 사이에 번개같이 들어와
우리 마음을 사로잡아버리기 때문이다.
일단 걸려들면 빠져나오기 대단히 힘이 든다.
꿈을 깨기가 용이하지 않다.

완전히 깬자(깨달은 자)가 되면
친구도 필요없어진다.
그러므로 친구에 매이지 않아 자유롭다.
누구하고나 친구가 될 수도 있다.
천상천하유아독존의 경지다.

텅빈 하늘이라
우주를 머금어 한덩어리다.
부자장자다.
대통령이 문제가 아니고 재벌이 문제가 아니다.
자기가 만든 세계의 주인공이지.

고독이 좋은 화두이다.
고독이 밀려올 때가 잠이 밀려올 때이고
꿈을 꾸기 시작하는 순간임을 알아야 한다.
내가 한눈을 팔면 고독의 노예가 되어버린다.

그러므로 항상 내 집을 잘 지켜야 한다.
깨어있어야 한다.

잠이 오는 줄,
꿈을 꾸는 줄 알아야
깨어있는 것이다.

올 때 오는 줄 알고,
갈 때 가는 줄 알아야
주인이다.

손님이 내 집에 오고 가는 줄을
반드시 알아야 주인이다.

그렇게 깨어 살다보면
자리가 잡혀서
오는 놈도 가는 놈도 없어지게 된다.
나밖에 아무것도 없기 때문이다.
안과 밖이 사라지기 때문이다.
내가 무한대하게 컸기 때문이다.
물아일체 주객일체 하나이기 때문이다.

그쯤되면
오는 법도 없고 가는 법도 없다.
시간 공간이 하나로 통일된 경지다.
시간이 있되 없고, 공간이 있되 없는 경지다.
깨달음의 경지다.

고독이란 놈이
나를 괴롭히는 존재가 아니라
사랑을 갈구하는 존재이고
나에게 사랑을 가르치는 존재이기도 하다.

그 작은 놈이 말이다.

고맙다.
고독!
그대가 없었다면 내가 어찌
오늘 이런 글을 쓸 수 있었겠는가!

고독까지도 사랑하자!

하물며 미물곤충까지라도
업신여겨서는 안될 것이다.
하물며 사람을 미워하는
마음이 있어서야 되겠는가!

그러므로
집안에서 쓰는
침대 이불 신발 옷까지도
함부로 하는
마음이 있어서는 안될 것이다.

차에게도 이따금 수고한다고
속으로 한마디 해줄 수 있어야
주인된 도리이다.

그것이
바로
고독까지도
사랑하는 마음씨가 아니겠는가.

그것이
바로
천지만물을
사랑하는 마음씨가 아니겠는가!

-2003.10.11

봄3 원아님 낭독

봄4

본심을 지키며 살자

대부분의 사람들은
본심이라는 말은 알지만
실지로는
본심을 스스로 느끼지 못하므로
본심을 지키며 살지 못한다.

본심은
나의 본심이니
너의 본심으로
나누어지지 않는
우리의 공통된 바탕의 마음씨다.

그러므로
본심으로 말하면
우주에는 오직
하나의 본심이 있을 뿐이다.

본심은 블랙홀과 같다.
블랙홀에 들어가면
무엇이든지 사라진다.
물질이나 의식이나 시간 공간도
본심이 발로되면 모두 사라진다.

오직 본심의 핵우산 속에
모든 것이 녹아버린다.
일단 한번 본심이 발로되면
블랙홀의 기능이 계속 일어난다.

그리하여 본심 이외에는
실로 아무 것도 없다.
어떤 일도 일어나지 않았고
아무 일도 일어나지 않을 것이다.
나라고 하는 자아가 사라져버렸기 때문이다.
이 경지가 바로 깨달음의 경지이다.

과거의 추억이나
미래의 이상 따위는
카메라 렌즈에 잡히지 않는다.
카메라 렌즈에는,
현실의 모습,
있는 그대로의 사물의 모습이 비치듯
우리의 눈은 현재 여기의 모습을
비로소 정견하며 살게 된다.
이렇게 된 것을 눈이 떠졌다고 한다.

이렇게 되기 전에는
본심이라는 말은
생각을 통해 알지만
본심을 느껴볼 수는 없다.

이렇게 되면
있는 그대로의 소리를
들을 수 있는 귀도 열린다.

본심을 느낄 수 있고
지킬 수 있어야,
눈이 열리고 귀가 열리고
코가 열리고 혀가 열리고
온 몸의 감각이 열리고
이윽고 의지도 열리게 된다.

본심을 지키며 산다는 것은
극도로 예민하게
눈을 뜨고
귀를 기울이고
감각적으로 삶을 의미한다.

본심을 지키며 산다는 것은
사사로움을 추구하지 않는다는 뜻이기도 하다.
본심은
공평무사하고 공명정대하다는 것을
느낌을 통해 알 수 있다.

본심의 나래가 활짝 펴진 가운데 살면
구차하게 잔머리를 굴리지 않게 된다.

본심이 드러나고
본심이 활짝 열렸다는 것은
내면의 하늘이 열렸다는 말이다.

이렇게 되면
그 무한대한 하늘이
모든 것을 알아서 한다.

하늘은 우리들 한사람 한사람의 숨은 생각은 물론
나뭇잎 하나 떨어지는 것도 놓치지 않고 다 안다.
하늘은 우리들 머리카락이 몇 개인지도 모를리 없다.

본심을 지키고 산다는 말은
하늘을 믿는다는 말도 된다.
본심을 지키고 살면
크고 작은 모든 일이 저절로 되어진다.
내가 걱정하고 근심할 일이 없다.
나는 은퇴하여 구경할 일밖에 없고
그러다 보면 구경하는 나 역시 사라질 때가 온다.

내가 사라진 세계가 열린 것을 일러
본심을 지키고 산다고도 할 수 있다.

본심이란 생각이 난무하지 않는
적멸의 세계인 동시에

생각이 난무하여도 흔적이 남지 않는
오묘한 세계,
진실의 세계,
깨달음의 세계다.

본심을 지키고 살면
진실하기 때문에 두려움이 없고,
두려움이 없으므로 당당하기 짝이 없다.
진실하면 강하고 강한 것은 진실하다.

일시적으로 보면
물리적인 힘이
내면적인 힘보다 강해 보이지만
물리적이고 외면적인 힘은
내면적인 힘을
공격할래야 공격할 수 조차 없다는
사실을 알아야 한다.

물리적인 힘은
내면적인 힘이 없이는 성립이 되지 않는다.

물리적인 힘은 한계가 있지만
내면의 힘, 영적인 힘은 한계가 없다.
본심을 지키고 산다는 말은
이 무한대함을 잊지 않고
그것과 항상 통하고 산다는 말이다.

본심을 잃어버리는 순간
우리는 당장 춥고 배고프고
서럽고 무서워질 수밖에 없다.
본심을 떠나 행복과 평화는 없다.

잔머리가 쉬어져야 마음이 편해지고
마음이 편하면 몸도 편해진다.
한 생각도 어른 거리지 않을 때,
본심을 느낄 수 있고,
본심을 알게 되어야,
지키고 누릴 수 있을 것이다.

사람이라면 누구나
본심을 지키며 살지 않으면 안된다.

그것이 사람의 도리이다.
그것이 천명이다.
그것이 진정한 종교이다.

나라고 하는 의식이 사라져야
본심이 작동한다.

–2003.10.16

봄4 원아님 낭독

봄5

행복이란 무엇일까?

누구나 행복을 꿈꾼다.
그러나 정작 행복이 무엇인지
개념정리가 잘 되어있지 못하다.
그러므로 행복을 찾아 기웃거리다가
행복의 파랑새는 잡지 못하고 만다.

대부분의 사람들은
행복을 자기의 만족에 두고 있는 것 같다.
돈이 생기고 애인이 생기고 이름을 날리면
행복할 거라고 생각한다.

지금이 아니고
미래의 어느 시점에 가면
행복이 오는 것으로 안다.

봄5 원아님 낭독

그러나 그런 행복을
잡았다는 사람은 아무도 없다.
행복을 잡으려면
지금 여기에서 잡아야지
미래에 행복하리라는 기대는
아니다.

행복은 무아지경에서 온다.
나라고 하는 헛것을
나라고 여기는 착각이 있는 한,
나라고 하는 실체가
독자적으로 존재하고 있다는
관념과 고집이 있는 한,
그러한 착각과 거짓이 존재하는 한
행복은 절대로 있을 수 없다.

에고가 보이지 않고
에고가 머물지 않아
마음이 텅빈 순간이 무아지경이다.

무아지경에는
나라는 관념이 없기에
행복이라는 관념도 없다.
또한 불행이라는 관념도 없다.

마음이 텅비어 무심이 되어야,
나라고 하는 의식이 사라져야,
천지간에 나홀로 존재하게 되어야,
이름하여 참 행복이다.

일이 있으나 없으나
항상 일심으로
자기의 내면을 주시하고 관조하여야
광대무량한 무심의 터전이 닦여진다.

놀 때 노는 데 빠지지 않고
일할 때 일하는 데 빠지지 않으려면
일심으로 되돌아 봄이
잠시라도 끊어져서는 안된다.

이렇게 되면
일심이면서 동시에 무심이 된다.
일심은
자기가 노력으로 이루어지지만
무심은
저절로 이루어진다.

일심을 일부러 기울이지 않아도
저절로 무심이 되고 무아가 되어야
비로소 행복이 무엇인지 알게 된다.

무심의 경지란
깨달음 조차도 없는 적멸의 경지다.
완전히 바보가 되어야
느낌으로 다가오는 경지,
그것이 행복이 아닐까?

조건이 없이 항상 행복한 삶 말이다.

-2003.10.23

봄6

대인의 길

나라고 하는
이름, 성별, 나이,
전공, 직업, 지위, 육체 등을
나라고 여기며 사는 의식의 단계를
편의상 소아, 에고라고 불러본다면
지구상의 거의 대부분의 사람들이
이 단계에서 살고 있다.

이 단계에서는
진실로
자기가 누구인지 모른다.
한계지워진 자기가
배타적으로 존재하는 것처럼 보이는
헛것을 자기로 보는 눈을 갖고 산다.

이 단계는
꿈을 꾸는 단계라고 할까,
영안(靈眼)이 떠지지 않는
단계라고나 할까!

진실의 자기에
눈을 뜨지 못한

무지의 단계이므로
속아 사는 인생이요
근심 걱정 불안 공포를
벗어나지 못하는
인생이다.

허상을
자기의 실체로 오인하는
미몽을 깨닫게 되면
비로서
대인의 길이 열리기 시작한다.

인생은
소인으로 와서
대인이 되어 가야 하는 과정이다.

대인이란
자기의 중심이 되어왔던
소아, 에고가
실지로는 존재하지 않는
하나의 환상이라는 것을
깨달은 사람이다.

그러므로,
대인에게는

가짜의 내가 있으므로
존재했던
너와 우리와
그들과 세상이
몽땅 사라진다.

대인은
무아지경에서 살고
적멸지경에서 산다.

대인은
무심으로 살고
본심으로 사는
큰 사람이다.

소인과 대인은
종자가
따로 있는 것이 아니라
소인이 철이 나면
대인이다.

소인의 문제는
대인이 되는 순간 사라진다.
인생의 모든 문제가 사라진다.

대인이 되면
세상의 모든 문제도 사라진다.

세상이란
소아(에고)가 만든 허상의 세계이므로
대인이 되면 세상의 꿈에서 깨어난다.

대인은
선악 시비 이해득실을 초월한 인간이요
무심으로 사는 사람이다.

소아가 죽고
대아로 거듭난 인간이다.

인간은 누구나
대인의 길을 가기 위해
삶을 부여받아 살고 있다.

인간의식의 장을 섭렵하다가
문득 이 길이 아니구나! 하고
대인의 길을 선택하고
일심으로 정진하여
무심을 증득하여야
대인이 된다.

일심으로 정진한 만큼
무심이 늘어간다.

반 정도 무심으로 살면
50점이고
몽땅 무심으로 살면
100점이다.

봄6 원아님 낭독

자기 나름의
생활을 해 가는 가운데
주시와 관조의 정성이
끊어지지 않을 때
일심으로 산다고 할 수 있다.

별도의 시간을 낼 필요도 없고
어디에 갈 필요도 없고
비용이 더 드는 것도 아니다.

누구나 반드시 가야할 길이
대인의 길이다.

대인의 길은
일심으로 가는 길이다.
정신차리고 걷는 길이다.

—2003.10.23

봄7

심판의 눈초리 대신 이해의 눈길을

남을 바라볼 때
대부분의 우리의 의식의 눈은
판단 평가 심판하기가 일쑤이다.

마치 자기가 재판관이기라도 한 것 처럼
자기에게는 판단의 오류가 없는 듯이
남들을 심판하고 단정한다.

마치
자기는 항상 바르고 틀림없는 것 처럼
말하고 행동하니 참으로 우습다.

몇푼어치 되지 않는
주관적인 지식과
경험이라고 하는 잣대를 가지고
단정을 짓는 꼬락서니는
거의 일생동안 지속된다.

이러한 삶의 자세의 반복을 통해서는
의식의 성장이 이루어지지 않는다.
자기에게도 이익이 되지 않고
남에게도 도움이 되지 않는다.

그러므로
우리는
남을 비판하고 분석하고
판단하고 평가하면서 사는
삶의 진부한 태도를 버려야 한다.

지각(분별지)을 통한
이러한 삶의 태도를
버리기로 작정하는 순간
우리는 통찰을 통한
이해의 차원으로 업그레이드 된다.

봄7 원아님 낭독

"저 사람은 저질이다. 나쁜 사람이다.
간사하다. 자만심이 강하다.
인색하다. 이기적이다"에서
끝나지 말고
"저렇게 된 것은 무슨 까닭이 있을꺼야!
그 까닭이 무엇일까?"하고 자문자답하여
그 까닭을 발견하기 위하여
에너지를 발동시키면
연구심이 증가하고
통찰력이 개발되면서
의식의 수준이 자꾸만 높아질 것이다.

남을 판단 평가 심판하는 것은
자기가 높은 위치에서 내려다 보는 입장이지만

남을 이해하고자 하는 것은
자기가 낮은 위치에 서는 것이 된다.

남을 심판하는 길을 걷게 되면
자꾸만 오해가 쌓여
대립 갈등 투쟁이 벌어질 수밖에 없고,
남을 이해하기로 작정하고 가는 길에는
사랑과 조화와 평화가 넘친다.

통찰력과 이해력과 연구력이 깊어지면
심판하는 사람도 심판받을 사람도 없어진다.

그렇게 되면
가슴은 이해와 사랑과 자비로 넘칠 것이며
두뇌는 이해되지 않을 일이 하나도 없고
미워할 사람이 한 사람도 없어
고요하고 한가로울 것이다.

분석과 심판의 길 대신
이해의 길을 선택하여 나아간다면
우리는 지혜와 복덕을 갖춘 인간으로
발돋움 할 수 있을 것이다.

이해의 눈길을 보내는
그 자체가
이미 사랑의 발로인 셈이다.

–2003.10.24

봄8

침묵과 소리

선(禪)의 공안(公案) 중에
"한 손으로 치는 손뼉 소리를 듣느냐?"
가 있다.

말을 바꾸면
"침묵의 소리를 마음의 눈으로 보느냐?"
가 될 것이다.

침묵을 바다라고 하면
소리는 파도와 같다.

침묵을 본질이라고 하면
소리는 현상이다.

침묵은 보이지 않는 내면이고,
소리는 보이는 외면이다.

대부분의 사람은
소리라고 하는 바다의 표면만 본다.
육안으로는
피상적인 외면세계 밖에 보지 못한다.
거기에는

보는 나와 보이는 남이 엄연히 대립된다.
상대세계다.

그러므로
내면을 보려면
육안이 아닌 심안으로 보아야 한다.

보는 나를 되돌아 보면,
보는 나가 거기에 없고
또한 보이는 대상도 따로 없어
주객이 혼연일체가 된다.

상대가 무너지면서 절대가 되어진다.

그렇게 되어야
"침묵의 소리"를 볼 수 있다.

그렇게 되면
침묵과 소리가 동시에 존재하게 된다.

침묵(고요)을 떠나 소리가 없고
소리 가운데 침묵이 있게 된다.

소리는 일어나고 사라지지만
침묵은 일어나고 꺼지는 법이 없다.

침묵이 있기에
소리가 나오기도 하고 들어가기도 한다.
침묵은
소리의 유무와 상관없이 항시 존재한다.

"까마득한 날에 하늘이 처음 열리고
어데 닭 우는 소리 들렸으랴!"
이육사의 "광야'라는 시 구절이 생각난다.

심안으로 내면을 관조하여
상대가 무너지고
절대가 되어야
비로소 고요를 맛볼 수 있다.
이 맛을 보지 못한 사람은
오히려 침묵을 두려워한다.

침묵에는
"나"라고 하는 에고가 없기에
침묵을 에고의 부재,
에고의 죽음으로 여기기 때문이다.
이 때 에고는
즉시 심심하다는 생각을 일으켜
소리를 만들어 침묵을 깨뜨림으로서
에고는 다시금 살아난다.

에고는
생각을 통해 목숨을 이어간다.

침묵은
무아(無我)이고,
진아(眞我)이고,
대아(大我)이다.

심안으로 침묵을 보아야 하고,
항상 침묵이 내재되고 자증되어야
어떠한 생각이나 소리에도
끌리거나 반발하지 않고
모든 소리를 잘 들음으로서
침묵이 지켜진다.

침묵과 소리라고 하는
양극단의 조화다.

그렇게 되면
어떤 소리도 감히
침묵을 깨뜨릴 수 없게 된다.
이 때 모든 소리는
침묵으로부터 나와
침묵으로 돌아간다.

그러므로
소리를 아무리 많이 들어도
들은 바가 없는 것이다.

이렇게 되어야
심리적으로
춥고 배고픈 것이 사라진다.

이렇게 되어야 마음이 부자다.

육안만으로 보이는 세계는
외피의 세계인지라
가난과 굶주림을 면키 어렵다.
마음의 눈으로
안과 밖을 다 보아야
등뜨시고 배부르다.
안과 밖을 몽땅 다 보아야
아름답고 선명하며
신비롭기 짝이 없는
진실의 모습이 보인다.

표면의 바다는
잠시도 가만히 있지 않고
출렁거리지만
깊은 바다는

조금도 흔들리지 않아
끝없이 고요하고 아늑하다.

겉으로는
무언가 보이는 것이 있고
들리는 것이 있고
느껴지는 것이 분명한 데,
속안을 들여다 보면 텅비어 있으니,
마치 환상과 같고 꿈과 같다.

겉으로는
끝없이 물결치는 데
속안을 들여다 보면
조금도 흔들림이 없다.

침묵과 소리라고 하는 극과 극이
하나로 묘하게 어울려 있는 모습이
놀랍고 신기하다.

참으로 오묘하다.

–2003.10.28

봄8 원아님 낭독

봄9

어처구니 없는 사람의 생각

사람의 생각은 어처구니 없다.
항상 날씨가 좋기를 바란다.
항상 맑아야 좋다고 한다.
바람이 불어도 안되고,
하늘이 흐려도 안되고,
비가 와도 안된다.

제가 바라는 대로 되지 않으면
마음이 편치않아
인상을 쓰고 입방아를 찧으면서
하늘을 꾸짖는 것이 사람이다.
참으로 가관이다.

날씨문제는
사람이 어찌할 수 없는 사항이다.
그것은 자연의 소관이다.
사람은
묵묵히 자연에 순응할 수밖에
다른 방도는 없다.

그럼에도 불구하고
그런 것을 뻔히 알면서도

날씨를 심판하는 것이
또한 사람이다.

사람은 눈으로 아름다운 것만 보려고 하고
추한 것은 아예 보려고 들지 않는다.
귀로는 아름다운 소리만 들으려고 하고
시끄러운 소리는 거부감을 느껴
아예 들으려고 하지 않는다.
우리는 있는 그대로의 전체를 보지 못하고
반쪽의 세상을 고집하며
나머지 반쪽의 세상과 담을 쌓고 살려고 한다.
그러므로, 거부하고 저항하며 괴롭게 살아간다.

우리가 자연에 순응하지 못하고
속으로 저항을 일삼으면서
스스로 괴로움을 되풀이 하면서 사는
근본원인은 무엇일까?

거의 대부분의 사람들은,
볼 때 보는 자기가 있고,
들을 때 듣는 자기가 있고,
느낄 때 느끼는 자기가 있는 것으로
은연중 믿고 산다.
그것이 바로 에고다.
에고가 자리잡는 순간

주객으로 분열이 일어나면서
대립 갈등 투쟁의 구도가 벌어진다.
그러므로 에고가 바로 괴로움의 근본원인이다.

세상 사람들은
성공(승리)은 좋아하고
실패(패배)는 죽어도 싫어한다.

도 닦는다고 하는 사람들은
고요한 것만을 좋아하고
시끄러운 것을 싫어하고 기피한다.
모두 에고를 인정하고
에고를 믿음으로서
에고가 힘을 발휘하기 때문에
그렇게 산다.

그런데,
어찌 한 세상 사는 데
성공만 있고 실패가 없을 수 있으랴!
어찌 볼쌍사나운 일(시끄러움) 한번 없이
무사(고요)하게만 살 수 있겠는가!

그 모든 것은 에고에서 비롯된
사람의 어처구니없는 좁은 생각 때문이다.

문제는 성공과 실패, 고요함과 시끄러움이 아니다.
실패 앞에, 실패를 거부하고 저항하지 않으며,
실패를 수용하면, 실패는 실패가 결코 아니다.
시끄러움에 처해 시끄러움을 싫어하지 않으면
시끄러운 가운데도 고요가 존재한다.

그러므로,
실패가 두렵고 시끄러움이 두려워
아예 생각을 기피하거나 도피행각을 벌인다고
괴로움을 면할 수 없다.
그것은 아직도 에고를 버리지 못하여
반쪽에 대한 미련과 애착을 놓지 못한
에고가 여전히 숨어있기 때문이다.

에고를 버려야
거부와 저항으로 인한
괴로움이 없는 삶을 살 수 있다.
에고를 버리기 위해서
에고에 저항하고 거부하여서는
갈등만 심화되고 에고만 강화된다.

에고의 문제는
제 생각을 쫓아
제가 좋아하는 것만 보고 들으려고 함으로서

"있는 그대로" 존재하는 진실의 세계를
분열시키고 왜곡시킨다는 사실이다.

에고는 버릴려고 해서 버려지는 것이 아니고
도피한다고 도피가 되어지는 것도 아니다.

오로지
에고의 한계와 특성을
관조를 통해 철저히 이해하고
또 이해할 때
에고는 저절로 떨어져 나간다.

그렇게 되면
바라 봄(앎)만 있지
바라보는 놈(아는 놈)이 없는 상태가
현전(現前)하게 된다.

이렇게 된 사람이라야
어처구니 없는 생각을 하지 않는다.
지혜로운 사람이다.
철든 사람이다.

2003.10.31

봄9 원아님 낭독

봄10

의식의 진화

지구는
사람의 의식을
진화시키기 위한
학교이고,
우리는
학생이다.

사람은 만물의 영장인지라
그 동안 무생물로 부터
식물 동물을 거치는 동안
잠재된 의식이 내재되어 있다.

사람은 아직 의식상으로 보면 동물과 다름 없다.
그러나 단 한가지 사람은 마음의 눈이 있어
스스로를 돌아다 보는 능력을 지닌 존재이다.

그러므로 그러한 능력을 개발하고 사용하기만 하면
인간은 영적으로 무한히 성장이 가능한 존재이다.

참으로 사람으로 태어났다는 사실이
한없이 영광스럽고 다행스러운 일이다.

그러나 아직도 인류의 7할 이상이
열등감과 수치심과 슬픔과 불안과 분노의
에너지 파장을 일으키며 괴롭게 살고 있다.

부정적이고 파괴적인 파장을 지닌
이러한 대부분의 사람들이
한단계 높은 의식수준으로 진급하지 않으면
괴로움을 모면할 날이 없을 것이다.

그러므로 사람에게 가장 시급한 일은
각자의 의식 수준을 높이는 일이다.

이 일은
자기의 선택과 결단을 요한다.
선각자는 이미 존재한다.
스스로의 결단과 선택이 있어야
마음의 눈이 떠지기 마련이다.

마음의 눈이 떠져야
생활 가운데
의식의 탐구가 행해진다.

하늘도 스스로 돕는 자를 돕는다는 말이 있듯이
선각자는 당신을 돕기 위해 오로지 존재하고 있다.

신뢰심을 갖고 용기를 내어
단호하게
의식의 탐구를 계속하면
당신은 이성과 감성을 양 날개로 하여
창공을 훨훨 날게 될 것이다.

그리하여
사랑과 기쁨과 평화라고 하는 파장을
인간 의식의 장에 쏟아 붓게 될 것이다.
그것 이상으로
인류에 봉사하는 일은 없을 것이다.

마음의 눈을 뜨고 보면
자기의 의식의 파장이 느껴진다.
자기가 내는 생각과 말과 행동에는
고유한 파장이 있다는 것도 알게 된다.
스스로 알게 되어야
그 단계를 넘어 다음 단계로 진급한다.

선각자는 당신의 이러한 과정에
유익한 정보를 주고 조언을 한다.
혼자서는 넘기 힘든 과정을
거뜬하게 넘어갈 수 있게 된다.
별도의 시간을 낼 필요도 없고
오고 갈 필요도 없고
돈이 드는 것도 아니다.

실천하다가 의문이 생기면
인터넷을 통해 대화를 나누면 된다.

가정생활 직장생활 하면서
마음의 눈(心眼, 靈眼)으로
자기의 생각과 느낌과 말과 행동을
끊임없이 관찰하는 것이다.

자기가 자기를 알게 되는 것이다.
지금까지는 남에 대해서는 잘 알았지만
지금부터는 자기를 아는 길로 들어 서는 것이다.

한단계 한단계 밟아
한굽이 한굽이 넘어가는 것이다.

그러다 보면
더 나아갈 곳이 없는 곳에 이를 것이다.

자기가 자기를 만나는 것이다.
우주의 섭리가 이루어지는 것이다.

–2003.11.07

봄10 원아님 낭독

봄11

제3의 눈

사물의 외면을 보는 눈은
2개의 육체의 눈이다.

그러나
사물의 겉은 물론
속과 안 까지 들여다 보는 눈은
순수의식의 눈,
제3의 눈이다.

마음으로
마음의 상태를 들여다 본다는 것은
말이 안된다.

왜냐하면
불쾌한 감정이나 수치심
분노 외로움 그리움 허무감 등
기분나쁜 마음을 들여다 보는 마음은
기분나쁜 마음이어서는 안된다.

기분 나쁜 마음의 눈으로서는
기분 나쁜 마음의 정체가 보이지 않는다.

처음에
자기의 감정과 느낌을 들여다 보노라면
더욱 혼란스러워지고
잘 보이지 않는 까닭이
여기에 있다.

그래도
포기하지 않고
계속 들여다 보는 노력을 지속하노라면
알게 모르게 마음의 눈이 떠지기 시작한다.

자기가 자기를 본다는 것은
그러한 감정이나 파장으로 부터
벗어나지 않으면
자기의 모습이나 동향이
보이지 않는다는 사실을
절감하고 또 절감하게 된다.

그렇게
시행착오를 하면서
부딪히면서
제3의 눈이 조금씩 떠지기 시작한다.

자기가 자기를 돌아보는 행위를 통해
우리는 순간 순간
마음이 비워지지 않을 수 없다는 사실을
발견하게 된다.

자기를 돌아보는 행위를 통해,
돌아보는 자,
감정 집착 쏠림 끌림현상이
비워지면서
주객일체가 이루어진다는 것을 알 수 있다.

그렇게 비워지기 이전의 과정,
그 짧은 찰라지간에
우리는 생각과 감정과 느낌을
닦아 지움으로서
무의식의 저변이 되어왔던
텅빈 무한의 공간이 드러난다.

자기를 돌아보는 행위를 통해
주객(主客) 능소(能所)의
통일이 이루어지면서
침묵의 공간이 드러난다.

마음의 내용물이 비워진
무심, 진아, 대아의 발견이다.

이렇게 되어야
제3의 눈이 작용하여
안과 밖을 환하게
있는 그대로 볼 수 있다.

제 3의 눈은
진실을 보는 눈,
있는 그대로를 보는 눈이다.

이 눈이 떠져야 비로소
자기의 생각과 감정과 느낌과 행동을
바로 볼 수 있다.

이 눈을 뜨지 못한
대부분의 사람들은
남은 알 수 있어도
자기 자신을 알지 못한다.

봄11 원아님 낭독

이 눈을 떠야
자기의 모습이 보이고
자기를 고쳐서
의식의 진화가 비로소 가능하다.

제3의 눈이 떠져야
자기가 보이고 세상이 보인다.

제3의 눈이 떠져야
의식의 진화가 이루어진다.

-2003.11.09

봄12

기분과 느낌과 생각의 흐름을 알아차리기

당신이 처음으로
자기의 몸동작을 놓치지 않고
들여다 보기로 작정하는
순간이야말로
의식혁명의 거보를
내딛고 있는 순간입니다.

아무리 쉬운 일이라도
하지 않던 짓을 하려면
잘 되지 않는 법입니다.

문제는 이렇게 하여야
개인의 의식의 성장이 오고
인류의 의식 성장에
공헌한다는 사실을
이해하고 신뢰하여야
실천궁행이 가능합니다.

몸 따로 마음 따로 놀던
지금까지의
습관적이고 무의식적인 삶을,

마음의 눈을 뜸으로서
몸과 마음이 양날개 처럼
동시적으로
하나의 의식의 장에 공존하면서
조화롭게 어울리도록 하기 위함입니다.

또한
우리는 부지불식간에
사물의 양극단 중
어느 한쪽에 집착하고 쏠리다보니
나머지 반대쪽에 대하여
배척하고 기피하는 경향이 있습니다.

그리하여
양극단 간에
대립 갈등 투쟁을 일으키며 괴로워합니다.

이러한 사실을
마음의 눈, 제3의 눈이 떠지면
스스로 알게 됩니다.

스스로 깨닫기를 거듭하다 보면
자기도 모르는 사이에
양극단이 하나의 의식의 공간에서
조화롭게 공존하는 방향으로 되어집니다.

우리는 자기 안에서
고독감 심심함
허전함 공허감 허무감
막연한 그리움의 파장이
소용돌이쳐
안절부절 못하면서
서성대는
부정적이고
파괴적인 파장 앞에
속절없이 당하면서
대책없이 무력하게
끌려 당하는 모습을
관찰할 수 있습니다.

우리는 이러한 파장을
명료하게 알지 못한채
무작정 거부하고 저항하다 보니
그러한 파장을 극복할 수 없었습니다.

이러한 파장을 볼 때 마다
거부하거나 기피하지 않고
정면으로 눈을 맞추고 살다 보면
가까워지고 친해지면서
그것의 정체를 비로소 알게 됩니다.

텅비어 배고픈 것과
친밀해지면
그 자체가 배부른 충만임을
알아차리듯
낮은 단계의
에너지의 소용돌이를
일단 인식하게 되면
그것을 넘어서게 됩니다.
의식의 진화가 이루어지는 것입니다.

자기가
자기의 의식의 수준을
발견함으로서
한단계 상승하는 이치입니다.

그리하여
신뢰와 낙관과 긍정적인
의식의 단계가 전개될 것입니다.

논리와 합리와 이성의 차원을 지나
이해와 관용과 용서의 차원,
사랑과 기쁨과 평화의 차원을 지나,

최종적으로
텅비고 고요하고
깨끗하고 화안한
순수의식과
깨달음의 차원에 이를 것입니다.

끊임없이 자기를 돌아보면서 살면
인간이 도달할 수 있는
최고의 경지에 갈 수 있을 것입니다.

그렇게 되면
사람노릇 제대로 한 것이지요.

밥값 제대로 한 것이지요.

이제 바야흐로 영성의 시대가 왔습니다.

–2003.11.09

봄12 원아님 낭독

봄13

무의식적으로 구사하던 언행을 의식화하는 연습부터 합시다

내면을 관찰하기 이전 단계로서

자기가 자기의 걸음걸이를 의식합니다.

어떤 식으로 밥먹는지 알아차립니다.

말을 하는 순간
어떤 식의 억양으로
어떤 음색으로
어떤 강도로 말을 하는지
자각하는 것이지요.

무의식적으로 움직이던
자기의 몸동작을
자기가 관심을 가지고 살피는 겁니다.

심지어 컴퓨터 작업 중에도
자기의 손놀림이나 자세를
알아차릴 수 있을 정도가 되어야 합니다.

그렇게 하려면
마음의 여유 공간이 마련되어야
가능하다는 것을 알게 됩니다.

끊임없이
자기의 몸에 관심을 가지고
몸의 움직임을 주시해가다 보면
저절로
마음의 눈,
의식의 눈,
제3의 눈이 떠지게 됩니다.

자기의 몸 동작을 놓치지 않고
자기의 마음의 눈으로 보려면
마음이 복잡하지 않고 단순하고
고요해야 한다는 것도 알게 됩니다.

자기의 힘으로 알아야합니다.

아는 것이 힘입니다.

그래야 비로소
아는 것이 현실화되고
실천이 이루어집니다.

이런 식으로
점차적으로
마음의 눈이 자꾸만 열리면서
마음이 비워집니다.

자기 전에도 할 일이 있습니다.
자기가 어떻게 숨을 쉬는지 의식합니다.
마음이 고요해지면
심장의 박동까지 느낄 수 있답니다.
여기까지가 몸동작의 관찰입니다.
여기까지의 수련은
오로지 자기의 힘으로 하여야 합니다.

따로 시간을 특별히 낼 필요가 없습니다.
공부하면서
일하면서
놀면서 하는 공부입니다.

생활 가운데
자기를 돌아보는 연습을
끊임없이 하는 것입니다.

처음에는
하지 않던 짓이라 자꾸만 놓치고 망각하게 되지요.
그러나 실망하지 말고 다시금 시작하면 됩니다.

그렇게 하여 놓치지 않을 정도가 되어야 합니다.
노력을 하여야 합니다.
노력이 없이 되는 일은 아무 것도 없습니다.

이 글을 읽는 즉시 시작하십시요.

사주팔자를 뜯어 고치는 일입니다.

당신의 의식,
인류의 의식을
한단계 끌어올리는 위대한 일입니다.

이 간단한 방법을 따라 하기만 하면
의식의 진화가 이루어집니다.

–2003.11.09

봄13 원아님 낭독

봄14

육안(肉眼)과 심안(心眼)

육안은 물질로 된 눈이라
물질의 표면만 볼 수 있는 눈이다.

시간과 공간에 한정된 주관적인 안목으로
시간과 공간에 한정된 대상을 보는 눈이다.

거기에는 위치와 방향 거리에 따라
달리 보이는 현상의 세계가 벌어진다.

육안은 조건이 부여된 눈이다.

육안으로 살다 보면
어느새
선입관이나 고정관념이 생기기 마련이다.

육안으로 살다 보면
경험(업)이 자꾸만 쌓인다.

그리하여
자기의 의견이나 견해 또는 주장이 생긴다.
이것을 자기로 알고 행세하며 산다.

그러다 보니
나와 남으로 분열되면서,
대립 갈등 투쟁,
화해 협상 절충 타협의
세상이 벌어진다.

나와 남으로
이원적인 구도가 잡히면서
마음과 몸, 남과 녀, 노와 소,
착함과 악함, 옳음과 그름,
있음과 없음, 큼과 작음,
보수와 혁신 등으로 갈려
싸움이 벌어지기도 하고
타협하기도 하고 휴전하기도 한다.

그러나 이러한 육안으로서는
진정한 자유와 평화와 행복의 세계는
결코 열리지 않는다.

진정한 개혁은 의식의 개혁이고,
의식의 개혁은 심안(영안)을 여는 데 있다.

육안은 그 속성상
외부로 표면으로 향하는 눈이다.

육안으로는
나타난 현상이나 물질 밖에 볼 수 없다.
그러므로
육안으로 과학과 기술의 발달이 가능하다.
그러나 육안으로는
의식의 세계, 내면의 세계는 볼 수 없다.

눈에 보이지 않는 세계를 보려면
심안을 열어야 된다.

심안을 열기 위해서는
육안이 지향하는 시선의 정반대 방향으로
끝까지 돌이켜 보아야 한다.

처음에는 잘 보이지 않지만
자꾸만 돌아보고 또 돌아보면 심안이 열린다.

육안의 주인이 있는 줄 알았는데
계속 돌아봄으로서
자취가 묘연하다는 것을 알게 된다.

나라고 하는 실체가 있는 줄 알았는데
텅비어 있음을 보았으니
심안이 열린 것이다.

심안이 열려야
대립 갈등 투쟁의 거짓이 사라지고,
사랑과 평화와 깨달음의 진실이 보인다.

심안이 열려야
가짜가 맥을 추지 못하고 사라진다.

심안이 열려야
지혜와 깨달음의 눈이 떠져
의식의 진화가 이루어진다.

육안을 작동 잘 시키면
고작 먹고 사는 문제를 해결해줄 뿐이고,
심안을 떠야
의식의 진화가 이루어져
사람노릇 제대로 하며 산다.

마음의 눈을 뜨지 못하면
본인이 괴롭고 남이 보기에도 괴롭다.

그러나
심안은 자기의 선택과 결단에 의거
스스로 노력을 해야 열리는 눈이다.

세상에서 돈이면 안되는 일이 없지만

심안을 돈주고 살 수는 없다.

가급적 빨리

돌아봄의 삶을 발진시키기 바란다.

-2003.11.10

봄14 원아님 낭독

봄15

불안 공포에 시달리는 마음

당신은
불안 공포에 시달리지 않으십니까?

불안 공포로부터 자유로우십니까?

우리는 잠시라도
마음을 비우고 있지를 못하는 것 같습니다.
잠시라도 틈이 생기면
큰 일이라도 나는 듯
즉시 마음의 여유공간을
생각으로 채우고 덮어버립니다.

마음이 비워지면
불안과 공포를 느끼는 자는 누구일까요?

생각이 꼬리에 꼬리를 물고
이어져야만
자기가 살아간다고 여기는 자는
과연 누구이겠습니까?

몸을 자기로 여기는 생각(에고)이
과거의 자기를 기억 확인하고
미래의 자기를
안전하고 성공적으로 살아남기를 기대하기에
생각이 멈추어 마음이 비워지는 날이면
자기가 설 자리가 없어져
망한다고 생각하기 때문입니다.

다시 말하면
마음이 비워짐은
에고의 입장에서는
죽음으로 간주되기 때문입니다.
에고가 존속하기 위한 일환으로,
에고는 과거 생각 아니면
미래 생각을 하는 것입니다.

에고를 강화시키고 인정하는 것은
사회가 암암리에
에고를 개인의 실체로 인정하고
부추기고 교육을 하기 때문에
사람들은
에고를 당연한 것으로
신뢰하고 있는 형편입니다.

그래서 에고는
거의 모든 사람의
선입관과 고정관념이 되었습니다.

그래서
에고를 비우기가 대단히 어렵습니다.

불안 공포는 과거를 참조하여
미래를 생각할 때 일어나는 망상입니다.

수없이
불안 공포에 시달리는 마음이 있었지만
그런 일이
실제로는 한번도 일어나지 않았습니다.

그런 걸 뻔히 알면서도
우리(에고)는 불안 공포를 일으키면서
헛것을 보고 떨고 괴로워하면서
어리석음을 거듭하고 있습니다.

당신은 그렇지 않으십니까?

악몽에 시달리는 일이 없으신지요?

육안으로
대상을 "바라보는 자"를 에고라고 하면,
에고를 "되돌아보는 자"는 누구이겠습니까?

거기에
"돌이켜 보는 자"가 있는 한
아직도 에고입니다.

"보는 자"가 "봄"이 되어야
주객의 합일이요 안과 밖의 통일입니다.

그렇게 되어야 마음이 비워진 것이지요.

그렇게 되어야 안과 밖이
하나의 장에서 만나고
공존하고 균형이 잡힙니다.

그렇게 되어야
비워지고 채워지고가
따로 놀지 않고
동시적이 되어 차별이 없어집니다.

그렇게 되어야
꿈의 주인공이 각(覺)의 주인공이 됩니다.

그렇게 되어야
불안 공포에 시달리지 않습니다.

그렇게 되어야
불안 공포가 한번도 존재한 적이 없고,
앞으로도
없을 것이라는 것을 알게 될 것입니다.

-2003.11.10

봄15 원아님 낭독

봄16

위로받고 재미보고 싶어하는 마음

어린 시절
적막 속에서 혼자 있을 때
심심해서 죽을 것 같은 기억이
지금도 생생하다.

그래서
아이들 장난감이 그렇게 잘 팔리고
어른들의 장난감이
그렇게 인기있을 수밖에 없는 것 같다.

어린이나 어른 할 것 없이
혼자 가만히 있기가 어렵다.

독방에 가두어 놓기 보다
노동이라도 하는 편을
더 선호하는 것이 사실이다.

우리가 쉬는 시간,
자기의 내면을 돌아보는 순간,
거기에는 어떤 욕구불만이랄까
답답함이랄까 하는 느낌이 있다.

이러한 느낌을 물리치기에는
엄두가 나지 않는다.

심심함을
달래달라는 욕구가 강렬하여
안정을 잃고
두리번거리고 서성대기 시작한다.

일단
이러한 욕구의 소용돌이가 일어나
휩쓸리게 되면 걷잡을 수 없어진다.

심심함을 달래주고
욕구불만을 풀어주기 위해
끌려나가지 않을 수 없다.

이러한 행위는
양자의 합의에 의한
합의적인 행동이 아니라
무언가 내키지는 않지만
힘이 모자라
어쩔 수 없이
일방적으로 끌려가지 않을 수 없는
약자의 비애와 모멸감과
패배감이 내면에 남게 된다.

다 같은 행동이라도
그러한 갈등이 남으면
속박된 행동이고,
없으면 자유로운 행동이 된다.

자유로운 행동을 하면
후회가 생기지 않지만
끄달려서 한 행동은
후회가 언제나 남는다.

움직이는 것이 옳으냐,
움직이지 않는 것이 옳으냐가 아니다.

심심하다는 최초의 생각에 응해
전폭적으로 움직이면 그만이다.

그런데
문제는 심심하다는 느낌을
싫어하고 거부하고
저항하는 마음을 내는 것이다.

그저 돌아보거나
즉각 움직이면
분열과 갈등이 생기지 않는다.

그러므로
항상 자기를 돌아봄에 의해서
거부와 저항이
어떤 결과를 가져오는 것인지 깨닫게 된다.

자기가 일으킨 앞 생각을
자기가 일으킨 뒷 생각이
부정하고 거부하는 것이
갈등과 분열의 근본원인인 것이다.

우리는
그런 상태를 되풀이 하면서 살기에
언제나
분열과 갈등의 상태에
놓여 있는 것이 사실이다.

그래서
그러한 자기의 내면이
괴롭고 답답하여
위로를 받고 싶고
재미를 보고싶은
욕구불만의 상태에 있는 것이다.

이러한 사실을
깨달은 사람은
항상 마음이 텅비어

무심이므로
분열과 갈등을 일으키지 않고
안정되어 있으므로
달리
위로받거나
재미보고 싶은 생각이 나지 않는다.

그러므로 후회할 일도 없는 것이다.

그런 사람은
우주적 에너지의 흐름에 따라
자유자재한다.

-2003.11.11

봄16 원아님 낭독

봄17

자아탐구를 통한 깨달음의 길

"나"라고 하는
자의식(자아)의 눈,
동물의 눈은
먹이를 구하기 위하여
밖으로 열려있다.

그러나
사람의 눈,
마음의 눈은
속과 안까지 볼 수 있는
잠재능력이 있다.

사람은 반드시
잠재된
마음의 눈,
제3의 눈을 떠야 한다.

만약
이 일을 등한시하면
인류는 약육강식(弱肉强食)하는
고등동물의 수준을 못 벗어날 것이다.

물은 하늘로 부터 떨어져
산골짜기로 모여 개울물이 되고
시냇물이 되어 흐르다가
강물이 되어 바다로 간다.

그리고 다시 하늘로 올라가
구름이 되어 떠돌다가
비가 되어 땅으로 떨어진다.

물은 이와같은 일을 끝없이 반복하고 있다.
물은 내려가고 수증기는 올라간다.
물은 내려갈수록 꾸정물이 되므로
바다에서는 소금으로
부패와 악취를 방지하면서
저장하여 두었다가
다시 하늘로 올라 보낸다.

공기를 깨끗이 하기 위해서는 더러움을 떨구어
자신이 깨끗해지지 않으면 안되기 때문이다.

물은 하늘과 땅을 왕래하는 데
불편없는 몸으로
하늘과 땅을 청소하는 한편
공기와 흙의 습도를 조절하고
땅 위에 사는 동식물을 살리는
살림살이를 한다.

지구는 물과 흙과 공기와 불로 이루어져 있고
식물이나 동물이나 사람의 몸도 마찬가지지다.

그렇다면
물(흙, 공기, 불)이 최초로 생긴 곳,
솟아나온 곳이 있을 것 아닌가?

우리는 물이 솟아오른 샘터랄까,
근원지를 알고 싶은 마음이 간절해진다.

근원으로 가는 길은
물길 따라 가는 길이 아니고
물길을 거슬러 올라가는 길임에
틀림없다고 생각한다.

그곳에 당도하기 위해서는
흐름에 떠내려가지 않고
상류로 상류로
거슬러 올라가야 한다.

잠시도 쉬지 않고
올라가지 않으면
떠내려가
그 곳에 당도할 수 없기 때문이다.

불철주야
외면을 "바라보는 자"를
돌아보다가 보면,
어느날,
"돌아보는 자",
"거슬러 올라가는 자"가
갑자기 진짜 사라진다.

지금까지
분명히 존재해왔던
그 "추구하던 자"(에고)가
거짓말 처럼 사라지는 것이다.

그리하여
꿈에도 그리던
물의 고향, 샘터, 근본,
존재의 고향에 당도하는 것이다.

자아가 없다는 사실이 보이는 것이다.

마음의 눈이 떠진 것이다.

이것은 자아탐구를 통한 깨달음의 길이다.

봄에 싹이 나오고
여름에 무성하고
가을에 떨구고
겨울에 뿌리로 돌아갔다가
다시 봄이 되면 싹으로 나온다.

봄에서 겨울로 가을로 여름으로,
역(逆)으로 한바퀴 돌아 "봄"으로 와 봐야,
천지가 "늘 봄"인 줄 알게 된다.

그렇게 되어야,
흐름에 떠 내려가도 조금도 잘못이 없다.

거슬러 올라 근원에 도달하면
물은 다시금 흘러내린다.

물이 흐르는지
흐르지 않는지는
근원에 가 보아야 안다.

물은 흘러가는 것이 아니고
그냥 흐름에 내맡기고
가만히 있는 도리를
드디어 알게 된다.

몽땅 흐름에 내맡김으로서
물은 물의 도리를 다한다.

철들지 않은 사람은
가만 있지 못하고
부시럭대는 바람에
낭패를 당하고
고생이 막심해진다.

봄17 원아님 낭독

철이 들지 않아서 그렇다.
철이 들려면 고생을 해보아야 한다.
고생 끝에 낙이다.

그러므로
"자아탐구"를 통해
자아가 없는 도리를
확실히 깨달아야 한다.

"산(山)절로, 수(水)절로,
산수(山水)간에 나도 절로"
라고 하는
도리를 깨달아야 한다.

-2003.11.12

봄18

오직 한 길이 있을 뿐

우리가
가야하는 길은
어떤 길일까요?

이 길은
가지 않을래야
가지 않을 수 없는 길입니다.
사람이라면
누구나 걸어가야 하는
삶의 길입니다.

사람마다 욕구가 다르고
희망사항이 다르고
표현이 다르지만
한마디로 우리가 온 까닭은
"소원을 성취하기 위함"입니다.

어떤 성취일까요.
부자가 되고 싶고,
유명인사가 되고 싶고,
권력도 잡고 싶고,
취미생활도 마음껏 하고 싶고,

실컷 놀고도 싶고,
여행도 마음껏 하고 싶고,
이루 말할 수 없는
꿈과 희망이 있을 것입니다.

우리는
이러한 꿈과 희망을 실현하고자
여기 이렇게 살고 있는 것이지요.

그런데 사람마다
자기가 타고 난 소질과 적성이 있으므로
그것을 잘 개발하면서 나아가야 합니다.

자기가 하고 싶고
자신이 서는 분야를 따라 가는 길이지요.
그것이 자기가 가는 길입니다.

자기가 처한
환경과 자기의 잠재력이 만나
자기가 길을 개척하면서
한발짝 한발짝 가는 길입니다.

이 길을 개척하며 가는
그 역할이
바로

하늘의 명이요 사람의 소임입니다.

이른바 자기의 인생, 자기의 삶입니다.
이 길을 발견하고,
이 길을 통해 가야만,
자기의 소원을 성취시킬 수 있습니다.

장군이 되고 대통령이 된다고
소원이 성취되는 것은 절대 아닙니다.

각자가 가는 그 길을 발견하고
확신을 가지고 노력하면
무언가 모를 힘이 뒷받침해줍니다.

하늘은 자기가 타고난
잠재력을 실현시키는 사람을
적극 밀어줍니다.

그 일을 하는 것이 기쁨이 되고,
그 일을 통해 재능이 개발되고,
덕분에 먹고 사는 일도 해결됩니다.

글을 쓰고 싶은 사람이
밥먹고 살 욕심에 글쓰기를 버리고
다른 분야로 나아가 성공을 거두었더라도

그것은 자기실현이 아니기에
소원의 성취라고 볼 수는 없습니다.

다시금
자기가 가야할 길을
반드시 걸어가야 합니다.
그렇게 하여야
갈등이 생기지 않습니다.
갈등이 생기는 길을 가면
그 자체가 괴로움이고 불행입니다.

갈등이 없는 삶은
마음의 안정(安定)에 기인합니다.

마음이 안정되면
천지만물이 다 자기의 것이 되었으니
큰 부자가 되었습니다.

마음이 안정되면
모든 일이 저절로 되어지니
큰 권력을 잡은 셈이지요.

마음이 안정되면
마음의 보따리가 한 없이 커져
어디 가고 싶은 데도 없고

누구 만나고 싶어 안달낼 일도 없으니
부족함이 없습니다.

자기를 실현하는 길은
자기를 끊임없이 돌아 보면서
자기가 하고 싶은 대로 움직이는 길 입니다.

그렇게 오래 오래 돌아보다 보면
보는 자가 없어지고 봄만이 남습니다.
자기가 실현된 것입니다.
사랑이 완성된 것입니다.
무아지경이 되었습니다.
드디어 소원이 성취된 것입니다.

억지로 해서 되는 일이 없습니다.
그러므로 내가 할 일은 아무 것도 없습니다.
그 이후부터는
돌아 "봄"이 모든 것을 알아서 합니다.

돌아 "봄"을
"자아 탐구(探究)의 길"이라고 한다면,
돌아 봄으로 인해
즉시 자아가 비워짐으로,
돌아봄은 또한
"헌신(獻身)의 길"이기도 합니다.

그러므로 수행(修行)의 큰 두갈래 길인
"자아탐구의 길"과 "헌신의 길"은
알고 보면 동일한 하나의 길입니다.

길은 오직 한 길이 있을 뿐입니다.

–2003.11.14

봄18 원아님 낭독

봄19

어서오십시오

지금 이 글을 읽는 당신은
이미 선각자가 되기 위한
첫걸음을 떼셨습니다.

선각자가 되기 위한 방법은
이 세상에서 가장 쉬운 방법입니다.

그렇지만 하지 않던 짓이라
한동안 노력을 하여야 가능한
참으로 어려운 길이기도 합니다.

지금까지 하지 않던 짓을 하여야
지금까지와는 다른
나의 의식의 진화가 이루어집니다.

이 점을 이해하고
믿음이 가야
당신은 일상생활 가운데
당장 그 길로 들어 설 수 있습니다.

그 방법이란
자기가
자기를 돌아보며
사는 것입니다.

생각하고 말하고 행동하는
찰라찰라
즉각 자기를 돌아보는 것이지요.
아무 일하지 않거나
심지어 잠을 잘 때에도
언제나 자기를 주시할 수 있지요.

우울 할 때나 기쁠 때나
슬플 때나 괴로울 때나
언제나 그러한 모습을
지켜보는 것이지요.

외로울 때나
허전할 때나
그리울 때도 마찬가지입니다.

우리는 지금까지
좋은 것은 돌아보지만
나쁜 것은 멀리 하고
아예 보려들지 않습니다.

이제부터는
좋은 느낌 뿐만 아니라
나쁜 느낌 까지도
모조리 다 보면서
살자는 뜻입니다.

그렇게 하다 보면
삶 속에 처한
자기의 적나라한 모습을
자기가 알게 됩니다.
자기는
자기가 제일 잘 알 수 있습니다.

그런데도
우리는 남에게 자기를 묻습니다.

남이 쓴 책에서
자기를 배우려고 합니다.
그러한 지식을 통해서는
자기의 의식의 성장이
이루어지지 않습니다.

자기가 직접
자기를 목격하고
깨달아야
한단계 올라갑니다.

경전이나 철학이나
물리학이나 심리학의
지식을 많이 안다고 해서
자기의 의식이
높아지지 않습니다.

의식이 높아지는 길은
오직 자기가
자기를 들여다 보면서
사는 길 뿐입니다.

어느 누구도
나의 의식을
끌어 올려 줄
사람이 없습니다.

봄19 원아님 낭독

자기가
자기의 내면을
들여다 보는 길
밖에는 없습니다.
의식의 성장이야말로
인간의 삶의 핵심입니다.

한단계 올라갈 때 마다
보이는 풍경이 달라집니다.

자기의 내면을
주시하고 관조하며
사는 길로 들어서면
당신은 선각자가 될 수 있습니다.

생각이나 느낌도 중요하지만
과연 그것이 어떻게
의식의 장에 그림이 그려지는지
들여다 볼 줄 알아야
자유와 평화와 사랑을
누릴 수 있습니다.

실천하시면서
의문이 생기는 즉시
게시판에 올려주십시요.
(http://bomnara.com)

토론이 아니고
일대 일의 대화가 바람직합니다.
이 길에 동참하시는 분들과 함께
진지한 대화를 나누고자 합니다.
단 한 사람이라도 좋습니다.

-2003.11.14

봄20

외롭고 쓸쓸하고 허전한 순간을 놓치지 말자

외롭고 쓸쓸하고
허전함을 느끼는 자는
자아(ego)이다.

자아는
티끌같은 몸을
자기의 영토로 삼기 때문이다.

허전함을 느끼는 것은
자아의 특성상 어쩔 수 없는 일이다.

외롭다는 것은
내 곁에 나의 친구나 애인이 없어
느끼는 괴로움이다.

그래서
나를 알아주고 반겨주고 인정해주고
위로해주고 사랑해 줄 사람이 필요하다.

그러나
아무리 친구가 좋고 애인이 좋아도
항상 같이 있을 수는 없는 일이다.

남에게 의존하여
자아가 외로움을 달래는 방법으로서는
외로움이라는
근본적인 문제는 해결되지 않는다.

문제는
홀로 있지 못하고
홀로 서지 못하는
자아에게 있다.
홀로 있으면
돌아봄에 의해
자아가 소멸될 수밖에 없다.

그러므로
자아는 항상
홀로 있음을 두려워한다.

자아는
계속
사람이나
사물과의 관계를
지속하므로서
존속하려고 한다.

내가 남을 끌어들이거나
내가 남에게 끌려들어가
빠지려는 경향이 있는 것은
그와 같은 속성 때문이다.

자아를 버리지 않고서는
결코 외로움의 문제를 해결할 수 없다.

외로움을 느끼는 순간
지체없이 "돌아 봄"에 의해
외로움이라고 하는
내용물이 사라진
텅빈 공간이 드러나기만 하면
외로움은
더 이상 우리를 괴롭히지 못한다.

이것이 "돌아 봄"에 의한
자아의 버림인 것이다.
자아를 버린 순간 외로움도 사라진다.
결국 외로움이 자아였던 것이다.

즉각 안으로
외로움을 돌아봄이 없이
밖으로 무리를 짓는 것으로
외로움의 문제를 해결하려는 것이
중생(衆生)이다.

그러므로
외롭고 쓸쓸하고 허전함을 느끼는
그 최초의 순간을 놓치지 말아야 한다.
그 순간이야말로
우리가 자아를 비우고
진아를 깨달을 순간인 것이다.

외로움을 느끼는 자를
돌아봄으로서,
거기에 분명히 존재하던
외로움을 느끼는 자가 사라지는
기적 아닌 기적이 일어나는 것이다.

외로움을 느끼는 자가
사라짐과 동시에
외로움 또한 사라진다.

달리 말하면
고독을 싫어하지 않고
고독과 친구가 되기로 작정하면
고독과 하나가 되면서
그 하나 마저 사라진다.

몽땅 비워짐으로 몽땅 가득차게 된다.

비움과 참,
안과 밖,
허(虛)와 실(實)이
동시적으로
하나의 공간에 공존하게 된다.

진정 기적이 일어나야 한다.

외롭지 않은 기적 말이다.

–2003.11.16

봄20 원아님 낭독

봄21

그리운 님의 얼굴을 떠올려 봅시다

마음의 눈을 뜨면
보고 싶은 사람이
즉시 마음의 스크린에 나타난다.

보고 싶지만
보지 못하여
괴로워할 필요가 없다.

육안으로 볼 수 없는 것은
마음의 눈으로 보면 된다.

육안으로는
시공의 제한을 받을 수 밖에 없지만
마음의 눈은
시공을 초월하므로
"봄"에 아무런 제한이 없다.

그러므로
육안으로 보이지 않을 때는
마음의 눈으로 보면 된다.

마음으로
보기 싫을 때까지
실컷 보면 된다.

실컷 보면 영상(影相)은 사라진다.

영상이 사라진다는 것은
겉모습,
외면(外面),
개별(個別)이 사라지고 ,
속, 안,
공통(共通)이 보인다는 것이다.

현상은 사람마다 다르지만
본질은 모두가 같다.

그러므로,
그리운 사람을 제대로 보려면
마음의 눈으로 속과 안까지 보아야 한다.

영상, 이미지를 보는 데 그쳐서는
제대로 본 것이 아니다.
영상, 이미지를 끊임없이 주시하여야 한다.
그렇게 하면 영상은 사라진다.

마치
빛이 있는 곳에
그림자가 존재하지 못하는 이치와 같다.

바라 봄은 빛이다.

마음의 눈으로 영상을 본다는 말은
결국
빛으로 그림자를 비춘다는 말도 된다.

개별적인 사람의 얼굴이 사라진 자리,
영상이 사라진 자리에,
그대,
자기,
당신의 진면목(眞面目)이 드러난다.

개별성을 초월한 전체성,
그 텅빈 충만,
원만구족(圓滿具足)한 얼굴과
눈을 비로소 보게 될 것이다.

그것은
어느 누구의 얼굴과 눈이 아니면서
그 누구의 얼굴과 눈이기도 한 것이다.

당신의 얼굴과 눈인 동시에
나의 얼굴과 눈이기도 하다.

그리운 사람을
마음의 눈을 통해
영상으로 보는 데 그치지 않고
영상이 사라질 때까지
끊임없이 바라보면
그리운 사람의 진면목이 나타난다.

그것은
바로 그리워하는
나의 본래 얼굴이기도 한 것이다.
알고 보면 그리워하는 자가
바로 그리움의 대상과
둘이 아니라는 소식이다.
우리는 그리움을 통해
그리움에서 그치지 않고
마음의 눈을 뜨는 계기로 삼아야 한다.

마음의 눈으로
끊임없이
그리운 님에 대한
영상을 주시하면
그 영상이 사라지면서
님의 진짜 얼굴을 보게 된다.

봄21 원아님 낭독

님의 겉 모습,
님의 외면,
영상,
이미지는
진정한 님이 아니다.

우리에게
님에 대한 그리움이 생기는 것은
남녀 간의 사랑을 통해
보다 근원적인 님,
진리에 대한 그리움 때문이었던 것이다.

그리운 사람의 얼굴을 떠올려 봅시다.

그리움이 사라질 때까지 끊임없이 봅시다.

간절하게
그리워하는 자를
되돌아 봄에 의해
그리워하는 자는 사라집니다.

그리워하는 자가
사라지면
그리움도 사라집니다.

-2003.11.17

봄22

깨달은 자의 삶

깨달은 자란
개별적인 자아가
따로 없는 줄
깨달은 사람이다.

자아가 따로 없다는 말은
가짜가 없다는 말이지
진짜가 없다는 말은 아니다.

가짜는 테두리가 있는 것이고
진짜는 테두리가 없는 것이다.

테두리가 있는 것은 가아이고
테두리가 없어야 진아이다.

진아는 가아에 가리어
보이지 않다가
돌아봄에 의해
영안(靈眼)이 열려야
보게 되는 경지다.

그러므로
가아를 소아라고 하기도 하고
진아를 대아라고 하기도 한다.

깨달은 자란
대아를 자기로 앎으로
소아를 다스릴 줄 아는 사람이다.

대아는
소아와 대립하는
존재가 아니라
소아를 거느리고 포용하고
다스리는 존재이다.

그런 점에서 보면
깨달은 자는
"거듭난 자"라고 할만하다.

대아는
모든 소아를 다 내포하므로
직접 생각하거나 말하거나 행동하는 법이 없다.
대아는 사랑의 에너지이므로
수 많은 소아를 통해 사랑의 에너지를 표출한다.

대아는
수 많은 두뇌와
수 많은 입과
수 많은 귀와
수많은 손과 발을 지닌 존재이므로
마치 하나도 없는 것 같은 존재이다.

자기의 생각이나 말일지라도
자기가 하는 것이 아니고
물끄러미 바라 "봄"이
한다고 여기는 사람이다.

바라 봄으로서
알지 못할 것이 없으므로
생각이 없고
말이 없고
움직임이 없다고 하는 것이다.

봄은 순수의식이다.
비유하자면
신하들이 머리를 잘 굴리므로
임금은 머리를 굴릴 필요가 없는 것과 같다.
머리를 굴리지 않으므로
근심 걱정 불안 공포가 없다.

가만히 있기만 해도
모두들 알아서 한다.
저절로 돌아간다.

결과에 승복하지 않고
불평불만으로
거부하고 저항하는
에고를
조용히 감싸주는 것은
순하기 짝이 없는
"봄"의 힘이다.

사사로움이 없어
누구 편을 들지 않는
사랑의 힘이다.

공명정대(公明正大)함이다.

–2003.11.17

봄22 원아님 낭독

봄23

의식수준의 7단계

사람들의 의식수준을
크게 분류하면
7단계로 볼 수 있다.

1단계는
항상
슬픔과 탐욕과
불안과 분노의
파장을 일으키면서
거부하고 저항하는
부정적이고 비관적인
에너지 장에 사는
최하의 수준.

2단계는
신뢰와 용기를 갖고
긍정적으로
나아가기 시작하는 단계.

3단계는
자발적인 의지와 수용을 통한
낙관적이고 수용적인 단계.

4단계는
논리와 합리를 바탕으로 한
고도로 이성적(理性的)인 단계.

5단계는
사랑과 기쁨을 바탕으로 한
고도의 심미적(審美的)인 단계.

6단계는
환하게 비추는
지혜와 평화의 단계.

7단계는
"늘 봄"이 존재하는
순수의식과 깨달음의 단계이다.

그러므로
자기가 속한 에너지 장과
같은 수준의 사람과
가장 잘 통하므로
가장 친하게 지낸다.

의식의 수준이 서로 다르면
서로 통하기가 어렵고
답답해진다.

상대적으로 높은 단계에 속한 사람은
자기 보다 아랫단계에 속한 사람을
쉽게 알아보거나 이해할 수 있지만

낮은 단계에 속한 사람은
자기 보다 높은 단계에 속한 사람을
알아보거나 이해하기가 대단히 어렵다.

코드가 맞는다,
맞지 않는다,
차원이 맞는다.
맞지 않는다는 말은,
바로 이러한
의식의 단계에서 나오는 말이다.

학창시절의 절친한 친구라도
사회 생활을 오래 한후 만나면
서로간의 에너지장이 다르므로
소원해지는 까닭도
여기에 있다고 할 것이다.

뿐만 아니라
취미 직업 재능 등
모든 삶의 분야 역시
의식의 수준이라고 하는

에너지 장 안에서
일어나는 일이라는 것을 알 수 있다.

의식의 진화야말로 삶의 핵심이다.
의식의 수준을 높이기 위해서는
생활 가운데 자기를 "돌아 봄"으로서
자기의 의식수준을 알게 되고
앎으로서 한 단계 진급이 가능하다.

남의 의식수준을
높이려고 하는 것은 불가능하다.
오로지
자기의 의식수준을
자기가 높일 수 있을 뿐이다.

자기가 노력하는 만큼
이루어지는 것이
천하의 이치다.

남의 마음의 보따리(의식수준)를
내가 키울 수는 없다.
오직 내 보따리를
내가 키우는 수밖에는 달리 도리가 없다.

남의 보따리를 키울려면

내 보따리 부터 키워야 한다.

오로지

이해와 사랑으로

감싸 안아야 가능하기 때문이다.

봄23 윈아님 낭독

봄24

홀로서기

인간은
정신적으로
홀로서기 위해
살아가는지도 모른다.

자아탐구를 통해
"얼아"를 볼 수 있을 정도가 되어야
홀로 설 수 있는 어른(얼)이다.

홀로 있지 못하고
홀로 서지 못하고
홀로 걷지 못하는 자는
얼아(소아, 에고)이다.

그러므로
세상을 성공적으로 살고
은퇴한 분일지라도
당장 하던 일과
관련된 사람들이 사라지면
안절부절 심심해서 못견딘다면

나이로는 어른일지라도
인간으로는
어른이라고 볼 수 없을 것이다.

대부분의 사람들이란
자기를 깨닫지 못한
영적(靈的)인 "얼아"들이라고 보아야 한다.

자기가 누구인지 모르기에
자기의 정체성과 존엄성을
깨닫지 못하였으므로
탐욕의 노예 생활을 한다.

참으로
자기의 존엄성을 모르기에
아상(我相)을 지니고 산다.

자기가
시간적으로 영원하고
공간적으로 무한한
존재라는 사실을
깨닫지 못하였기에
죽음을 두려워하면서
자기를 확장하기 위해
권력과 재물과 명예를 탐한다.

문제는
이러한 어리석음을
어리석음인 줄도 모르고 살아가는
대부분의 사람들을
한마디로 하면
홀로 서지 못하기 때문이다.

홀로 서지 못하므로
사람들(친구, 연인)에게 미치고
놀이나 일에 빠질 수밖에 없다.

외롭고 심심해서
벌이는 일이
인생과 세상의 전부라고 하면
과한 말일까?

그러므로
외로움을 두려워하고
심심함을 견디지 못하여
무작정 밖으로 끌리어 나가지만 말고
일단 걸음을 멈추고
그렇게 나약한 자기가
어떻게 생긴 놈인지
한번 돌이켜 보아야 한다.

외롭고 심심해서
견디기 어려운 순간
한번이라도 그렇게 해 보아야 한다.

그렇게 하기 위해서는
결심을 단단히 하여야 한다.
아직까지 한번도
그렇게 해 본 적이 없기 때문이다.

대부분의 사람들은
정신적으로
이분화된 분열된 상태를 산다.

그러므로
공허감을 느끼게 되고
그 공허감을 채우려고 한다.

자기의 심심함을 달래 줄
사람이나 행사나 일이 필요하게 된다.

그리하여
자기를 알아 줄 친구나
자기를 좋아해 줄 연인이 필요해진다.

또한
무료한 시간을
심심하게 하지 않을
세상 일에 매달리게 된다.

그러므로
대부분의 사람들은
일 평생 홀로서지 못하고
생을 마감하고 만다.

분열과 갈등을 치유하자면
홀로 존재하지 못하는
나약하기 짝이 없는
내면의 얼아(에고, 소아)를
스스로 돌아 보아야 한다.

무엇이 들어서
끝없이 사람을 찾아 헤메고
무엇이 들어서
일에 빠지게 만드는지
그 까닭을
기어이 한번 알아내고 넘어가야 한다.

무엇이 들어
자기를 찾지 않고
자기를 외면하게 만드는지
그 까닭을 알아내야 한다.

그것이 무엇인지를 알아야
내가 무엇인지를 알 수 있을 것이다.

그것을 아는 것이
나를 아는 것이고,
나를 알아야
홀로서기가 가능할 것이다.

홀로서기가 가능해야
사람이나 사물로 부터
자유롭게 살 수 있다.

-2003.11.23

봄24 윈아님 낭독

봄25

생각의 노예는 물질의 노예이기도 하다

대부분의 사람들은
자기가 일으킨
생각의 노예 신세를 면치 못하고 있다.

생각이 어떻게 일어나고
어떻게 이어지고
어떤 방향으로 가고 있는지
자기의 안을
들여다 보며 살지 않기 때문에
생각을 쫓아가거나
생각에 쫓기는 것이 보통이다.

그러다 보니
생각을 돌이켜 볼
엄두와 여유가 없이
생각의 메카니즘에 놀아나는
생각의 노예신세가 되고 만 것이다.

그리하여
"나"라고 하는 생각을
"나"로 오인하기에 이르렀다.

다시 말하면
진정한 "나"를 잊어먹고
가짜의 "나"인
생각의 노예가 된 것이다.

언제나 생각을 앞세워
생각이 그려낸
씨나리오대로 연기(演技)하고 있으니
생각의 노예가 아니고 무엇이겠는가?

우리는
생각의 노예상태에서
해방되어
생각의 주인이 되어
생각을 다스리고
부리고 쓸 수 있어야 한다.

생각의 노예신세를 면하려면
생각의 메카니즘을 알아야 한다.

생각의 메카니즘을 알려면
자기의 안을
들여다 보며 사는 생활을
시작하여야 한다.

머리에서 일어나고 꺼지는
생각의 흐름과 변화를
객관적으로 주시하며 살다 보면
자기도 모르는 사이에
생각의 정체를
손바닥 들여다 보듯이
화안하게 파악하게 된다.

내가 생각을 장악하는 것이다.

생각의 흐름을
들여다 보며 살기만 하면
생각을 쫓아가거나
생각에 쫓기는
생각의 노예신세를 면하게 된다.

생각을 다스리려면
생각으로부터 벗어나
생각을 돌이켜 보면 된다.

생각을 돌이켜 봄으로서
생각은 나에게 잡힌다.

이렇게 되어야
생각을 다스릴 수 있게 된다.

이렇게 되면
생각의 노예가 아니라
이미 생각의 주인이다.

자기를 돌아보며 사는
생활을 하겠다는
선택을 클릭하여야
내면의 세계가 열린다.

외로움 허전함 그리움
두려움 슬픔 갈등 탐욕 분노
갈등 시기질투 열등감
자존심 혼란 등으로부터
달아나지 않고
그들과 마주하고
친숙해지는 세계가 열린다.

지금까지
등돌리고
외면하고
숨기고
보기를 거부했던
엄연한 내면의 현실세계를
열어 젖히는 것이다.

누구든지
생각을 들여다 보며 사는
최초의 그 한 순간이
마음의 눈을 뜨는 순간인 것이다.

지식과 정보를 아는 것과
자기를 아는 것은
전혀 다른 일이다.

아무리
지식이 많고
글 잘 쓰고
말 잘 하여도
자기의 생각을
들여다 보면서 살지 않으면
생각의 노예신세를 면치 못한다.

생각의 노예를 면하고
생각의 주인이 되는 길은
오직
생각을 들여다 보는 생활로
전환하여야 한다.

생각은 형상이 있으므로 물질이다.

그러므로
생각의 노예는
물질의 노예이기도 하다.

생각의 노예가 되면
사상 이데올로기
도그마의 노예가 되어
대립 갈등 투쟁을 일으키며
괴롭게 살 수밖에 없다.

물질의 노예는
물질을 소유하기 위해
대립 갈등 투쟁을 벌이며
물질을 지키기 위해
전전긍긍
괴로움을 자초하며 살 수밖에 없다.

노예에게는
자유가 없다.
자유가 없으면
행복도 평화도 없다.

지금까지
미루고 숨기고 거부했던
내면의 세계를
열어젖히지 않고서는
인류의 행복과 평화는 요원한 꿈이다.

한 사람이라도
생각과 물질의
노예신세를 면하는 일만이
유일무이한 희망의 길이다.

이제부터라도
"자기를 돌아보며 살기 운동"을
한 사람 한 사람 펼쳐나가야 한다.

–2003.12.14

봄25 원아님 낭독

봄26

자기를 돌아보며 살아야 하는 까닭

1. 생각의 주인인 자기가
생각의 노예인 자기로
되어버렸기 때문이다.

2. 다시금
생각의 주인이 되려면
생각으로부터 벗어나
생각을 돌아봄으로서 잡아야 한다.

3. 일어난 생각에 대하여
좋아하는 생각을 낸다거나
싫어하는 생각을 내게 되면
생각이 줄기차게 지속되어
생각으로부터 벗어날 수가 없다.

4. 그러므로
일어난 생각에 대하여
판단 평가 심판이라고 하는
생각을 내지 않으면
생각의 연결고리가 끊어지므로
생각으로부터 벗어나게 된다.

5. 이렇게 되면
다음 순간 일어난 생각이
자기 수중에 잡히게 되어
생각의 노예였던 자기가
순식간에
생각의 주인인 자기가 된다.

6. 나는 생각의 주인이므로
생각을 항상 돌아보며 살기 때문에
생각을 해야 할 경우에는 생각을 하고
생각을 그쳐야 할 경우에는
생각을 하지 않을 수 있게 된다.

7. 그렇다면
생각의 주인인 "나는 누구인가?"

8. "나는 누구인가?"라는 생각을
들여다 보면 그 생각이 사라진다.

이것이 바로 질문에 대한 답이다.
그것은 생각이 없는
무심의 경지이므로
천지(天地) 음양(陰陽)
선악(善惡) 시비(是非)

대소유무(大小有無)
고저장단(高低長短)으로
나누어지기 이전이다.

모든 생각과 물질이
그것에서 나와
그것으로 돌아간다.

9. 내가 생각과 물질의 주인인지라
모든 지식과 정보가 나에게 통하고
모든 물질이 필요에 따라
저절로 나에게 오고 가는
우주의 주인으로서의
위력을 발휘하며 산다.

–2003.12.16

봄26 원아님 낭독

봄27

해가 뜨면 생각의 별들은 사라진다

생각을 구사할 수 있는
인간의 능력은 실로 막강하다.

생각의 힘으로
우리는 놀라운 과학기술문명을 탄생시켰다.

그러다 보니
우리는 생각을 숭배하고
생각에 의존하게 되어
생각의 노예가 되기에 이르렀다.

생각의 노예는
고정관념, 선입관,
사상
이데올로기
도그마의 노예를 말한다.

생각이란
반드시
상대성 이원성이
그 본질이므로
생각을 쫓아가면

대립 갈등 투쟁의
구도를 면치 못한다.

그러므로
생각은
자기 분열과
고통의 원인이기도 하다.

그러나
생각을
생각으로 통제하려고 하면
절대 생각은 통제되지 않는다.
오히려 생각에 힘을 실어주어
생각의 통제는 불가능하다.

그렇다고
생각을 하지 않겠다고
결심한다고
생각이 안해지지도 않는다.
잊어먹겠다고 해서
잊혀지는 것도 아니다.

생각은
나의 의지와
결심과는 무관하게

구름이 일고 지듯
제멋대로 오고 간다.
그러므로
생각은 나의 것이 아니다.

생각을 하지 않으면
죽을 것 같지만
생각을 하지 않아도
사는 데는 아무 지장이 없다.
오히려
생각이 없으면
기억도 없고 기대도 없으니
고통도 없다.

우리가
생각으로 부터
벗어나는 방법은
단 한가지
오는 생각을 막지말고
가는 생각을 붙들지말고
머물고 있는 생각을
건드리지 말고
물끄러미 바라보는 것이다.

생각이 일어나면 일어난 줄 알고
사라지면 사라진 줄 알면 된다.

생각이 없으면 없는 줄 알고
있으면 있는 줄 알면 된다.

내면에서 일어나는 생각의 파장을
끊임없이 지켜보기만 하면 된다.

앞 생각에 대해서
뒷 생각이
판단 평가 심판을 하는 한,
생각의 행렬은 그치지 않아
생각이라고 하는
먹구름은 걷히지 않는다.

먹구름이 걷혀야
푸른 하늘이 드러나듯
진정한 자기가 드러나려면
생각이 멈추어져야 한다.
억지로 생각을 멈추려고 해서
멈추어지지는 않는다.

생각은 자연현상으로서
무작위적으로 일어나고 사라진다.

이러한 현상을
가감하지 않고,
있는 그대로
알아차리며 사는 것이다.

소가 닭 쳐다보듯이 하면
생각은 뚝 끊어지고 만다.

생각을
자기의 것이라고 여기지도 않고
소중하다고 여기지도 않고
오면 오는 대로 가면 가는 대로
있으면 있는대로 없으면 없는대로
알아차리기만 하면
어처구니없는 허망한 생각
쓸데없는 생각의 행렬은
더 이상 몰려오지 않아
비로서 하늘이 열린다.

고요하고 한가하고
충만하고 끝이 없다.

어둡고 무섭고 답답했던
밤이 지나
하늘에 태양이 뜬 것 같다.

해가 뜨면 생각의 별들은 사라진다.

별 볼 일이 없다.

이렇게 되면
생각으로
문제를 해결하려고 하지 않는다.

잔머리를
굴리지 않고
살아가는
새로운 삶이 전개된다.

생각으로 사는 삶이 아니라,
하늘이 시키는 대로 살고,
무심으로 행하는
삶의 세계가 열린다.

모든 것이
저절로 되어지는 세계다.

–2004.01.09

봄27 원아님 낭독

봄28

자기를 돌아보며 살기 운동

지금까지 우리는
자기를 돌아보며 살지 않았다.

하루에 세번 정도
반성하며 살라는
가르침은 들었어도,
자기를 항상 돌아보며 살라는
가르침은 받은 적이 없다.

항상 기도하라,
화두가 끊어지지 않아야 한다,
명상을 하라는
메씨지는 접하였어도
자기를 항상 돌아보며 살라는
가르침은 들은 바가 없다.

그러므로
우리는 그러한 삶을
살아오지 못한 것이 사실이다.

지금 이 시각까지
우리는 동물적인 삶을 살고 있을 뿐이다.

먹고 살고 생존하려는 본능에 따라
자기 중심적이고 이기적인
소아본위의 인생을 살고 있다.

소아를 자기로 집착하는
어리석고 환상적인
의식수준의 단계에 있으므로,
형상이 아닌 무한성을 본질로 하는
대아를 모르는 무지의 상태에 있다.

자기를 돌아보면서
살게 되면,
자기가 무엇인지
자기에 대한 깨달음이
은연중 오게 마련이다.

지금까지 생각을 선택하고
생각을 쫓아 행동하던
에너지 패턴을
자기를 돌아 보면서 행동하는 쪽으로
에너지의 패턴을 바꾸는 것이다.

그렇게 하게 되면
생각을 따라가는 삶이 아니고
생각으로부터 벗어나

생각의 일어나고 사라짐을 모조리 알고
생각을 도구로 쓸 수 있는
삶으로 바뀌게 된다.

자기를 돌아보며 살게 되면
생각을 쫓아가는 것이 아니므로
모든 생각으로부터 자유로와지는 동시에
모든 생각을 파악하게 되고
생각을 사용할 수 있게 된다.

생각에 의지하여 행동하는 것이 아니고
돌아봄(순수의식) 자체가 직접
행동하는 것이다.
생각에 의지하여 살면 소아가 되고
생각을 돌아보면서 살면 대아가 된다.

소아는 억지로 힘들게 살고
대아는 저절로 수월하게 산다.

끊임없이 자기를 돌아보며 살면
끊임없이 일어나는
생각의 행렬은 끊어지기 마련이다.

생각은 제 멋대로
일어나기도 하고 사라지기도 한다.

그러한 생각을
나의 것이라고 여기지도 않고
선택하거나 매달리지 않는다.

오면 오는가,
가면 가는가,
있으면 있는가,
없으면 없는가,
오직 보기만 할 뿐
건드리거나 간섭하지 않는다.

반기지도 않고
거부하지도 않는다.
있는 그대로
사실 그대로
볼 뿐이다.

그렇게 하는 삶이
자리잡히면
번거로운 생각이나
쓸데없는 생각이 일어나지 않아
마음은 고요하고 텅비게 된다.

대아를 깨달아
대아가 자기가 되면

걱정할 일도 없고
후회할 일도 없고
모든 것은
저절로 되어진다.

자기를 돌아보며
살기만 하면
누구나 그렇게 된다.

그러므로
"자기를 돌아보며 살기 운동"을
펼쳐나가야 한다.

돌아보고
또 돌아보며
살다 보면
저절로
삶의 에너지는 바뀌어질 수밖에 없다.

자기가 바뀌어야 세상이 바뀐다.

-2004.01.10

봄28 원아님 낭독

봄29

개혁의 대상은 자기 자신이다

자기를 돌아보며
산다는 것은
자기를 알기 위함이다.

자기를 안다는 것은
자기가 어떤 전통이나 관례나 습관이나
특정의 윤리도덕관에 사로잡혀
틀에 박힌 생각이나 언어 행동을
반복하고 있는
구태의연한 인간이라는 것을 깨닫는 것이다.

그러한 생각 관념 사상 도덕 윤리관은
농경사회 때
필요에 의해 생겨나고 정착된 것이지만
오늘날과 같은
인터넷 세상,
디지탈 세상에는
맞지 않는 낡은 법이므로
더 이상 우리에게 도움이 되지 않고
우리를 구속하고 강제하고
불편하고 괴롭게 만든다는
사실을 자각하여

맞지 않는 법을
과감하게 폐기조치하고
그 때 그 때 맞는
새로운 법을 만들어 사용하는
창조적인 인간이 되어야 한다.

그렇게 하기 위해서
우리는 자기의 내면을
끊임없이
돌아보며 살지 않으면 안된다.

자기의 내면에는
전체 생명의 역사가 수록되어 있고
인류와 민족과 씨족과
개체의 역사와 경험이
모조리 수록되어 있기 때문이다.

자기를 돌아보며 살지 않으면
옛 법의 노예가 되어
변화와 개혁을 거부하는
걸림돌이 될 수밖에 없다.

바야흐로 인류는
정보통신의 발달로
공간적인 거리감이 사라지고
시간의 간격이 무너지고 있다.

이런 때 일수록
자기를 돌아보며 살지 않으면
자기는 우둔하고 어리석은
고집쟁이
구닥다리 신세를 면치 못할 것이다.

자기를 돌아보아
복잡하고 시끄럽고 괴로운 것은
단순하고 고요하고 편한 것으로
과감하게 바꾸는 것이야말로
자기가 살고 상대를 살리는 길이다.

우리는
구시대의 잔재인 권위주의에 물들어
권위주의적으로
생각하고 행동하지 않는지
부단히 자기를 돌아보며 살아야 한다.

권력이나 재력이나
학식이나 기술이 있다고
없는 사람을 무시하고
그 위에 군림하고 억압하는
사고방식이나 행동양식이
부지불식간에
나에게 남아있지나 않는지

항상 돌아보며 살아야 한다.

개혁의 대상이 자기이기 때문이다.

지구는 하나의 마을이 되고 있다.

우리 모두가
육체적으로 고귀하고
정신적으로 위대하고 존엄한 존재이다.

모든 사람은
표면으로 보면 모습이 다르지만
속을 들여다 보면 모두가 같다.

우리는
하나의 생명의 바다에서
일고지는 파도에 불과하다.

지연 학연 혈연이
중요한 것이 아닌 세상,
나와 너가
하나로 통하는
거듭난 사람,
열린 사람이 중요해지는
세상이 도래하고 있다.

비이원성을 깨달아
거듭나지 못한 인간은
변화와 개혁의 물결에 밀려나고
도태될 수밖에 없는 세상이
물밀듯이 오고 있다.

자기가 우주의 주인이다.

우리가 우주의 주인이다.

그러므로
자기에게 무엇이 좀 있다고
없는 자기를 무시하거나
억압하거나 군림하는 일이
혹시 없는지
항상 자기를 돌아보며 살아야 한다.

자기가 달라져야
나머지 자기도 달라진다.

-2004.01.17

봄29 원아님 낭독

봄30

몸과 마음은 내가 아니다

우리는
몸을 나로 여기기도 하고
마음을 나로 여기기도 한다.

몸과 마음이 내가 아니라고
아는 사람도 드물지만
그것을
순간적으로 깨달은 사람이라도
몸을 자기로 착각하거나
마음을 자기로 착각하는 순간이
비일비재한 것이 사실이다.

하루 중 절반이라도
몸이나 마음이
자기가 아니라는 사실을
잊지 않으면 50점이다.
50점만 되어도 대단한 수준이다.

그러나
적어도 하루 중 6할 정도는
몸과 마음이 자기가 아니라는 것을
혼돈하지 않고

속지 않을 정도가 되어야
몸이나 마음이
내가 아니라는 사실을 깨달아
아는 사람이라고 할 수 있다.

적어도 60점이 되어야
자기를 깨달은 사람,
자기를 지키고
보존하는 사람이라고 할 수 있다.

하루 중 6할을 깨어 사는 사람,
몸과 마음을 자기로 착각하지 않는 사람,
본심을 지키는 사람이라야
깨달은 사람이라고 할 수 있다.

그러나 아직 4할 정도는
몸과 마음을
자기로 착각하는
불완전한 수준인 것이 사실이다.

비록 100점 만점은 아니라도
60점만 되면
자기를 아는 사람이지
모르는 사람이라고 할 수는 없기 때문이다.

그래서 60점만 되면 학점이 나온다.

60점만 되면
자기를 돌아 보며 사는 사람으로서
자기를 깨달은 사람이고
중심을 잡은 사람이고
상대를 초월한 사람이고
조화로운 사람이다.

밖으로 나가는 에너지와
안으로 당기는 에너지의
균형을 잡은 사람,
안과 밖이 하나로 통한 사람이다.
그러나 6할은 속지 않아도
4할은 속는다고 보아야 한다.

70점이라도 3할,
80점은 2할,
90점은 1할 속는다.

100점이라야 만점으로
하나도 틀림없다.
100점이라야 인간완성이다.

몸이 느끼는 고통을
자기의 고통으로
착각하지 않을 정도가 되어야
자기를 보존하는 사람이다.

또한 마음이 느끼는 고통을
자기로 착각하지 않아야
진실로 자기를 깨달은 사람,
자기를 보존하는 사람이라고 할 수 있다.

몸이 느끼는 통증을
자기의 통증으로
착각하지 않는 경지란
통증을 느끼지 못하는
마비증세를 말하는 것이 아니다.

통증으로 부터 벗어나
초연한 입장에서
통증을 느끼는 몸을
바라보고 아는 것이다.

아프지 않은 자가
아픈 자를 알기에
아프면서도 아프지 않은 것이다.

마음이 느끼는 고통도 마찬가지다.

고독의 아픔,
그리움의 아픔,
허전함에서 오는
허무감 공허감,
근심, 걱정, 불안, 공포,
대립 갈등 투쟁에서 오는
분노와 갈등 등
마음의 고통 역시
자기의 고통이 아닌 것이다.

이렇게 속지 않고
사는 사람이라야
진실로 막강한 인간이다.

-2004.01.17

봄30 원아님 낭독

봄31

율법준수의 단계를 넘어서

자기가 자기를 믿지 못하여
자기를 통제하기 위해 만든 것이 율법이다.

자기를 믿지 못한다는 것은
자기가 누구인지 모른다는 말이다.

자기가 누구인지 안다고 하더라도
자기의 생각을 자기로 착각하는
의식수준에서 하는 말이다.

진실로 자기를 깨달으면,
자기란 무한하고 영원한 존재,
생각으로 형용할 수 없는 존재,
우주의 주인과
둘이 아닌 존재임을 알기에,
생각을 자기로 착각하거나
생각을 따르는 일은 결코 없을 것이다.

남의 생각이든
자기 생각이든
어떤 생각을 금과옥조로 알고
따르고 지키려는 사람은

율법에 얽매어 사는 단계이다.

아무리 그럴듯한
율법(선행, 도덕률, 봉사활동)이라도
고정관념이 되면
사람이 율법의 지배하에 들게 되어
억압과 고통을 면키 어렵다.

그러므로
그러한 율법은
무조건 비워야 한다.

마음 가운데
그러한 먹구름이 덮여 있으면
우리의 마음은
어둡고 무겁고 우울해진다.

마음 가운데
무겁게 드리워져 있던
먹구름을 날려버리고 나면
시원하고
푸른 하늘이 끝없이 드러난다.

거기에는
자기를 구속하는

어떠한 생각의 뭉치나
행동의 기준 같은 것이
하나도 없기에
조금도 걸림이 없다.

그 때 그 때
형편에 따라
할 수도 있고
하지 않을 수도 있다.

거기에는
잘했다는 생각도 없고
못했다는 생각도 없다.
새삼스레
보람을 느낄 일도 없고
후회할 일도 없다.

왜냐하면
마음을 비워
모든 율법의 지배를
받지 않기 때문이다.
율법을 모조리
비운 마음은
하늘의 마음이기에
그 무엇의 명령을 받지 않는다.

열린 마음에는
명령을 하는 자와
명령을 받는자의
구분 따위는 없다.

자기를 돌아보며 살다보면
자기가 율법으로부터
무척이나 시달려왔다는 것을
알게 되어
저절로 마음이 비워진다.

자기를 목조르던 율법을
폐기조치하고 나면
더 이상 남에게
율법을 주장하거나
강요하지 않을 정도로
사람이 달라진다.

진실로 자기를 알고 나면
자기가 존엄하고
거룩한 존재라는
사실을 앎으로
모든 사람이
그러하다는 것을 알게 된다.

율법이란 형식에 지나지 않는다.

본질을 아는 사람에게는
형식은 중요하지 않다.

그러므로 그 때그 때
옛 법을 고쳐쓰거나
새 법을 만들어 사용한다.

자기도 살고
상대도 살고
우리 모두
잘 살기 위함이다.

수행법도 마찬가지다.

그 모든 율법을
한꺼번에 비워야,
창조적 삶,
개혁적인 삶,
자율적인 삶이
비로소 시작된다.

자기를 깨달아
믿게 된 사람은
자기가 밝은지 어두운지
유능한지 무능한지
옳은지 그른지
일체의 생각을 굴리지 않는다.

그러므로
천지만물을 굴린다.

-2004.01.20

봄31 원아님 낭독

봄32

설날의 의미

한 동안 우리는
전통적으로 내려오던 설날(음력)을
억지로 양력으로 바꾸는 바람에
많은 사람들이
양력설을 쉬기로 작정하던 때가 있었다.

그런데 어느 정권 때인가
슬그머니 설날을 연휴로 정하는 바람에
민족대이동이 음력으로 정착되었다.

그러다 보니
이중과세 아닌
이중과세를 하고 있는 셈이다.

이웃나라는 어떠한가?
일본은 양력
중국은 음력을 쉬는 데
우리는 그 중간에서
양쪽을 다 쉰다.

참으로 헷갈린다.
선악을 떠나드라도

이것이
현재의 우리의 모습이다.

그건 그렇고,
설날이란 말은 도대체 무슨 뜻일까?
내 생각에는
처음으로 맞이하는 날이라는 뜻으로 여겨진다.
새롭다, 전혀 예측할 수 없는 날인 것 같다.

과거의 연속으로 맞이하는 날이 아니고
최초로 하늘이 열리는 날을 말하는 것 같다.
이렇게 맞이하여야
비로소 정신연령이 한살 높아질 것이다.

이렇게 맞이하지 못하면
육체는 나이를 먹어도
정신은 한살 나이를 더 먹지 못한다.

송구영신(送舊迎新)이라는 말을
순수한 우리 말로 하면
설날이 될 것이다.

우리의 명절인 설날은
결코
시간적으로 한 해를 보내고

새해를 맞이하는 날을
염두에 두고
사용한
말씀은 아닐 것 같다.

생각의 잔재,
기억의 잔재,
과거의 잔재가
하나도 없는
빈 마음이라야
설날을 맞이하고
새로운 천지를 열 수 있다.

그렇게 사는 순간이
설날이다.

그렇게 사는 삶은
나날이 설날일 것이다.

고향을 찾고
부모님과 일가친척 어른들에게
세배를 올리고
조상에게 차례를 올리는
진정한 까닭은 무엇인가?

그러한 형식을
우리의 조상들이 정하여
우리들 후손들에게 남긴
진정한 까닭은 무엇일까?

연례적인 행사를
되풀이하는 것으로
끝날 일이
아니라고 생각한다.

이제 바야흐로
세계는 하나가 되어가고 있다.

육신의 고향은 달라도
정신의 고향은 다르지 않다는 것을
이제는 알 때가 되었다고 생각한다.

일가 친척만이 아니라
시방이 일가친척임을
알아야 할 때가 되었다.

이제 우리는
마음의 고향,
영혼의 고향을 찾을 줄 알아야 한다.
머리 속에 남아 있는

과거의 잔재를 모두 비우고
미래의 기대까지 모조리 비우면
거기가 우리들 정신의 고향이다.

그렇게 되면
자기가 있는 곳이 모두 고향이다.
만나는 사람 모두가 고향사람이다.

내 육신의 고향만이 고향이 아니게 된다.
보이고 들리고 느끼는
모든 것이 고향의 풍물로 변한다.

모든 것이 다정하고 아름답게 보인다.
내 고향 땅만 내 고향이 아니고
삼천리 방방 곡곡이 내 고향이 되고
지구촌 전체가 내 고향이고
나아가서
우주가 내 고향이 되어야 한다.

이렇게 되어야
진정으로 설날을 맞이하는 것이고
정신의 나이 한살 더 먹을
자격이 있다고 할 것이다.
그렇게 되어야
색동 옷을 입을 자격이 있다고 할 것이다.

순간 순간
자기를 돌아보며 살면
순간 순간이
설날이 될 것이다.

나날이 설날이 될 것이다.

나날이 잔치날이 될 것이다.

-2004.01.21

봄32 원아님 낭독

봄33

마음비우기

마음을 왜 비워야 하는가?

비운다는 것은 버린다는 것이다.

버린다는 것은
낡아서 더 이상 쓰지 못하거나
상해서 먹을 수 없을 때
우리는 내다버리게 된다.

말하자면
쓰레기는
그 때 그 때 내다버리지 않으면
냄새가 나고 주변을 오염시키고
계속 방치하면
집안이 쓰레기 더미가 되고 만다.

이와같이 과거에 형성되어 내려오는
전통적인 의식(儀式)이나
사고방식 행동양식 등이
고정관념화되고
이데올로기화되고 도그마가 되어
하나의 관례가 되고

상식이 되고
윤리도덕으로 정착되어
우리를 속박하고
우리 위에 군림하게 되면
우리의 마음은
쓰레기 더미로 꽉차게 마련이다.

종교적인 도그마이든
전통적인 윤리도덕이든
일단 우리의 마음 안에
하나의 신념체계로 정착하게 되면
그런 생각의 뭉치들이
우리를 구속하고 강제한다.

그러므로
어떤 결론이나
신념체계를 신봉하는
어떤 고정관념도
눈에 띄는 즉시 버리지 않으면
마음은 부패할 수밖에 없다.

우리의 마음이
무엇인가에 조건부여된다는 것은
마음의 신선도가 떨어져간다는 말도 된다.

그런 고정관념이 많을수록
고루한 사람이고
복잡한 사람이고
갈등을 많이 느끼는 사람이고
자기와 주변을 오염시키는 사람이다.

그런 사람은
생각이나 사상이나
물질의 노예가 되고 만다.

그것은
조건부여(입력)와
조건반사(출력)에 의해
움직이는 기계나
본능에 따라 움직이는
동물적인 삶의 수준이다.

그러므로
우리가 사람다운 삶을 영위하려면
항상
자기의 안을 돌아보면서 살아야 한다.

마음의 쓰레기가 없는지 돌아보아
무엇이든
자기를 속박하거나

강제하는 기미가 보이면
마음의 쓰레기인 줄 알고
그 마음을 비워야 한다.

그 어떤 학문적인 결론이나
종교적인 신념이나 주의 주장이
자기의 마음을 점령하고
자기에게 영향력을 행사한다면
무조건 마음을 비워야한다.

심지어
사랑하고 봉사하면서 살아야 한다는
관념일지라도
일단 쓰레기로 간주하고
그러한 마음의 부담이나
속박으로부터 벗어나야 한다.

그리하여 언제나 마음을 비워
싱싱하고 깨끗하게 만들어야 한다.
이것이 해탈이고 대자유다.

이 일은
어느 누가 대신 해주지 못한다.
예수도 석가도 대신 해주지 못한다.

오로지 자기가 자기를 돌아보아
몸소
마음의 쓰레기를 버리는 수밖에는 없다.
그것이 마음비우기이다.

마음을 비워야
낡은 법으로부터 벗어날 수 있고,
그것이 얼마나 지금의 현실에
거추장스럽고
불편하다는 사실을 느낄 수 있으므로
즉시 새 법을 만들어
자기와 주변 사람을 구할 수 있다.

마음이 비워져야
비로소
개혁도
창조도
개벽도 이루어진다.

–2004.01.24

봄33 원아님 낭독

봄34

나를 찾아가는 여행

나를 찾아가는 여행은
밖으로 가는 길이 아니라
안으로 가는 길이다.

먹고 사는 데만
정신을 팔고 살던
과거의 삶의 방식을
근본적으로 바꾸는 삶의 길이다.

눈을 감고
아무 것도 하지 않고
나를 찾아
내면만 바라보자는 것이 아니다.

먹고 살기 위해 생각하고, 말하고,
뛰어다니는 모습을
바라보고, 알면서, 살자는 것이다.

사물에
한눈을 팔고 사는 바람에
잃어버린
본연의 나를 되찾자는 것이다.

나를 잃어버렸다고는 하지만
내가 어디로 사라진 것은 아니다.

나라고 하는
가짜의 나만 비우면
거기에
본연의 나는 저절로 드러난다.

가짜의 나(소아)가
진짜의 나(대아)를
가리고 있었던 것이다.

평상시에 우리는
가짜가
우리 몸을 장악하기 때문에
그 고생을 하며 산다.

가짜가 주인행세를 하지만
그것이 가짜인 줄 모르기에
놓아버리지를 못하여
답답하고,
괴롭고,
우울하고,
불안하게 산다.

그러므로
마음을 비운다는 말은 알아도
실지로 비워 내지를 못한다.

마음을 비우지 못한 가운데
무슨 일을 하면
금방 지치고 싫증이 난다.

마음을 비우지 못하고 사는
대다수의 사람들은
생각과, 고정관념, 선입관의 노예들이다.

소아본위의 사람은
자기의 생각과
다른 생각을 지닌 사람과
다투고 싸우기 마련이다.

그래서 늘
대립, 갈등, 투쟁의 구도를
벗어난 듯 싶지만
다시금
일상으로 돌아오면
불안 공포가 엄습한다.

마음을 비우기 위해서는
내면을 항상 응시하고 있어야 한다.

나라고 하는 행위자가
내면을 장악하고
주인행세를 하지 않는지
내면을 잘 살피는 것이 중요하다.

무언가 가려져서
답답하고 어두우며,
무언가가 드리워져
무거운 느낌을
알아차림이야말로,
자기를 돌아봄이요,
정신 차림이요,
마음을 비움이다.

자기라고 하는
행위자를 발견하는 즉시
놓아버리면
활력이 샘솟고
지성과 감성이 최고조에 달하게 된다.

그래서 마음이 비워지면
저절로 살아진다고 말하는 것이다.

마음을 비우지 못한 입장에서 보면
죽으라는 말로 들릴 것이다.

마음을 비우면
아무 문제가 없다.
문제가 생기면
다시금 마음을 비우면 된다.

마음을 비우면
넘치지도 모자라지도 않는다.

언제나 알맞다.
없는 듯 있고 있는 듯 없다.

이것이
나를 찾는 여행의
종착점인 동시에 출발점이다.

그래서
무한하고 영원한가 보다.

-2004.01.30

봄34 원아님 낭독

봄35

잘 산다는 것은 어떤 것입니까?

가장 오래된 물음이면서
아주 새로운 물음이기도 하네요.

그러면서도
물음에 대한 해답을
찾지 못하고 있는 것이
대다수의 우리들이지요.

봄35 원아님 낭독

'잘 산다는 것은 어떤 것인가?'
라는 물음은
결국 한 생각이 일어나고
그 생각에 대하여
또 하나의 생각을
덧붙이려는 시도이기 일쑤입니다.

일어난 생각에 대하여
또 다른 생각을 일으키고
그렇게 하다 보면
생각의 흐름은 끝이 없습니다.

비록
어떤 결론을 내었다 하드라도

또 다른 물음은 남습니다.

그러므로
생각(물음)을 쫓아가는
우리들의 구태의연한
생각의 패턴을 가지고는
해답을 찾기는 커녕
해답으로부터 점점 멀어진다는 것이
우리들의 경험입니다.

그러므로
잘 산다는 것은 어떤 것인가?
라는 물음 자체를
되돌아 밟아 들어가는 길을
선택할 수밖에는 없습니다.

참으로 알고 싶은 마음이
간절하다면
그렇게 질문을 하는
자기의 내면을 향해
파고 들어가게 되지요.

전심전력 일심으로
질문을 하는 자가 누구인지를
되돌아 보면

아무리 찾아도
질문하는 자가 없다는 사실을
깨닫게 될 것입니다.

질문하는 자가 존재하고
그래서
질문이 나왔다고 생각했는데
엉뚱하게도
질문하는 자가 없는 것입니다.

질문하는 자가 없으므로
질문도 사라집니다.
마음이 비워진 것이지요.

가짜의 나,
그림자로서의 나,
소아로서의 나가 사라진 자리에
진짜의 나,
빛으로서의 나,
대아로서의 나가
거기에 있는 것이지요.

이 대아는
한 생각이 일어나기 이전,
우주가 생기기 이전,

생명이 존재하기 이전입니다.

이렇게 되면
두번 다시
'잘 산다는 것은 어떤 것인가?'
라는 물음이 일어나지 않을 것입니다.

뿐만 아니라
어떤 의문도 일어나지 않을 것입니다.

이미 답을 얻었기 때문이지요.

사족을 붙인다면
자기를 깨닫지 않고서는
결코 잘 살 수 없는 셈이지요.

이것 이상 가는 성취는 없습니다.

언제나 알맞아서
남지도 않고
모자라지도 않습니다.

이만하면
잘 산다고 할 수 있지 않을까요?!

-2004.01.30

봄36

절대 무한의 하늘을 열자

마음을 비우면
상대유한의 세계는 간 곳 없이
절대무한의 세계가 펼쳐진다.

지금까지 인간이 꿈꾸고 추구하던
파라다이스, 천국, 극락이
마음을 비운 순간 담박 이루어진다.

마음을 비우지 못한 상태에서
추구하고 획득한
모든 이 세상의 재색명리(財色名利)는
안개처럼 사라진다.

왜냐하면
그 모든 것을 소유하고 있다고 생각했던
그 '나'는
더 이상 존재하지 않기 때문이다.

'나'라고 하는
자의식의 장막이 걷히는 순간
달라지는 것은 아무 것도 없다.

보고 듣고 느끼고
생각하고 말하고 움직이고
밥먹고 배설하고 쉬고 잠자는
일상생활의 모습이
마음을 비우기 이전과
겉으로는 하나도 달라진 것이 없다.

그러므로
마음을 비우고 사는 사람,
대아로 거듭난 자,
깨달음을 성취한 사람의 겉모습을
아무리 눈여겨보아도
달라진 모습이 전혀 없다.

달라진 것은 겉이 아니라 속이다.
속은 육안으로는 보이지 않는다.

겉으로는
눈으로 사물을 보고
귀로 소리를 듣고
머리로 생각하고
가슴으로 느끼며 사는 것이
마음을 비우지 못한 사람과
조금도 다르지 않다.

그러므로,

볼 때

보는 '나'가

마음 속에 없고,

들을 때

듣는 '나'가

마음 속에 없고,

말할 때

말하는 '나'가

마음 속에 없고,

행동할 때

행동하는 '나'가

마음 속에 없고,

느낄 때

느끼는 '나'가

마음 속에 없다는 점이

마음을 비운 사람,

깨달은 사람의 특징이다.

그러므로 마음을 비우려면

천만가지 기억이나

떠오르는 생각들이나 느낌들을

비우려고 할 것이 아니라

그 모든 것들의 뿌리에 해당하는

'나'만 비우면 된다.

생각하는 나,
말하는 나,
행동하는 나만 비우면
나의 뜻이 아니라
하늘의 뜻대로 되어진다.

'나'라고 하는
귀신이 사라져야
하늘이 열린다.

나라고 하는 귀신이
마음을 차지하고
몸을 부리고 있는 이상
마음은 비워지지 않는다.

'나'라고 하는
귀신을 쫓아 내는 것이
결국 마음을 비움이다.

마음을 비우고 나면
상대유한(相對有限)의 세계는
절대무한(絶對無限)의 세계가 된다.

'보는 나'와 '보이는 나',
'찾는 나'와 '찾을 나'라고 하는,
주객 상대 유한의 장막이 걷히면,
절대 무한의 하늘이 열린다.

유한하고
한계가 있는 것에 속하면
답답하고 비좁아
갈등을 느낄 수밖에 없다.

그 안에서
아무리 즐겁게
잘 살아보려고 노력하여도
갈등(외롭고 쓸쓸하고 허전함)의 문제는
결코 풀리지 않는다.

유한하고 한계가 있는 것은
갈등과 속박이다.

그러므로
사람은 반드시
절대무한의 하늘을 열기 위해
노력하여야 한다.

마음을 비우고 살지 않으면
상대 유한의
어두운 동굴 속에 갇혀 사는
삶을 청산하지 못한다.

대립 갈등 투쟁의 구도는
반복될 수밖에 없다.
그렇게 살면
행복과 평화는
그림 속의 떡일 뿐이다.

그러므로
내 속에서
'나'라고 하는 행위자를 비워
절대무한의 하늘을 열어야 한다.

하늘은
무한하고 영원하다.

더 이상
심심하고 쓸쓸하고 허전하지 않다.
더 이상
바랄 것이 없다.

더 이상 안절부절하지 않는다.
더 이상 밖으로 끌려가지 않는다.

절대무한의 하늘을 열면
더 이상 심심해서 죽을 일이 없고
더 이상 허전해서 죽을 일이 없고
더 이상 그리워서 죽을 일이
다시는 없다.

–2004.02.03

봄36 윈마님 낭독

봄37

정신을 차리고 살자

정신이란 무엇을 말하는가?

정신은
텅비고 고요하고 화안하며
광대무량(廣大無量)한
본연의 나이다.

마음도 변하고
몸도 변하지만
정신 자체는 변하지 않는다.

그래서
정신은
나이를 먹지 않는다.

어린 시절의 나나,
지금의 나나,
조금도 다르지 않다.

그러므로
수시로 변하는 마음을
나라고 하지 아니하고

변하지 않는 정신을
나라고 하는 것이다.

우리말에는
'정신나가다'.
'정신들다',
'정신차리다'라는 말이 있다.

이 세가지 표현 속에
삶의 위대한 가르침이 숨어있다.

그래서,
어른들이 아이들에게
야단치시기를
"정신이 있나(들어왔나)?"
없나(나갔나)?"라고 물으시고
"정신차리라"는 말씀으로
훈계를 끝내셨다.

봄37 원아님 낭독

정신이 나갔는지
들었는지를 알려면
항상
정신을 차리고 살아야 한다.

정신을 차리고 산다는 것은
몸과 마음의 동향에 깨어사는
주인노릇
제대로 하며 산다는 것이다.

주인은 항상
자기의 몸과 마음을 잘 보고 살핀다.

안을 들여다 보아
무심의 상태인지
유심의 상태인지를 알아차려야 한다.

유심의 상태에서
마음이 산란(散亂)하여 안정을 잃으면
정신이 나가게 되고,
무심의 상태라도 혼침(昏沈)이 있으면
정신이 나가기는 마찬가지다.

정신이 나갔다는 것을
알아차리는 순간이
바로 정신이 드는 순간이다.

그렇다면
마음이 산란해진 까닭은
어디에 있는가?

마음(생각)이 둘로 분열하여
갈등을 일으켰기 때문이다.

그렇다면
정신이 희미하고
어두워진 까닭은 무엇일까?
마음(생각)이
정신의 광명을 가로막았기 때문에
희미하고 어두워진 것이다.

그러므로
유심한 가운데
마음이 산란해지지 않도록 하고
무심한 가운데
마음이 희미하고 어두워지지 않도록
항상 마음을 돌보고 보살피는
정신차림이 있어야 한다.

정신차린다는 것은
항상 유심(有心)한 가운데
생각을 굴리되
산란하고 위태로워지기 이전에
그 모든 생각들을
한꺼번에 놓아
무심으로 돌아가는 것이다.

무심으로 돌아가
정신을 차리면
혼침에 빠지기 이전에
창조적 생각과 행동이
저절로 일어나게 된다.

이와 같이
정신을 차려
무심과 유심을
번갈아 운행하는 것이다.

그러한 가운데
묵은 것은 가고 새것이 온다.

그러한 가운데
들고 남, 오고 감이 끝이 없다.

사람이 할 일은
오직 하나
정신차리고 사는
한가지 큰 일이 있을 뿐이다.

그렇게 하면
모든 것은 저절로 되어진다.

-2004.02.05

봄38

정신의 혁명

우리는 만물의 영장이다.

우리는
온전한 정신으로서
마음과 몸의 주인이다.

그런데 실제로는
마음(생각)이나 몸(물질)이
우리의 뜻대로 따라주지 않는다.

이것은 무엇을 뜻하는 것인가?

우리(정신)가 주인이 아니라
마음(생각)이
주인노릇하고 있다는 것을 뜻한다.

다시 말하면
우리는 지금
주인이 아닌 마음의 노예라는 것이다.

우리가 주인이라면
우리의 심부름꾼에 해당하는 마음(생각)이

주인의 명령을 잘 따라야 한다.

잘 따르기는 커녕
오히려 마음에 끌려다니는 현실이다.

왜냐하면
우리가 한눈을 팔아서
정신이 나간 사이에
우리의 심부름꾼에 지나지 않던
마음이란 놈이
주인 자리를 차지하고
계속 우리로 하여금
들어오지 못하도록 하고 있기 때문이다.

게다가 마음은
주인을 내쫓은 것으로 그치지 않고
주인을 노예로 만들어버렸다.

그리하여
우리는 노예 아닌 노예신세가 되고 말았다.

그러므로
인간 세상은 마음이란 놈이 이룩한
노예들의 세상이 되고 말았다.

아무리 과학기술이 발달하고,
지식과 정보의 사회라고 자랑하여도,
이 세상은 어디까지나
가짜가 만든 가짜 세상이다.

사이비(似以非)들이 판을 치는 세상이다.

주객이 전도된 세상이요,
생각의 노예가 된 세상이요,
물질만능의 타락한 세상이다.

인간 세상은 거대한 하나의 감옥이 되었고
인간은 감옥에 갇힌 죄수가 되고 말았다.
인간은 체제, 제도, 법률,
윤리도덕, 종교, 교육이라는 이름의
족쇄에 꽁꽁 묶여 산다.

심지어 오락 스포츠 봉사활동
명상 마음수련이라는 명분으로
정신차릴 틈 조차 주지 않는다.

봄38 원아님 낭독

이것은 어느 누구의 잘못이 아니다.

잘못이 있다면 우리 모두의 잘못이다.

그렇다면,
어떻게 하여야
주인으로 복귀할 수 있는가?
마음이 순순히
주인 자리를 내 주는 일은 절대로 없다.

그러므로
뒤집어 엎는 수밖에는 없다.
마음이 구축해 놓은
모든 것을 부정하여야 한다.
그 수밖에는 없다.

우리를 속이고 속박하는 모든 것들,
그들의 조직과 권위에 복종하고
그들의 가르침에 순종해서는 안된다.

모든 것을 거부하고
철저하게 부정하여야 한다.

대부정(大否定)이야말로 정신의 혁명이다.

혁명이 성공하여야 자유인이 탄생한다.

자유인이 사는 세상은
더 이상 가짜가 판을 치는 세상이 아니다.

세상은 일순간
진실하고 아름답고 착한 세상으로 변한다.

대부정이 대긍정(大肯定)으로 변한다.

이렇게 되어야 정신혁명이 성공한 것이다.
이렇게 되어야 법없이 사는 사람이다.

정신혁명이 이루어져야
사이비 세상이 사라진다.

다시금
노예가 되지 않으려면,
자유를 수호하려면,
잠시라도 한눈을 팔아서는 안 된다.

항상 정신을 차리고 살아야 한다.

그렇지 못하면
에고가 핵이므로
핵폭발의 위험에 노출될 수밖에 없다.

-2004.02.07

봄39

개념정리

1. 우리는
생각이라고 하는 가짜의 나를
진짜의 나인 줄 착각하며 살고 있다.

2. 그 까닭은
우리가 스스로를 별 것 아니라고 무시하고,
별 것을 찾아
밖으로 한눈을 자주 팔았기 때문이다.

3. 별 것(財色名利)을 찾기 위해
한 생각을 내어
그 한 생각을 이어가다 보니
우리는 꼬리에 꼬리를 무는 생각을
나로 착각하게 되었다.

4. 생각이
전면에 나타나고
우리는
뒤로 물러앉게 되었다.

5. 생각이
우리의 주인이 되고
우리는
생각의 노예가 되었다.

6.소탐대실(小貪大失)하는 바람에
주객(主客)이 전도(轉倒)되었다.

7. 생각에 막혀 우리는
밖으로는 비추면서도
안으로는 비출 줄 모르게 되었다.

8. 생각이라고 하는
가짜의 나가 이끄는 삶은
늘 나를
'보는 나'와 '보이는 나'
둘로 분열시켜 놓고
서로 간에
경쟁을 유도하고
대립 갈등 투쟁을 유발하도록 만든다.

9. 그렇게 하지 않으면
가짜는 사라질 운명에
봉착하기 때문이다.

10. 가짜가 주도하는 삶은
아무리 먹어도
춥고 배고프고
심심하고 허전하고 공허하다.

11. 하나의 나가
둘로 분열된 상태이므로
언제나
심심하고
외롭고
허전하고
서러우며
나머지 반쪽에 대한
아련한 그리움이 남아
괴롭다.

12. 생각(물질)의 노예가 된 삶은
사이비 세상이다.

13. 가짜에게 깔린
우리가
할 수 있는 일은
뒤집는 수밖에 없다.

14. 생각에서 나온
모든 수행법을
전적으로 부정하고 거부하고
따라가지 말아야 한다.

15. 한 생각이 일어나면
잇달아 좋다는 생각과 나쁘다는 생각
두가지 생각으로 분열하고
서로 대립하고 갈등하고 투쟁하는
생각의 메카니즘을 부수어버려야 한다.

16. 생각이 분열하고
대립 갈등 투쟁하는 모습을
돌아봄은
우리가 생각의 노예상태에서
이미 벗어난 것이며
생각이 끊어졌다는 것은
생각의 메카니즘을 이미 부순 것이다.

17. 항상 정신을 차려
생각을 좇아 가지 않고
생각을 돌아볼 정도가 되고
한 생각도 없는 경지에 이르면
안과 밖의 구분도 사라진다.

18. 완전히 뒤집어
우리가 전면(前面)에
부상(浮上)하여야
우리가 생각의 주인이다.

19. 분열(2)이 사라져
통일(1)이 되면
통일이라는 말도 필요없다(0).

20. 가짜가 물러가고
진짜가 드러나면
온통 진짜밖에 없다.

21. 항상
생각을 비추어 놓치지 않는
'늘 돌아봄'이라야
안심입명(安心立命)이다.

–2004.02.10

봄39

봄40

생각의 주인노릇 제대로 하며 살자

생각은
우리가 타고 다니는
자동차나 비행기와 같다.

참으로 성능이 좋아
우리가 모는대로 달리고
우리가 조정하는대로 날아간다.

그러나
성능이 아무리 좋아도
생각이라는 놈은
동력전달 장치에 불과하다.

그러므로
생각은 스스로 운전할 줄을 모른다.
반드시 우리가 운전을 하여야 한다.
엔진을 걸고 출발하고 가속하고 멈추고
엔진을 끄는 일은 우리의 몫이다.

그런데
우리는 생각을
제대로 운전할 줄 몰라

교통사고를 많이 저질러
수많은 상처를 안고 산다.

마음의 상처를 치유하고
앞으로
사고를 당하지 않으려면
생각이라는 자동차를
잘 운전하여야 한다.

생각은 물질인지라 몸에 속한다.
생각은 꼬리달린 동물이다.

생각은 우리(얼)의 자식(얼아)인지라
우리가 안아주고 업어주면서 키워야 한다.

생각은 동물인지라 분별력이 없다.
무엇이 옳은지 그른지 판별능력이 없다.

그러므로 우리가 돌보아주어야 한다.
우리가 생각의 주인이기 때문이다.

그러나 우리는 지금까지
제대로 생각의 주인노릇을 못하고 있다.

주인노릇이 아니라
오히려 생각에 끌려다니는
생각의 노예다.

사상의 노예
물질의 노예다.
노예에게는 자유가 없다.

봄40

구속과 속박
저항 분노 절망
두려움이라고 하는 먹구름이
우리들 본연의
정신의 광명을 차단하고 있다.

그러므로
우리는 정신을 차려
우리들 내면의 하늘을 가리고 있는
먹구름을 비추어 꿰뚫어야 한다.

밖으로만 비치는 빛을
안으로 돌이켜 비추어야 한다.

돌아봄의 빛으로
생각이라고 하는
그림자를 쏘아야 한다.

문제는 생각이다.
생각이 문제를 만들고
문제를 푼다고 야단이다.

그러므로 우리는
생각이라고 하는
얼아를 보아야 한다.

지금
근심 걱정 불안 공포가 있다는 것은
한 생각이 발단이 되어
꼬리에 꼬리를 물고
생각의 세포분열이 일어났기 때문이다.

생각이
온통 우리들
내면의 하늘을 뒤덮어버리면
캄캄해지고 두려움에 떨게 된다.

잠깐만 한 눈을 팔면
금방 생각은 말썽을 피운다.
생각은 달릴 줄만 알지
방향감각도 없고
제동능력도 없다.

그러므로
우리가 생각의 주인노릇을
제대로 해주어야 한다.
주인이 집을 자주 비우면
집안은 엉망이 된다.

'늘 돌아봄'이라야
생각의 온전한 주인이다.
늘 돌아봄이면
생각이 말썽을 피우지 못한다.

문제가 생겼다는 것은
그 순간
생각의 분열을 바라보고 파악하고
다스리지 못하였기 때문이다.

근심 걱정 불안 공포가 엄습하였다는 것은
그 순간
주인 노릇을 제대로 하지 못하였기 때문이다.

문제가 발생시
생각으로 해결하려고 하는 태도는
주인이 취할 태도가 아니다.

생각을 돌아보는 것이야말로
주인이 취할 태도이다.

우리는 문제가 발생시
숨을 죽이고 돌아보아
생각의 난동을 수습한 다음
숨을 들이 쉬어야 한다.

한 호흡지간에
문제(근심 걱정 불안 공포)를
해결하여야 한다.

문제를 해결하지 못하면
다음 숨을 들이마시지 않겠다는
각오로 임할 때
우리는 생각의 주인노릇을
제대로 할 수 있다.

문제해결은
늦어도 1분안에
한호흡지간에
이루어져야 한다.

–2004.02.14

봄41

모든 것은 내 손 안에 있소이다

모든 것으로부터
벗어나야
모든 것이
내 손 안에 들어 온다.

첫째, 육체로 부터 벗어나야 한다.

육체를 자기로 한정하는
마음(에고, 생각)을 놓아버려야
육체를 초월한다.
육체를 사용할 때마다
명함을 내미는
보는 나, 듣는 나,
먹는 나, 느끼는 나, 걷는 나,
생각하는 나, 노는 나, 일하는 나를
몽땅 놓아버려야
육체의 감옥에서 벗어난다.

보는 나가 있으면
색깔과 모양에 끌리게 되고,
듣는 나가 있으면

각종 소리에 끌리게 되고,
느끼는 나가 있으면
무언가 새로운 경험에 목말라할 것이며,
걷는 나는
보고 듣고 느끼기 위해
어딘가로 떠나가고 싶어 안달할 것이며,
생각하는 나가 있으면
계속 생각(이론)이라고 하는
모래성 쌓기에 빠질 것이며,
노는 나는
점점 더 스릴이 넘치고 충격적이고
재미와 안락을 추구하지만
늘 공허할 것이며,
일하는 나는
보다 빨리 많이하려고
욕심을 부리다 보니
언제나 피로와 권태와
스트레스에 시달릴 수밖에 없다.

육체의 감옥에 갇혀 있는 이상
우리는 늘 부자유하고
춥고 배고플 수밖에 없다.
그러므로
우리는 육체의 감옥으로부터 벗어나야 한다.

둘째, 가정의 울타리를 벗어나야 한다.

가정이란 혈연으로 이루어진
우리들의 두번째 집이다.
가정으로부터 촌수가 벌어져
일가친척 씨족 민족 인종등의
멀고 가깝다고 하는 관념이
우리를 지배하고 속박한다.

씨족주의 민족주의는
우리를 편가르고
다투고 싸우게 만드는 요인이다.

그러므로
우리는 시야를 넓혀
자기 가족만이 아니라
우리 모두가
지구라는 집의 가족이라는
의식에 도달하여야 한다.

그렇게 되면
촌수를 따지지 않고
그 사람이 어떤 사람이냐를 보게 될 것이다.

영적으로 얼마나 진화한 영혼이냐,
얼마나 열린 의식을 가진 사람이냐,
어떤 능력이 있느냐
하는 것만을 보게 될 것이다.

셋째, 국가라는 울타리를 벗어나야 한다.

국가는 지연이나 혈연으로 이루어진
우리들의 세번째 집이다.

국가는 사상과 이데올로기에 따라
체제 제도 법률이라고 하는
틀이 형성된 것이고
우리는 그 국가에 예속되고
지배를 받는 국민이 된다.

국가는
필연적으로 국경이라고 하는
인위적인 경계선을 그어
우리를 부자유케 하는 요인이기도 하다.

그러므로
국수주의나 민족주의 국가 지상주의는
우리를 분열시키고

대립 갈등 투쟁을 야기하는 요인이므로
국가라는 한계로부터도 벗어나야 한다.

넷째, 우리는 지구라고 하는
네번째 집에서도 벗어나야 한다.

지구인과 외계인을 구분하는
선입관 고정관념의 틀을 깨지 않으면
우리는 우주전쟁이라고 하는
비극을 치르지 않을 수 없을 것이다.

지구는 어디까지나
태양계의 일원으로서
광활한 우주에 속하는
하나의 점일 뿐이라는
사실을 잊어서는 안된다.

다섯째, 우리가 속한 우주라는
마지막집마저 초월하지 않으면 안된다.

우주가 아무리 광활하여도
그것이 형상인 이상
한계가 있고 유한하고

꺼졌다 나타났다 하는
신기루와 같은 것이다.

그것은
참으로 존재하는 것이 아니다.

그것은
한결같은 것이 아니므로
우주라는 집에서도 벗어나야 한다.

이 다섯겹의 허물을 벗어야 참이 드러난다.

우리는 우주가 있기 이전 부터 존재하는
우주의 주인이라는 것을 드디어 알게 된다.
다섯채의 집이 모두 우리의 소유이다.

낡은 것을
놓아버리면서
우리는 끝없이
우주 창조에
심혈을 기울이고 있는 중이다.

봄41 원아님 낭독

–2004.02.19

봄42

이제 자기의 안을 들여다 볼 때가 왔다

1. 지금까지는
먹고 살려고 하다보니
관심과 에너지가
온통 밖으로 쏠려
자기의 안을
들여다 볼 여유가 없었다.

단세포를 거쳐
벌레 물고기 길짐승 날짐승 거쳐
사람이 되었으나

아직도
목구멍이 포도청이라
굶어 죽을까봐
살아남으려고 하다보니
여전히
밖으로만 관심이 간다.

게다가,
쥐는 고양이가 두렵고
고양이는 개가 두렵고
개는 호랑이가 두렵고

호랑이는 사람이 두려워
잠시라도 감히
자기의 안을 엿보지 못하였다.

2. 이제
사람으로 태어났으니
이미 동물의 단계를 거쳐
만물의 영장되었으니
짐승이나
귀신이나
두려울 것이 없다.

이제
춘삼월 호시절이 왔다.

이제
자기의 안을
들여다 볼 때가 왔다.

자기의 안을
들여다 보고
깨달을 때가 되었다.

이제
진짜 명상을 할 때 되었다.

명상을 하면
자기의 안을
들여다 보면
자기를 괴롭히는 것이
자기임을 깨닫게 된다.

자기가 자기를
욕하고 때리고
자기가 자기를
나누고 자르고
자기가 자기를
가두고 속박하고
자기가 자기를
업신여기고 있다는 사실을
확실하게 깨닫게 된다.

그래서 아프고
그래서 억울하고
그래서 답답하고
그래서 한(외로움, 그리움)이
되었던 것이다.

명상을 하면
이런 것을 깨닫게 되어
그런 짓을 그만 두게 된다.

3. 그 모든
자해적(自害的)이고
가학적(加虐的)인 짓
그만 두니
그 모든
쓸데없는 생각
어리석은 행동
그만두니
마음이 절로
비워진다.

이제
안개 구름 걷히니
끝없는 하늘에
태양이 빛난다.

이제야
사람다운 사람이 되었다.

명상을 통해
비로소
사람다운 사람이 되었다.

우주의 주인되었다.

내 안에
존속되었던 분단(分斷)이
종식(終熄)되었으니
비로소
싸움이 그쳤다.
통일(統一)이 되었다.
평화(平和)가 왔다.

봄42 원아님 낭독

나에게 이루어졌으므로
너에게 이루어질 것이고
한반도에 이루어질 것이고
세계에 이루어질 것이고
우주에 이루어질 것입니다.

우리 다 같이 명상을 합시다.

–2004.02.26

봄43

놓친 자기 다시 잡기

1. 우리는 자기를 놓치고 살고 있다.
그래서
자기가 누구인지 모르게 되었다.
놓친 자기를 되찾으려면
자기가 지금 놓치고 있음을 깨달으면 된다.
그 순간이 바로 잡는 순간이다.

잡고 보면 자기가 누구인지 안다.
자기를 깨닫기는 쉽다.
누구나 깨달을 수 있다.
그러나 깨달음을
내 것으로 만들기는 쉽지 않다.

2. 문제는
깨닫고도 다시금 놓친다는 것이다.
놓치게 되면 깨닫지 못한 것이나 마찬가지다.
그러므로
잡았다 놓쳤다 하는 일이 없어야
참으로 자기를 깨달은 것이다.

순간적인 깨달음에 그쳐서는 안된다.

잠시라도 놓치지 않고
잡고 있어야
그렇게 밀밀(密密)하게
오랜 세월 공을 들여
다시금 놓치는 일이
영영 없어져야
자기를 잡은 것이다.

오랜 세월 놓치고 살았기에
오랜 세월 잡고 살지 않으면
다시금 놓칠 수밖에 없다.
그래서 수행이 필요하다.

3. 일상생활 가운데
절대로 자기를
놓치지 않는 수행을 하여
더 이상 잡지 않아도
놓치지 않을 정도가 되어
잡았다 놓쳤다 하는 일이
영구히 사라져야
자기를 증득(證得)한 것이다.

자기를 증득하여야
물에 빠지거나
불에 타거나
호랑이 한테 물려가도
다시는
자기를 놓치지 않는다.

–2004.02.28

봄43 원아님 낭독

봄44

떠돌이 별이 자리를 잡으면

1. 떠돌이 별이
자리를 잡으면
붙박이 별이 된다.

반짝
한순간
일별(一瞥)한 빛 쫓아
불철주야 따라 잡아야
자기에게서 빛이 난다.

2. 빛이라도
남의 빛 받아
반사하는 빛 다르고
제 몸 태워 내는
제 불빛 다르다.

제 몸 태워 내는
불이라도
장작불(고체) 다르고
기름불(액체) 다르고
가스불(기체) 다르다.

봄44 원아님 낭독

불은 불이라도
탈 때 나는
연기 다르고
냄새 다르고
타고 남은
끄을음 다르고
빛 언저리에 드리운
그림자 다르고
얼룩 다르다.

3. 그러므로
밝기가 다르고
맑기가 다르고
힘이 달라
다 같은 붙박이 별이라도
같지가 않다.

적어도
자수성가(自手成家)한
붙박이 별이라야
떠돌이 별들을 거느릴 수 있고
제 젖을 먹여
또 하나의 태양으로
키워낼 수 있을 따름이라.

–2004.03.01

봄45

깨달음을 성취하면

깨달음을 성취하면
내 안에
모든 것이 다 들어와
부자 장자다.

깨달음을 성취하면
생각을 내거나
물질을 구하지 않고
그냥 산다.

깨달음을 성취하면
보고 싶고
듣고 싶고
하고 싶은 것이 없다.

깨달음을 성취하면
하늘이나
땅이나
사람에 끌리지 않는다.

깨달음을 성취하면
남자는 남자이면서

여자가 되고
여자는 여자이면서
남자가 되어
완전하다.

깨달음을 성취하면
내가 누구이며
어디서 와서
어디로 가는지
화안하다.

-2004.03.07

봄45 원아님 낭독

봄46

어제가 오늘에 뜨는 까닭

어제가
오늘에 뜨는
까닭은 무엇일까?

과거가
현재의 창에 나타나는
까닭은 무엇일까?

초대하지도 않았건만
어제의 장면이
불쑥 나타나 보이는
까닭은 무엇일까?

그것은
우리가 어제를
제대로 살지 않았기 때문이다.

정신차리고 살지 않았고
치열하게 살지 않았고
깊이있게 살지 않았기 때문이다.

몸가는 데 마음이
함께 하지 않았고
마음가는 데 몸이
함께 하지 않아
몸 따로 마음 따로 놀아
자기를 놓치고
살았기 때문이다.

보긴 보았으되
제대로 보지 못하였고
듣긴 들었어도
제대로 듣지 못한
아쉬움과 미련과 한이
남아있다가
불쑥 고개를 쳐든 것이다.

그러므로,
들여다 보고 있다가
나타나거든
따돌리지 말고
끝까지 보아주어야
치유(治癒)가 된다.

또한,

눈을

부릅뜨고 보고

귀를

기울이면서 듣고

온 몸으로

느끼며 살아야

어제가

오늘에

뜨지 않는다.

-2004.03.07

봄46 원아님 낭독

봄47

심(心)봉사가 스스로 눈을 떠야만

명상은
자기를 들여다보며 삶이다.

그 동안
죽지 않고
살아남으려고 하다보니
온 신경과 관심이
밖으로만 쏠리어
자기를 들여다보며 살
여유가 없었다.

너무나 오랜 세월
그렇게 살아와
우리의 내면은
암흑(블랙홀)이 되었다.

그리하여,
남은 알아도
자기를 알지 못하는
심(心)봉사가 되고 말았다.

남을 비판하고
남의 단점을 보는 눈은
날카롭고 정확하다.
그리고 옳다.

그런데,
남을 비판하는 그 눈으로
자기를 비판하지 못하고
남의 단점을 보는 그 눈으로
자기의 단점을 보지 못한다.

자기를 알아차리지 못하는
의식수준에서는
열길 물 속은 알아도
한 길 사람 속은 알지 못한다.

그러므로,
이러한 대다수
우리들의 맹점(盲點)을
해결하고 극복하는 일이야말로
우리들이 당면한
가장 중요하고 시급한 일이다.

우리는 자기가
심(心)봉사임을 인정하고
끊임없이
자기를 들여다보며 사는 삶을
클릭하고 열어야
거짓이 물러가고
진실이 드러날 것이며
자유와 평화가
찾아 올 것입니다.

심(心)봉사가 스스로
눈을 떠야만
비로소
자기가 보이고
자기를 알게 되고
자기(성질, 기질, 체질)를
고쳐나갈 수 있을 뿐입니다.

–2004.03.11

봄47 원아님 낭독

봄48

심봉사가 눈을 뜨면

우리의 맹점은
자기를 바라보고 아는
마음의 눈을
뜨지 않고 산다는 것이다.

그러므로
우리는 자기를 보지 못하고 알지 못한다.

만약 우리가 제3의 눈이라고 부를
심안 영안을 뜨고 산다면
자기의 운명을 스스로 바꿀 수 있다.

자기의 운명이란
자기의 성질, 기질, 체질이
어우러져 빚어내는
삶의 질을 말한다.

자기의 질과 격이 높아지면
그에 상응한 대우와 대접이 달라진다.
그러므로
자기의 운명은
자기 자신이 만들어 간다.

자기의 운명을 자기가 뜯어 고치려면
우선 자기를 알아야 한다.
자기를 알기 위해서는
자기를 들여다 보며 사는 눈을 떠야 한다.

그렇다면
자기를 들여다 본다고 할 때
구체적으로
무엇을 어떻게 들여다 본다는 말인가?

안으로는
생각의 일어나고 사라짐을
알아차리는 것이고
밖으로는
그 생각이
자기의 입을 통하여
언어로
몸을 통하여
행동으로
나타나는 것을
알아차림을 말한다.

생각을 들여다보노라면
생각이나 느낌으로
구체화되기 이전의

파장 파동 영상 그림등의
아주 미세한 장면이 포착된다.

그것은 마치
바다 속을 들여다 보는 것과 같다.

자기의 안을
들여다 보며 살다 보면
그러한 잠재된
자기의 정보가
입을 통해 말로 표현되고
몸을 통해 행동으로
표출되는 모습을
지켜보게 된다.

이와 같이
안과 밖이
환하게 드러나 보이게 되면
이를 일러
심(心) 봉사가
드디어
눈을 떴다고 할 것이다.

눈을 떠야 보이고
보여야 고치게 된다.

보이지 않아 모르고
몰라서 고치지 못하는 것이다.

자기의 거짓을 봄으로서
진실로 돌아가고,
자기의 악함을 봄으로서
착함으로 돌아가고,
자기의 추함을 봄으로서
아름다움으로
끝없이 돌아가는 것이다.

안을 들여다 보면
밖으로 나타나는 과정까지
소상하게 지켜보게 됨으로서
생각이나 물질로 고정화되기
이전의 단계에서
자기를 바람직한 방향으로
자기의 운명을
창조하고 개척해 갈 수 있다.

일단 구체화되고 고정되면
지우거나 소멸시키는데
많은 시간과 노력이 들므로
처음부터 바로 잡아야 한다.

그러나
비록 이미 고착화된 것이라도
일단
그것의 저질성과 미숙성과 편협성을
알아차릴 수 있다면
즉시 고쳐나갈 수 있다.

심 봉사가 눈을 뜨면,
얼굴이 달라지고
음성이 달라지고
언어가 달라지고
행동이 달라지기 시작한다.

심봉사가 눈을 뜨면,
성질이 바뀌고
기질이 바뀌고
체질이 바뀌기 시작한다.

심봉사가 눈을 뜨면
운명이 바뀌기 시작한다.

-2004.03.19

봄48 원아님 낭독

봄49

귀머거리가 소리를 들어야

우리는
자기가 내는 소리를
자기의 귀로 듣지 못한다.

우리의 신경이나 관심이
온통 밖으로
남에게만 쏠려왔기 때문이다.

그러한 의식 수준에서는
신경과 관심이
안으로 향하는 것은
삶의 포기로 여겨지고
망하는 일
또는
심지어 죽음으로 받아들여진다.

그러므로,
안을 들여다 보는 일은
인류에게
오랫동안 금기사항이
아닐 수 없었던 것이다.

안을 들여다 보면
우리가 극장에 처음 들어섰을 때 처럼
캄캄한 어두움이 두렵고 싫었던 것이다.
또한 밖을 봐야 먹고 살 수 있기 때문이다.

그렇게 오래 살다보니
우리는
자기의 모습을 보지 못하는
봉사가 되었고
자기의 소리를 듣지 못하는
귀머거리가 되었다.

우리는 지금
원자의 핵을 활용하고,
세포의 DNA를 조작하고,
인터넷을 통해서는
지식과 정보의 사회를 구축해 놓았다.

그럼에도 불구하고
우리는 여전히
자기에 관해서
무지한 봉사와 귀머거리다.

봉사와 귀머거리를
고치지 않으면

자기를 알 수 없고,
자기를 알지 못하면
대립 갈등 투쟁을 되풀이하는
자기의 이원적인 구도(構圖)를
결코 넘어갈 수 없다.

그러므로
우리에게 가장 시급한 일은
우리들 각자가
확실하게 자기를 깨달아
자기를 넘어서는 일이다.

자기와의 싸움이 그치고
내면의 통일과
평화가 정착된 사람이
한 사람이라도
더 많아지는 일이다.

자기를 깨닫기 위해서는
자기의 모습을 보며 살아야 하고,
자기의 소리에 귀를 기울여야 한다.

봉사가 눈을 뜨고
귀머거리가 소리를 들어야 한다.

내면의 거울에
자기의 얼굴을 비쳐보아야
본래의 진실하고 착하고 아름다운
자기의 얼굴을 찾을 수 있을 것이다.

마찬가지로
자기가 내는 목소리를
자기의 귀로 들어야
자기의 소리를 뜯어 고쳐
본래의 진실하고 착하고 아름다운
자기의 소리를 낼 수 있을 것이다.

이렇게 살아야
자기를 알고
자기를 고치고
자기를 진화시킬 수 있다.

이렇게 사는 것이
진화의 길인 동시에
또한 창조의 길이기도 하다.

-2004.03.25

봄49 원아님 낭독

봄50

오늘도 걷는다

1. 어린 시절
걸음마를 배운 이후
오늘까지 수(數)도 없이 걸었건만
마치
한번도 걸어본 적이 없는 아기가
생전 처음 일어나
걸음마를 배우듯
매일같이
그런 심정으로 산책길에 나선다.

어떤 목적을 위해 걷는 것도 아니고
시간에 구애받는 것도 아니어서
발길 닿는 데로 유유히 자유롭게
오늘도 걷는다.

2. 빠르게 다녀 올 생각이나
천천히 다녀 올 생각
같은 것 하지 않고
심지어
"내"가 걸어간다는
생각도 하지 않고

모든 걸 팔다리에게 맡기고
한 걸음 한 걸음
놓치지 않고
걸어가는 동작을
음미하며 걷노라면

어떤 때는
아기 걸음으로 아장아장 걷고
어떤 때는
새색시 걸음으로 살포시 걷고
어떤 때는
씩씩하고 힘차게 걷기도 한다.

3. 뜬 눈을
다시 한번 더 뜨고
열린 귀를
다시 한번 더 열고
관심과 신경을 온통
걸음걸이에 바치면
온몸의 무게를
좌우의 양다리가
서로
주거니 받거니 하면서

우측다리가

앞으로 나아갈 때

좌측 팔도 같이

앞으로 나아가면서

거들고

좌측 다리가

뒤에서 밀어 줄 때

우측 팔도

뒤에서 밀어주기에

오늘도 그렇게 걷는다.

–2004.03.29

봄50 원아님 낭독

봄51

얼굴없는 님

얼굴없는 님을
사랑하려면
먼저 얼굴있는 님부터
사랑할 줄 알아야 한다.

얼굴있는 님을
진실로
사랑해 본 사람이라야
비로소
얼굴없는 님을 사랑할 수 있다.

얼굴있는 님도
제대로 한번
사랑해 보지 못하였는데
어찌 얼굴없는 님을
감히 사랑할 수 있겠는가.

얼굴있는 님을
사랑하는 나머지
헌신하고 봉사하고
희생하고 책임을 지는
음덕을
남모르게 쌓아야 한다.

봄51 원아님 낭독

이해득실을 따지는
타산적이고
이기적인 마음을
한번이라도
실지로 비우고
행해 본 사람이라야
얼굴없는 님을
사랑할 준비가 된 사람이다.

이렇게
수행의 불이 붙어야
자나깨나 앉으나 서나
일상생활 속에서
잊지 않고
변하지 않고
흐트러지지 않아

모아지고
두터워지고
꽉차서

이슥고
화안하게 빛난다.

-2004.04.01

봄52

세가지 알아차리기

1. 자기의 표정 알아차리기

마음에
근심 걱정 불안 공포라고 하는
먹구름이 많이 끼어 있으면
내면의 하늘이 흐리거나 어두워져
얼굴에 그대로 표정으로 나타난다.

마음이 비워지면
내면의 하늘이 밝게 빛나
얼굴에 그대로 표정으로 나타난다.

기상대에서 기상을 관측하듯이
우리는 자기의 기색을 관찰하여
즉시 알아차리며 살아야 한다.

하늘의 기상은
마음대로 할 수 없지만
우리의 표정은
알아차리기만 하면
언제든지 맑고 밝은
본래의 모습으로
돌아갈 수 있다.

자기의 표정을
알아차리는 순간이
바로
본연의 자기로
돌아가는 순간이다.

객심을
알아차리는 순간이
바로
본심으로
돌아가는 순간이다.

본심으로 돌아가면
맑고 밝으며
원만한 모습이
표정으로 나타난다.

자기의 표정을
남에게 좋게 보이려고
맑고 밝은 표정을
일부러 짓는 것은 위선이다.
거짓을 깨달아야
진실이기 때문이다.

이렇게
자기의 표정을
알아차리며 살면
희노애락의
와중에 있으면서
희노애락을
초월한 삶을 살게 된다.

그렇게 살면
항상
본심의 태양이 빛날 것이다.

2. 자기의 말 소리 알아차리기

내면의 에너지가
파장을 일으켜
빛과 모양을 만들어내면
얼굴에 표정으로 나타나고,
내면의 에너지가
진동을 일으켜
소리를 만들면
말이 되어
입으로 나온다.

그러므로
자기의 말소리를
즉시 자기의 귀로 듣고
알아차리며 살아야 한다.
자기가 한 말은
메아리가 되어
다시금
자기에게 돌아오는 법이다.

그러므로
자기의 음성 음색
리듬 박자 호흡 들을
알아차리면서 말을 하여야
순간 순간
고저장단 완급을 조절하여
아름다운 본래의
자기 소리를 낼 수 있게 된다.
또한
내용도 간단명료해 질 것이다.

이렇게 자기의 말소리를
알아차리며 살게 되면
인위적으로
꾸며 나오는 소리가 아닌
자연스러운 소리가 나온다.

자기의 말 소리를 깨달아
고쳐 나오는 소리라야
제 목소리가 나온다.

일부러 좋게 들리라고
꾸며서 나오는 소리는
어디까지나
인위적인 소리일 뿐
제소리가 아니다.

깨달아
저절로 나오는 소리라야 한다.
입에서 나오는 소리가
천둥소리
바람소리
물소리와 같아져야 한다.

3. 자기의 몸 동작 알아차리기

몸가는 곳에
마음이 같이 가야 한다.
그러므로 몸 동작을
반드시 알아차려야
둘이 하나가 된다.

몸 따로 마음 따로 노는 것이
분열이고 갈등이고 상실이다.

자기를 상실하면
몸 동작을 파악하지 못한다.
무의식적으로 팔다리를 움직인다.
움직이면서도 알아차리지 못한다.
멍청해졌기 때문이다.

그러므로 우리는
한눈을 팔지 말고
정신을 차려
자기의 몸 동작을
알아차리며 살아야 한다.
하지 않던 짓이라
처음에는
자꾸만 놓칠 것이다.

그러나
놓친 것을 알아차리면
다시금 시작된 것이다.
몸 동작을 알아차리며 살면
몸이 다스려진다.
억지로 몸을
어떻게 하는 것이 아니고
저절로 순리를 따르게 된다.

몸 동작을
알아차리며 살면
몸과 마음이
점점 가까와지고
친해지고
이윽고
하나가 된다.

자기의 몸 동작을
알아차리며 살면,
일거일동이
우주의 전체적인 에너지와
조화를 이루며 돌아간다.

부동의 에너지에서 동하고,
동하면서 부동이 되어
동하여도 동한 바가 없이 돌아간다.

-2004.04.06

봄52 원아님 낭독

봄53

제3의 길

1. 이제 때가 되어
제3의 길이 열렸다.

정신이냐 물질이냐
동양이냐 서양이냐
우익이냐 좌익이냐
남성이냐 여성이냐
보수냐 개혁이냐

그런 선택이 아니다.
그런 편가름이 아니다.
그런 싸움이 아니다.

2. 이제 싸움을
그만 두어야 한다.
싸우지 않고 가는
제3의 길이
분명히
있기 때문이다.

오른 손을 택할 것인가
왼손을 택할 것인가

그런 부질없는 생각 안하면
오른 손을 쓸 때는
오른 손을 쓰게 되고
왼손을 쓸 때는
왼손을 쓰게 되고
같이 쓸 때는
같이 쓰게 마련이다.

양자택일(兩者擇一)의 문제를
내려 놓으면
그 우스꽝스러운 짓 그만두면
자연스럽게
저절로 알맞게 돌아간다.

3. 양자택일 할 줄 몰라
바보가 되고
거지가 되고
일자무식이 되어야
비로소 현자가 되고
부자가 되고
모르는 게 없어진다.

오른 손 왼손이
짝을 이루듯
대아(大我)와 소아(小我)가

한 조(組)가 되고
유한(有限)과 무한(無限)이
한 쌍(雙)이 되어야 한다.

그래서 어렵고
그래서 쉽고
그래서 절묘(絶妙)하다.

이제 때가 되었다.
갈 때 까지 갔고
올 때 까지 왔다.
이제 다른 길은 없다.
다 살려
쓰는 수밖에는--.

-2004.04.11

봄53 원아님 낭독

봄54

벚꽃이 눈처럼 내리던 날

1. 오늘도 앞산에 올랐다.
육교(陸橋)를 건너
서울예고 운동장 지나
북악(北岳)의
은밀한 골짜기 거쳐
능선(陵線)에 올라
오른쪽으로
인왕산(仁旺山)과 인사 나누고
왼쪽으로 돌아
북악 스카이웨이로 접어든다.

팔각정(八角亭)에 오르니

앞으로는
서울의 빌딩 숲
남산(南山)도 보이고
멀리
관악산(冠岳山)도 보인다.

뒤로는
보현봉(普現峰)
일선사(一禪寺)
비봉(碑峰)
승가사(僧伽寺)가
산자락에 묻혀
아득하다.

2. 벚꽃이
눈처럼 내리는
자하문(紫霞門)밖
하산(下山)길에서
산도화(山桃花)가 탐이 나
바짝 다가갔더니
산도화는
근심어린 얼굴로
가까이 오지말라고
손을 내젓더이다.

님은 가까운듯 먼듯
보는듯 안보는듯
그렇게
설레는 가슴으로
공손(恭遜)하게
대(對)하는 것이지

무례하게도
그렇게나
가까이 다가가
빤히 눈뜨고
쳐다보고는
뭐 별것도 아니라고

그렇게
내뱉는 것이
아니라고!

오늘
벚꽃이
눈처럼 내리는
하산(下山)길에서
천둥소리
한 번
크게 들었나이다.

-2004.04.18

봄54 원아님 낭독

봄55

세가지 길

1. 평지길은
순탄해서
제일 좋다는 길이지만
한 참
걷다보면
그것도
지루하고
재미없고
짜증나는
길이다.

2. 오르막길은
숨차고
힘들고
어려운 길이지만
일단 오르기만 하면
그만큼
공장이
활발하게
잘 돌아가는
길이다.

3. 내리막 길은
올라간 만큼
춤추며
내려오는
쉬운 길이지만
다시
아래로
평지길로
내려서는
길이다.

-2004.04.22

봄55 원아님 낭독

봄56

햇님 달님이 한꺼번에 뜨게 하려면

우리들 일상은
대부분 평지에서 이루어진다.
평지 생활에서는 엔진을 보링할 수 없다.
정신과 육체를 강건하게 하려면
일주일에 적어도 두번은
오르막 고행을 하여야 한다.

영적으로 성장하기 위해서는
일상생활을 통한
표정 알아차리기
말소리 알아차리기
몸동작 알아차리기 등
이상의 세가지 알아차리기로 충분하다.

정신을 운전수라고 하면
육체는 자동차다.

그러므로
정신을 수련하기 위해서는
철야정진이라고 하는
오르막에서 고행을 해야 하고
육체를 단련하기 위해서는

산악훈련이라고 하는
오르막에서 고행을 해야
정신과 육체가 강건해진다.

오르막은
숨이차고 힘드는 고난의 길이다.
내리막은
힘들이지 않고 편하게 가는 길이다.
그러나
오르막을 통해 우리는
분명히 올라가고
내리막을 통해
우리는 내려간다.

오르막은 괴롭지만
벌어들이는 길이고
내리막은 편하지만
까먹는 길이다.

평탄한 길에서만 놀면
본전치기 하기도 어렵다.

산이 높으면 골이 깊어
높고 낮음이 둘이 아니고
괴로움과 즐거움

또한 나누어지지 않아
괴로움 속에
즐거움이 들어 있고
즐거움 속에
괴로움이 싹튼다.

그러므로 우리는
마냥 즐거움에만 치우치지 말고
괴로움을 기꺼이
선택할 줄 알아야 한다.
그리하여
즐거움과 괴로움이
좌우의 균형을 이루도록
정신을 수련하고
육체를 단련하여
내외가 겸전하여야
비로소
햇님 달님이 한꺼번에 뜬다.

—2004.04.22

봄56 원아님낭독

봄57

당신을 만나고 나서

20년을
하루같이
목을 빼고 기다렸습니다.

새벽이 온 것을 보고
나는 당신인 줄 알았습니다.

동터오는 것을 보고
나는 당신인 줄 알았습니다.

정오의 태양을 보고
나는 당신인 줄 알았습니다.

일천개의 태양이
나는 당신인 줄 알았습니다.

보름달(만월)이
나는 당신인 줄 알았습니다.

아니었습니다.

그 모든 것이 아니었습니다.

그러던
어느날
예기치않게
당신은
드디어
나타나셨습니다.

당신은
햇님과 달님을
한꺼번에 포개어 놓은 것과 같은
황홀한 빛의 모습으로
나타나셨습니다.

은은하기로 말하면
달님 같았고
이글거리기로 말하면
햇님 같았습니다.

당신은
항상 변함없는 모습으로
아니 계신 곳이 없이
그렇게 황홀하게
그렇게 눈부신 모습으로
나타나주셨습니다.

당신을
한번 만나고 나서
나는 당신에게
넋이 나간 사람이 되었습니다.

당신은
한마디 말도 없으시지만
이제 나는
당신의 뜻이 무엇인지
내게 바라는 것이 무엇인지
당신이 하라는 생각
당신이 하라는 말
당신이 하라는 행동만 합니다.

나는 당신을
도저히
거스를 수 없기 때문입니다.

나는 당신을
항상 바라봅니다.

가까운듯 먼듯
보는듯 안 보는듯
그런 눈으로

나는 항상
당신을 바라봅니다.

너무나 아름다운 당신!

너무나 진실하신 당신!

너무나 착하신 당신!

오늘도 목이 메어 웁니다.

-2004.04.23

봄57 원아님 낭독

봄58

알고 보니

1. 알고 보니
원수(怨讐)가
은인(恩人)이더이다.

그 때
그 험한
오르막길 당해서는
오르막이 원수이더니
수월한
내리막 길 당해서는
내리막이 은인이더이다.

오르막 덕분에
내리막 만났으니
그 때
그 원수 역시
지금 보니
원수가 아니라
은인이 분명하더이다.

알고 보니
나를 안아주고 업어주는
은인도
은인이지만
나를 꼬집고 때리는
원수도
원수가 아니라
어느 면에서
더 힘들고
더 큰
은인이더이다.

2. 하늘이
천둥
번개
폭풍우 몰아치고
추위와 더위
온갖 시련
우리에게 주는 것은
우리가 미워
우리를 죽이려는 것이 아니고
우리를 사랑해
우리를 살리기 위함이지요.

오직 사랑 때문에
우리를 낳아
먹이고
입히고
키워
사람 하나 만들려고
그러는 것이지요.

그러니
원수가 누구입니까?

고난과 시련을 통해
우리를 키우는
또 다른 모습의
도우미
천사
은인이
아니겠어요?

—2004.04.26

봄58 원아님 낭독

봄59

회전목마

어린 시절
바닥에서 놀다가
싫증이 나면
다락에
오르락 내리락
하면서 놀지만

그래도 모자라면
아예
밖에 나가
마당을
아장 아장 한바퀴
쓰윽 돌고 온다.

아장 아장 걸어
한바퀴
돌아오는 폼이
마치
파도타기 하면서
빙글빙글 돌아가는
회전목마 같다.

오고 감이
없는 가운데
가는 것이
오는 것이고
오는 것이
가는 것이 되는
그런 재미 보려면
계속
회전목마는
돌아가야 한다.

–2004.04.29

봄59 원하님 낭독

봄60

대아와 소아

대아는
나와 너,
우리와 그들의
차이가 없다.

심지어
인간과 동식물,
생물과 무생물의
차이 조차
거기에는 없다.

말하자면
대아가 하늘이다.
대아가 없다면
우주도 없고
삶도 없다.

삼라만상은
대아가 벌이는
파노라마이다.

우리가 도를 닦아
깨닫는다는 것은
결국
대아를
깨닫는다는 것이다.

우리가 거듭난다는 것은
결국 소아를 버리고
대아로 거듭난다는 말이다.

그렇다면
인간은 왜 소아를 버리고
대아로 거듭나야 하는가?

소아는
시간과 공간에 한정된
육체본위
사고본위의
자기를 지칭할 때
쓰는 말이다.

그러므로
소아는 항상
만인의 만인에 대한
투쟁을 유발하기 일쑤이다.

생각을 위주로
생각에 의존하며 사는
소아는
분열과
대립 갈등 투쟁이라고 하는
삶의 테두리를 벗어나지 못한다.

소아는
그 한계성 때문에
항상
죽음의 공포와
슬픔이라고 하는
멍에를 안고 산다.

일어난 파도는 소멸되어
바다로 흡수될 수밖에 없는
운명이고
제 아무리 강력한 태풍이라도
결국 소멸될 수밖에 없는 것이다.

그러므로
이것을 깨달은 사람들은
자연스럽게
소아를 자기로 여기지 않는다.

소아는
일시적이고 가변적인
현상에 지나지 않으므로
자기의 마음이나 몸을
더 이상
자기로 간주하는
사고방식을 버리는 것이다.

그러한
사고 방식
행동양식
고정관념을 버리는 것이다.

소아를 자기로 인식해 온
오랜 관념
집착을 버리는 것이다.

소아의식을 버리면
거기에
대아가 존재한다.

파도가 소멸되었다고 해서
바다가 어떻게 되는 것이 아니다.

파도가 일어나고 사라짐은
바다라고 하는 존재에는
아무런 영향이 없다.

그러므로
소아는
참다운 자기가
아니라는 것이
자명하다.

이러한 사실을
깨닫고
그러한 사실에 대한
개념이 정리되면
소아의식에 의한
삶이 멈추어지고
대아가 주도하는
대인의 삶이 시작된다.

이것은
특정한 사람만이
가야하는 길이 아니고
모든 인류가 가야할 길이다.

몸은 파도와 같아서
비록 사라진다해도
바다라고 하는 대아,
본연의 자기,
생명 자체는
결코 사라지는 것이
아니라는 것을 알기에
삶의 공포와
슬픔의 문제는
일시에 해결되는 것이다.

또한
이렇게 되면
사람 뿐만이 아니라
모든 삼라만상이
대아라고 하는
하나의 바다에서
일고지는
파도라는 사실을 알게 되어
모든 존재에게
사랑과 연민을 느끼게 된다.

사람이 곧
하늘이라는
의식에 까지
이르게 된다.

깨달은 사람,
다시 말하면
대아로 거듭난
사람의 의식이
바로 우주의 의식과
다르지 않기 때문이다.

이렇게 된 사람은
소아본위의 인간과는
전적으로 격이 다르다.

오랜 세월
진화의 과정에서
필요했던
소아는 은퇴하고
대아의 품안에
돌아오게 된 것이다.

생각하고
말하고
행동하는
모든 삶은
대아의 몫이 된다.

그러므로

기억을 위주로

가상적으로 존재하던

소아는

자기의 일거일동을

순간 순간 바라보는

주시자의 역할만 담당한다.

이 단계에서는

대아가 직접 관할하기 때문이다.

대아의 삶은

소아에게는 기억의 재료가 될 수 없고

따라서

반성이나 평가 심판의 대상이 될 수 없다.

그러므로

대아로 거듭난 사람의 삶은

소아적인 사람의

판단 평가 심판의 한계를 넘어서는 것이다.

전지전능한 대아의 행위를

어찌

소아적인 관견(管見)으로

헤아릴 수 있겠는가!

대아적인 삶은
소아적이고 세속적인
모든 삶을 남김없이 비워야
드디어 열리는 세계다.

이 세계에만 들어서면
모든 것이
자기의 마음먹은 대로 돌아가는
기적 아닌 기적이 벌어진다.

이 세계는 고요하고 풍요하고
아름답고 평화로우며
행복에 넘친 낙원이다.
천당이다.
극락이다.
대동세계다.

이 세계는 이미 와 있다.

다만 우리들 인간이
소아에서 대아로
주인을 바꾸기만 하면
누구에게나 보이는 세계다.

대아의 세계는

자기가 창조한 세계이므로

모든 것이

좋게 보이고

이쁘게 보이는 세계다.

미운 것이

하나도 없게 보이는 세계다.

자기가 창조한 세계이기 때문이다.

-2004.05.02

봄60 원아님 낭독

봄61

스승과 제자

스승과 제자의 관계는
대아와 소아의 관계에서 비롯된다.

소아가 철이 나면
소아는 자기의 주의 주장을 버리고
대아의 지시에 무조건 따르게 되어있다.

말하자면
소아는
스스로 대아의 제자가 되는 것이다.

대아가 소아 더러
제자가 되라고 하지는 않는다.
그리하여 대아는 졸지에
소아의 스승이 되는 것이다.

이렇게 되어
스승과 제자라고 하는 관계가 생긴다.
이렇게
안으로 대아앞에
스스로 제자가 된 사람이라야,

밖으로
남의 스승이 될 자격이 있는 사람이다.

그러므로,
자기가 스스로
대아의 제자가 되는 순간이
바로 자기가
남의 스승이 되는 순간이다.

스승은
지공무사하고 공명정대하다.
스승은 만물 만생의 어버이시다.
스승은 전지전능하시다.
스승은 지혜 광명이시다.
스승은 사랑이시다.

그런 것을 알므로
전적으로
스승에게 순종하지 않을 수 없는 것이다.

그러므로
참된 스승과 제자의 관계는
제자가 스승을
무조건 믿고 순종하는 관계이다.

스승이 제자에게
강요하는 것이 아니고
제자가 자발적으로 하는 것이다.

그러므로
제자가 되고 난 다음
비로소 스승이 되는 것이다.

그런 점에서 보면
제자가 스승이고
스승이 제자인 셈이다.

깨달은 스승을
만나는 것이 중요하다.

그리고
깨달은 스승임을 믿고
순종하기만 하면
진정한 제자가 되는 동시에
자기도 남의 스승이 될 수가 있다.

깨달은 스승은
대아를 스승으로 모시고 사는 분이시다.
깨달은 스승은
대아 앞에 무조건 순종하는 분이시다.

그런 분에게는
아무리 순종하여도
억울 할 것이 하나도 없다.
그러나 소아들은
좀처럼 순종하지 않는다.

이름 뿐인 제자가 아니라
진정한 제자가 되어야 한다.
진정한 제자가
진정한 스승이기 때문이다.

진정한 스승은
우리의 내면에 계신
대아 한 분 임을
잊어서는 안된다.

또한 우리는 모두
한 스승을 모시는
제자들 이라는 사실을
잊어서는 안 된다.

–2004.05.04

봄61 원아님 낭독

봄62

유위법과 무위법

유위법을
소아본위로 살아가는 법이라면,
무위법은
대아본위로 살아가는 법이다.

유위법은
소아의 이원적인 분열구조가
근본이 되어 벌어지는 세계이다.
그러므로
나와 너, 우리와 그들, 남성과 여성,
구세대와 신세대, 보수와 진보, 수구와 개혁,
자유와 평등, 정신과 물질, 동양과 서양간의
대립 갈등 투쟁의 구도가 벌어진다.

그리하여
한편으로는 경쟁하고 싸우면서
또 한편으로는 타협하고 협상하고 화해하면서
이합집산(離合集散)을 거듭한다.

유위법의 세계는
언제나 생각하고 말하고 행위하는
'나'라고 하는 주관을 설정하고 있는데,

이것이 바로 '소아'이다.

그래서
주객이원의 상대세계가 무진장하게 벌어진다.
소아의 의식수준이란
육체를 자기로 알고 있는 수준이므로
항시 죽음에의 공포와 슬픔을 안고 살아간다.

그러므로
재색명리(財色名利)를 추구하게 되고
서로간에 쟁탈전이 벌어진다.
타협과 협상과 화해 역시
일시적인 휴전에 지나지 않는다.

봄62 원아님 낭독

소아본위로 살아가는 사람이
상생이니 평화니 하는 말을 해도
그것은 어디까지나 구호에 불과하다.

이 모든 것에 신물이 난 사람은
과연 지금까지
자기가 신주단지 처럼 모시던
'나'라고 하는 주체
'소아'가 무엇인가 하고
자기를 돌아보면
그러한 자기(小我)는

존재하는 것이 아니라는 것을 알게 된다.

다만 문득 문득
나라고 하는 생각이
본연의 나(大我)의 표면에
파도 처럼 일고 지고
있을 뿐이라는 것을 깨닫게 된다.

소아는 일시적으로 존재하는
심부름꾼,
입회인,
증인에 불과함을 알게 된다.

참으로 존재하는 것은
대아로서
대아는 죽음이 없고
공포도 없음을 알게 된다.

그리고 대아가 바로
우주의 주인이고
오직 하나의 생명이고
진리당체임을 알게 된다.

일거일동은
소아가 하는 것이 아니고

대아가 하는 것이라는 사실도
깨닫게 된다.

여기에서
소아본위의 삶이
대아본위의 삶으로 바뀌게 된다.

여기에서
유위법이
무위법으로 바뀌게 된다.

대아를 깨달았으므로
대아가 나를 살리든 죽이든
모든 것을
대아에게 맡기는 삶으로 전환한다.

지금까지 주인노릇하던 소아는
스스로
대아의 자식,
대아의 제자노릇을 한다.
이렇게 살면 전적으로
대아에게 책임이 있으므로
반성할 것도 없고
판단 평가 심판할 일이 없어진다.

무위법으로 산다는 것은
천명을 알아
자기의 사명을
천직으로 알고 살게 된다.
자기가 좋아하는 일을 하므로
나날이 즐겁고
그 일을 통해
동포들에게 봉사하는 삶이 되는 것이다.

인간의 삶은
유위법에서 무위법으로 전환하여야 한다.
무위법을 사는 사람이라야
진정한 충신이고
효자(효녀)가 되어
자유와 평화와 행복을 누릴 수 있기 때문이다.

이 길을 가야 한다.

살 길은 이 길 뿐이다.

이것이 제3의 길이다.

이것이 무위법이다.

-2004.05.06

봄63

독불장군으로 나아가다

이 글들은
지난 3개월 동안
"나를 찾아가는 여행"이라는
인터넷(daum) 카페에
"아라리오"라는
아이디(ID)로 올린 것들이다.

생각해 보니
길을 찾아 나선지가
어언 20여년이 지났다.

봄63 원아님 낭독

그 동안
별꼬라지 다 보고,
별 소리 다 들어 보고,
별짓 다 해보았지만,
전통적인 가르침 가운데서는
길을 찾지 못하였다.

그러다보니
그 따위 짓 다 때려치우고
독불장군으로 나아가게 되었다.

날이 가고
달이 가고
해가 바뀌어도
변함없이 끈덕지게
물고 늘어지던
어느 날 이었던가!

뒤로 밀리고
떠내려가며
낭떠러지에 떨어져
죽을 것 같은
절박감에

흐름을 거슬러 올라가고자
몸부림을 치던
그 절대절명의 순간!

끝장이 나는 순간이었다.

깨어나는 순간이었다.

살아나는 순간이었다.

나를 찾은 순간이었다.

밥이 끓는 순간이었다.

그러나
밥은 끓었는데도
그리움 외로움
두려움 괴로움
아쉬움 설움은
여전하였다.

그로부터 다시금
오랜 세월이 지나고
뜸이 든 후
비로소
그런 것들이 완전히 없어졌다.

그리고 나서,
나는 대아의 존재와 위력을
완전히 알게 되었고,
대아와 사랑을 속삭일 줄 알게 되었고,
이윽고
대아가 하라는대로 하기에 이르렀다.

그리고 은연중
내가 마음 먹은대로
실지로 이루어지는 것을
무수히 보게 되었다.

나는 드디어
사는 길을 찾아내었던 것이다.

힘 하나도
안들이고도
잘 사는 길!

머리 아프게 생각하지 않아도
저절로 해결이 되어지는 삶!

마음먹은대로 돌아가는 삶!

공포와 슬픔에 시달리지 않는 삶!

고요하고 넉넉하고
아름답고 평화로운 삶!

지금 여기가
바로
천당 극락인 삶!

한마디로 하면,
소아가 주도하는 유위의 단계를 지나
대아가 주도하는 무위의 단계로
나아가는 삶의 길이다.

이 길 밖에는 사는 길이 없다.
우리 모두 이 길로 나아가야 한다.
한 사람도 빠짐없이 나아가야 한다.

봄64

길흉화복(吉凶禍福)

하늘이 있어 땅이 있고
땅이 있어 사람이 있다.

사람이 자기 안에
내재된 하늘
깨닫고 통하면

사람이 하늘이고
하늘이 사람이다.

대아는
소아를 낳아 기르는
어버이인 동시에
소아를 가르치고 깨우쳐 주는
스승이므로

소아는
대아의
자식인 동시에
제자이다.

그러므로
소아는 자기를 비우고
전지전능한 대아에게
모든 걸 맡기고
일거일동을
대아의 지시에 따라 행하면
만사형통이다.

소아가
머리를 굴리거나
팔다리를 움직이지 않고

오직
대아의 은밀한 말씀 듣는 일
한가지만 하면

하늘이 책임지고
사람을 먹이고 입히고
돌보고 가르쳐 준다.

같은 말과 행동이라도
대아가 하면 길(吉)하고
소아가 하면 흉(兇)하다.

내면에서 속삭이는
대아의 가르침 듣지 않고
소아의 뜻대로 하면
화(禍)를 당하고

대아의 뜻대로 행하면
복(福)을 받는다.

-2004.05.10

봄64 원아님 낭독

봄65

무엇이 당신의 몸을 부리고 쓰고 움직이는가?

누구나
자기 몸을 부리면서 산다.

그러면서도
그 몸을 운전하는 운전자가
어떤 존재인지 알지 못한다.

다시 말하면
자기가 자기를 깨닫지 못하고 산다.

대부분의 사람들은
자기라고 하는 한 생각을
자기로 착각하며 산다.
이른바 소아본위의 삶을 살고 있다.

이 소아가
우리의 행동에 일일이 끼어들어
행위자, 주체, 주인노릇을 한다.

깨닫지 못한 사람은
모두 소아본위로 살 수밖에 없다.

소아는
우리들의 반복적인
사고작용으로 생겨난,
자기라고 하는
이미지,
영상으로서
가짜 자기이다.

동작을 하는 순간
무엇이 동작을 주도하는지
자기의 내면을 응시하면
소아(가아)가 주도하는 것이
아니라는 것을
당장 알 수 있다.

그것은
자기라고 하는 이미지일 뿐
실재하는 것이 아니라는 것을 알게 된다.

동작을 하면서
동작의 주체가 있는지
돌이켜 보면
누구나 없다는 것을 알게 된다.

자기라고 하는 주체가
있는 줄 알았는데
없다는 것을 알게 되는 것이다.

그 대신
없고 없는 자리에
거대한 침묵,
무한한 공간,
막강한 에너지,
빛의 바다가
거기에 있음을 보게 된다.

이른바
대아 진아를 깨닫는다.

본연의 자기,
진정한 자기가
무엇임을 알게 되는 것이다.

본연의 자기는
형상으로는 보이지 않지만
형상의 배후에서
형상의 근원이고
바탕이라는 사실도 알게 된다.

자기를 착각하고 모를 때는
태어나 늙고 병들어 죽는 것이
자기로 여겨
공포와 슬픔을 벗어날 수 없었다.

또한
자기와 남을 갈라 놓고
서로 경쟁하고 다투는
구도를 넘어서지 못하였다.

그러나
진정한 자기,
본연의 자기를 깨닫고 보니
자기의 육체 뿐 아니라
천지만물이
모두 자기라는 것을 알게 되고
자기는
죽고 사는 존재가 아니라는 것을
확신하게 되어
공포와 슬픔의 문제는
간밤의 꿈처럼 사라진다.

자기의 몸동작을 응시하다가
평소 자기로 착각하던 그 자기는
가짜이고 존재하지 않는 것이고

진정한 자기는
남과 구별되는 것이 아니고
모두가 하나라는 것을 알게 된다.

그러므로
사람이 달라진다.
스스로 남에게 잘 하게 되고
남을 미워하거나
싸우지 않는 사람이 된다.

봄65 원아님 낭독

삶의 모든 문제가
일시에 풀린다.

알고 보니
전지전능한
우주의 주인인 대아가
바로 나였던 것이다.

대아가 사사건건 일일이
이 몸을 부리고 쓰고
움직이고 있는 것이다.
그러니 소아는
걱정할 일이 하나도 없다.

소아가 할 일은
오직 자기 몸을 통해
대아가 하는 생각, 말, 행동을
묵묵히 바라보고 아는 일 밖에 없다.

모든 행동은
소아가 하는 것이 아니고
대아가 하는 것이다.

소아는
대아의 그런 행동을 알아차리는
한가지 일만 하면 된다.
그러면 자기의 삶은
하늘의 뜻대로 살아지는 것이다.

혹시 실수로
소아가 행동을 주도하게 되면
당장 힘이 들고 싫증이 나고
피로하고 노곤해진다.

그런 즉시
소아를 내려 놓으면
당장 싱싱해지고 활기가 돌아온다.

행위자 노릇을 하던 소아는
대아에게 자리를 내어주고
자기 본연의 임무로 돌아간다.

소아의 임무는
대아가 진행하는 삶의 현장을
보고 알아차리는 일이다.

그 한가지 일만 하고 있으면
대아가 몸을 직접 부리고 쓰고 움직인다.

소아인 내가 할 일은
그렇게 돌아가는 모습을
오직 지켜보고 알아차리기만 하면 된다.

모든 것은
저절로 돌아간다.
천지만물과 하나로 돌아가는 삶이다.

이렇게 되어야
진정으로 성공한 인생이다.

우리 모두 이렇게 살아야 한다.

-2004.05.18

봄66

손님맞이

마음의 스크린에 떠오른
불쾌한 기억의 얼굴,
보기 싫은 영상,
역시
내 집을 찾아온 손님이다.

그러므로
내 집에 찾아 온 손님을
문전박대(門前薄對)하여서는 안된다.

집에 발도 들여놓지 못하게 하고
쫓아내어서는 안된다.

다시말하면
보기 싫은 사람의
얼굴이 나타나면
노골적으로 꺼지라고
소리쳐서는 안된다.

그렇지 않으면
없다고 해라고 일러놓고는
뒷문으로 도망쳐서도 안된다.

그렇게 하는 것은
내 집을 찾아온 손님을
대하는 처사가 아니다.
아무리
좋지 않은 기억일지라도
내 마음의 스크린에 떴다는 것은
무엇을 말하는가?

무언가 사연이 있고
볼일이 있기 때문에
찾아온 것이 아니겠는가?

그러므로
좋고 싫고를 가리지 않고
맞아 들이는 것이 주인된 도리이다.

일단 맞아들인 다음
자리에 앉게 하고,
상대와 눈을 맞추고 바라보면서,
어떻게 오셨는지
정중히 물어보는 것이 순서이다.

한마디로 하면
내 집에 찾아 온 손님을
쫓아내지도 말고,

있으면서 없다고 거짓말하거나,
숨거나,
뒷문으로 도망가서는 안된다는 말이다.

상대가 누구든지
내 집을 찾아온 사람은 손님이다.
내 집을 찾아온 사람을
박대하거나 기피해서는 안된다.
바쁘다는 핑계로 외면해서는 안된다.

그렇게 하면
그렇게 쫓겨난 귀신은
끊임없이 다시 찾아온다.

귀신이라고 함은
풀지 못한 원한을 풀려고 찾아온
소아의 편린인 것이다.
우리들 내면에 잠재된 업인 것이다.
치유 받으러 온 환자인 것이다.

그러므로,
우리는 주인의 입장에서,
의사의 입장에서,
찾아 온 손님을 즉시 맞아들이고
바라보고 들어주노라면

주객간에 이해가 이루어지고
하나가 되면서
뭉치고 맺혀 나타난 모습이
풀어지고 소멸되어 사라지는 것이다.

손님맞이란
맞아들인 다음
앉게 하고
마주보고
물어보고
한눈팔지 않고
끝까지 들어주는 것이다.

나타나면서 부터
끝까지 보아주기만 하면
내 마음의 스크린에 뜬
모든 생각 감정 느낌들은 깨끗이 닦여
마음이 비워지고 밝아지고 빛난다.

손님맞이
제대로 하는 것이
주인된 도리이다.

이것을 일컬어
자기 안의 중생을 제도하는 것이고

마음을 닦는다고 하는 것이고
마음을 비운다고 하는 것이다.

오직 이 일만 잘 하면
다른 일은 저절로 되어진다.

–2004.06.12

봄66 원아님 낭독

봄67

영성의 시대

천지지간 만물지중에
인간이 최령하다는 말이 생각난다.

아무리 하늘이 광활하고
땅이 두터워도
깨달은 인간이 없다면
우주는 빈껍질에 불과하다는 말이
실감이 간다.

그 동안
인간은 소아본위로 살아오면서
과학기술을 발전시킨 덕분에
원자의 핵을 이용하고
세포의 DNA를 조작하는
막바지에 이르렀고
컴퓨터라고 하는 인공지능을 탄생시켜
이제 더 이상
생각하고 기억할 필요가 없어졌다.

앞으로는
컴퓨터가 우리의 두뇌역할을
대신할 뿐만 아니라
훨씬 더 능률적으로 잘하게 될 것이다.

그러므로
이제 인간은
지식과 정보의 사회에서
영성의 단계로
나아가지 않을 수 없게 되었다.

정치 사회 문화의
모든 문제는
컴퓨터가 잘 해 낼 것이다.

이제 우리는
생각을 내고
생각을 선택하고
생각을 좇아가는
생각의 노예,
물질의 노예 단계를 지나,
생각과 물질의 주인으로서
생각과 물질을
창조하고 유지하고 파괴하는 능력을
자유자재로 구사하는
영성의 개발단계로 가고 있는 중이다.

말하자면
소아본위의 삶은
충분하게 제 역할을 수행하고

소기의 목적을 거두었으므로
은퇴시키고
이제는 대아본위로 전환할 때가 된 것이다.

대아본위란
영성을 개발하는 삶의 단계다.

영성의 시대가 열리면
모두 대아본위의 인간이 되기 위해
성리를 연마하고
생각을 돌아보고
뒤집은 다음,
생각을 바라보고
생각을 지울 수도 있고
생각을 살려 쓸 수도 있는
생각의 취사 선택권을
자유자재로 구사할 수 있어야 한다.

그렇게 되면 신통력이 나와
신통력으로 살아가는 세상이 열린다.
신통력과 문명의 이기가
공존하는 세상인 것이다.

소아본위의 인간이
대아본위의 인간으로 거듭나기 위해서는

각자 자기의 내면을 들여다 보아
생각과 느낌과 감정을 잡아
지울 수도 있고 살려 쓸 수도 있는
영적인 능력,
관조와 주시의 힘을
연마하고 배양하여야 한다.

그리하여야
천지만물을 창조하고 다스릴 수 있는
영적인 능력을 발휘할 수 있다.

영성의 시대가 와야
비로소 인간은
우주의 주인임을 실감하게 될 것이다.

생각과 물질의 노예를 청산하고
해탈하여야
생각과 물질의 창조주로서의
권능을 발휘하고 누리게 될 것이다.

영성의 시대란
이른바 제2의 르네상스다.

영성의 시대가 되면
밝은 세상인지라

보자마자
그 사람의 의식수준을 아는 시대다.

그러므로
학력이나 학위 같은 것이
그다지 중요해지지 않는다.
명함 따위가 중요하지 않게 된다.

그런 외형적인 것은
컴퓨터를 검색하면 다 나온다.

문제는 인간이다.

가치 기준은
얼마나 각성된 인간이냐,
어떤 레벨의 의식수준에 있는 사람이냐가
문제가 된다.

지금 영성의 시대가 물밀듯이 오고 있다.
영성의 시대에서는
소아본위의 인간은 도태되고 말 것이다.

그러므로

젊은이들은 한시 바삐

자기의 내면을

"돌아 봄"의 생활을 발진시켜야 한다.

자기가 변하여야

가족이 변하고 회사가 변하고

국가가 변하고 세계가 변한다.

자기를 영적으로

변화시킬 수 있는 사람은 아무도 없다.

자기가 자기를

끊임없이

돌아보는 노력에 의해

자기의 영성을

자기가 개발할 수 있을 뿐이라는 사실을

잊어서는 안된다.

-2004.06.12

봄67 원아님 낭독

봄68

관상과 심상

관상(표정)을 보고
사람들은 그 사람의 의식의 수준을 안다
고 믿는다.

그러나 관상(표정)이란
얼마든지 꾸며서 나타낼 수 있다.

그러므로,
연기자는 얼마든지
남들이 보기에 좋은 얼굴을
꾸며 보일 수 있다.

사람은 누구든지
자기의 얼굴을 꾸밀 수 있다.

그러므로 관상을 보고서는
그 사람의 진짜 속내를 알 수 없다.

사람들이 선호하는 얼굴은
맑고 밝은 얼굴이다.

그래서 이따금 나는
나의 연기력을 발휘하여
내 얼굴을 그들이 좋아하는 모습을
이따금씩 지어보인다.

그렇게 하면
나의 연기력에 걸려드는 사람이
반드시 나타난다.

전에 보다
얼굴이 좋아졌다고 아는 소리를 한다.

이런 상황을 맞을 때마다,
나는 그들이 얼마나 내 속마음을
전혀 짐작조차 하지 못하는지
안타까운 심정 금할 길이 없다.

내가 그런 표정을 짓는 것은
그들이 조금이라도 변화하고
진전된 모습을 보일 때
기뻐하고 좋아하는 표정을
지은 것에 불과하다.

그들과의 만남에서
나는 사실 환한 표정을 지을 수 없다.

그들을 만나면
나는 근심으로
표정이 어두워지는 것이 사실이다.

아마 그들은
나의 그런 표정을 기억하고 있을 것이다.

그러나 다 같이 어둡고 괴로운 표정이라도
무엇 때문에 그러한지를 알아야 한다.

즐겁고 밝은 표정이라도
무엇 때문에 그런 표정을 짓는지를 알아야 한다.

그들은 내가 밝고 기쁜 표정을 지어도
흡족해서 그런 표정을 지은 것이 아니라는 것을
까마득하게 모른다.

자기의 생각과 느낌과 감정을 돌아볼 줄 모르다가
조금이라도 그런 방향으로 나아가는 기미가 보이면
나는 그들을 칭찬하고 기뻐하는 표정을
그 순간 짓고 있을 뿐이다.

그리고
'돌아 봄'의 단계를 지나
'바라봄'의 단계로 들어서는 사람을 보고도

나는 그들에게 기뻐하고 좋아하는 표정을
순간적으로 짓는다.

또한
'바라 봄'의 단계를 지나
'늘 봄'의 단계로 전환하는
기미가 보이면
나는 어김없이
기쁘고 밝은 표정을 보이는 것이다.

그러나
사람들을 만나는 대부분의 나의 표정에서
밝은 모습을 찾아보기 드문 것이 사실이다.

그들은 나의 속마음을
전혀 헤아리지 못하고
나의 겉 모습만 보고
판단 평가 심판을 하는 것이다.

밝은 것은 좋고
어두운 것은 나쁘다는 식이다.

그렇게 하는 것은
소아의 행동이지
대아의 행동이 아니다.

소아는 오직 보기만 하여야 한다.

소아가 판단 평가하면 안 된다.

소아는 외면의 모습, 관상만을 본다.

소아가 침묵의 주시와 관조를 할 때
비로소
대아가 내면의 모습, 속 마음,
심상을 꿰뚫어보게 된다.

육안으로서는 관상 밖에 보지 못한다.

영안(靈眼)이라야 심상을 볼 수 있다.

상대방의 속마음을
꿰뚫어보고 읽을 수 있으려면
소아는 판단 평가 심판을 보류하고
침묵을 지키면서
오직 주시만 하여야 한다.

그래야 속마음(심상)이 보인다.

영적인 능력을 개발하려는 사람은
육안으로 관상(표정)을 보는 데
그쳐서는 안된다.

심상을 보고
진실이 무엇임을 헤아릴 수 있어야 한다.

깊은 속을 들여다 보려면,
기(氣)의 차원을 넘어
영(靈)의 차원이 되어야 한다.

–2004.06.19

봄68 원아님 낭독

봄69

그대는 "봄"을 행하는가?

봄에는
돌아 봄의 단계를 지나
바라 봄의 단계
그리고 늘 봄의 단계가 있다.

봄69 원아님 낭독

늘 봄의 단계가 되면
봄 아닌 것이 없기에
굳이 봄이라고 할 것도 없다.

이렇게 되어 보아야
자기가 누구인지
비로소 알게 된다.

몸과 마음이
자기가 아니라는 말이 실감이 간다.

이 본연의 자기가
바로 봄이었고
우주가 생기기 이전부터 존재해 온 것이다.

천지만물이 변하여도 이 봄만은 변함이 없다.

그러므로
봄이 진리이다.

봄은
무한한 에너지의 원동력이고
무한한 지식과 정보의 원천이다.

봄이 우주만유의 창조주인 것이다.

봄이 진정한 나,
대아인 줄 알았으니
모든 건 봄이 알아서 한다.

봄이 나타나면
봄이 알아서 살림살이를 관장한다.

소아가 머리를 굴리며 수고할 필요가 없어진다.
소아가 갈등을 느끼며
근심 걱정 불안 공포에 떨 필요가 없어진다.

봄이 존재한다는 것은
대아와 소아가 통한다는 말이다.
둘이 하나로 통한다는 말이다.

봄은 육안으로
사물을 보는 동시에
심안으로
마음의 스크린에 뜨고 지는
사물의 영상, 생각, 느낌 감정을
본다.

봄이 끊어지지 않고
지속이 되면
봄의 힘이 강력해져서
귀신을 마음대로 다스릴 수 있게 된다.

봄은
생각이 아니고
물질이 아니고
형상이 아닌
영(靈)의 빛이다.

이것이
나인지라
나는 생사를 초월한 존재다.

원만구족하기에 아무 문제가 없다.

봄이 있는 곳에
아무 문제가 없다.

봄이 나의 의사이고,
봄이 나의 약사이고,
봄이 나의 스승이고,
봄이 나의 조상 중의 조상이다.

그러므로
봄에 속하지 않는 것이 없다.
봄이 삼라만상의 근원이다.

봄이 있는 곳에,
기도가 있고,
명상이 있고,
치유가 행해지고,
중생의 제도와 천도가 행해진다.

그러므로
오직 "봄"이
천지를 운행하고
만물을 화육한다.

그대에게 봄이 왔는가?

그대는 봄을 아는가?

그대는 봄을 행하는가?

-2004.06.27

봄70

객관적인 안목

몸과 마음이
자기가 아닌지라
몸과 마음에 갇혀
몸과 마음을
자기로 착각하여
몸과 마음의
시녀노릇을 하던
소아가

몸과 마음을 돌아보아
몸과 마음으로부터 벗어나면
몸과 마음을 바라보게 되고
몸과 마음을 늘 보게 된다.

이렇게 되면
자기의 몸과 마음을
남의 몸과 마음이나 마찬가지로
바라볼 수 있는
객관적인 안목이 열렸다고 할 수 있다.

이렇게 되어야
자기가 제대로 보이고
자기를 알 수 있는 사람이 된다.

이렇게 되어야
자기를 바로 잡을 수 있고
자기를 고칠 수 있고
자기를 영적으로 진화시킬 수 있게 된다.

그것은 마치
산을 보기 위해
산을 벗어나고
지구를 보기 위해
지구를 벗어나는 것과 같다.

그렇게 열린 의식이 되어야
집안이 보이고
회사가 보이고
국가가 보이고
세계가 일목요연하게 보이고
자기가 해야 할 일이 보인다.

이렇게 되는 데에
장애가 되는 것이 바로
몸과 마음을 자기로 동일시하는
오랜 선입관이다.

지적으로나 이론적으로는
몸과 마음이 자기가 아닌 줄 알고
어느 정도 진아(대아)에 대한
체험이 있는 사람이라도
극도로 몸과 마음이 아픈 경우를 당하면
그 아픔에 잡혀
그 아픔으로부터 벗어나지 못하고
그 아픔을 비추지 못하는 것이 사실이다.

그러므로
우리는 몸과 마음이
극도로 아픈 경우를 당하여
아픔에 붙잡히지말고
아픔으로부터 벗어난
본연의 자기를 회복하여
아픈 몸과 마음을
돌아보고 바라보고
끌어안을 수 있는지 여부를
부단히 실험하여야 한다.

그렇게 하여
한번이라도 성공하여
그 아픈 와중에서도
정신을 차리고
마음의 여유를 되찾게 되면
그 만큼
막강한 자신감을 갖게 될 것이다.

그리하여
몸과 마음을 자기로 착각하던
오랜 습관을 불식시키고
몸과 마음의 주인으로서의 자기를
완전히 증득하게 되어야
다음 단계로
천지만물의 주인으로서의
위력이 서서히 발휘할 수 있게 된다.

우리 안에 내재된 영성이
완전히 드러나고 깨달아져야
대아로 거듭난자라고 할 수 있을 것이다.

지지않는
본심 본태양이
우리들 개개인의 내면에 떠야
진실로 사람다운 삶,
기쁨과 행복과 평화가
이 땅에 정착할 것이다.

사람 위에 사람없고
사람 밑에 사람없는
인간과 세상이 도래할 것이다.

–2004.07.01

봄70

봄71

오직 "봄"만이 존재한다

나는 생각한다
고로
존재한다가 아니고
오직
봄만이 존재한다.

생각을 쫓아
생각을 굴리는 삶을
살다보면
생각이 꼬리에 꼬리를 물고
존재하는듯이 보인다.

그러므로
생각의 저변에서
생각을 가능케하는
봄은
항상 존재하고 있건만
생각에 가리어
마치 존재하지 않는 것처럼
잠재되었다.

생각은 일어나고 머물고
사라지고 변하지만
봄은 항상 변함없이 존재하기에
생각이 일어나고 머물고
사라짐이 가능하다.

그러므로
봄이 본질이고
생각은 현상이다.

봄은
시간 공간의 영향을 받지 않지만
생각은 시간과 공간의 영향을 받는다.

봄을
절대자 대아 창조주라고 한다면
생각은
상대자 소아 피조물이다.

그러므로
봄이 생각의 주인이다.

봄이 진정한 나이다.

봄이 마음과 몸의 주인이다.

그런데
우리는 나를 망각하고
마음과 몸을 나와 동일시하고
나라고 착각하며 산다.

그러므로
우리는 잠재된 봄의 능력을 되찾아
봄의 능력을 행사하기 위해서는
생각을 돌아보는 일을 행하여야 한다.

지금까지 하지 않던 짓을 하여야 한다.
하지 않던 짓이라
처음에는 자꾸만 잊어먹지만
다시금 챙기고 챙기면
돌아봄이 제자리를 잡아
생각이나 감정의
바라봄으로 바뀐다.

봄이
생각의 저변에 존재하기 때문이다.

그리하여
바라 봄이
늘 봄이 되면
생각의 일어나고 사라짐을
놓치지 않게 되어
생각이 제 멋대로
출몰하지 못하게
다스리게 된다.

생각에 이끌리고
생각에 놀아나던
생각의 노예는
생각의 주인으로
탈바꿈하기에 이른다.

이렇게 되면
쓸데없는 생각이
난무하는 일이 사라져
생각의 공백상태가 되고
고요한 가운데
마음의 공간이
무진장 열린다.

맑고 드넓은 하늘에
태양이 빛난다.

봄이 온 것이다.

한 생각도
어른거리지 않는 가운데
뚜렷한 봄이 거기에 빛난다.

오직 봄만이 존재한다.

봄이 존재하는 곳에
생각은 맥을 추지 못한다.

봄이 존재하는 곳에
"산절로 수절로
산수간에
나도 절로"가 된다.

그리고
지금까지
인류가 생각을 통해 이룩한
과학기술과 문명의 이기를
올바르게 사용할 수 있게 될 것이다.

또한
생각에 의존하여
생각이 일으킨 문제를
생각으로 해결하려는
인간의 어리석음도
사라지게 될 것이다.

봄의 능력을
개발하는 일이야말로
진정한 인간개발이다.

봄의 능력을
개발하는 일이야말로
인류를 파멸로부터
구원할 수 있는
유일무이한 길임을
간과하여서는 안된다.

–2004.07.06

봄71 원아님 낭독

봄72

봄이 온 사람은

봄이 오면
누구나 봄을 만끽한다.

봄이 오면 부족함이 없어
욕심이 일어나지 않는다.
봄이 오면 부족함이 없어
기대할 것이 없어진다.
봄이 오면
기억이나 기대 따위가 사라진다.

봄이 온 사람은
과거의 기억을 통해
사람을 바라보지 않는다.
봄이 온 사람은
생전 처음 만난듯이
사람을 대한다.

그러므로
지난 과거의 기억을 갖고
시비하고
따지지 않는 사람이라야
봄이 온 사람이다.

그리고
미래에 대한
불안감이나 기대 따위에
마음을 부심(腐心)하지 않는 사람이라야
봄이 온 사람이다.

봄이 온 사람은
시간에 쫓기거나
시간을 쫓아 살지 않는다.

봄이 오면 아무런 문제가 없다.
봄이 오면 안심입명(安心立命)이다.
봄이 오면 그만이다.

봄이 온 사람은
소아를 다 산 사람이다.

봄이 온 사람은
소아본위가 아니므로
어떤 목적이나
추구하고 도모하는 것이 없다.

봄이 스스로 알아서
그 때 그 때 움직인다.

모든 것은
억지로
도모하는 것이 아니고
저절로
되어진다.

좌뇌에 의존하여
살지 않는다는 의미에서
마치 바보같이 보인다.

그러나
거기에는
우주의 주인인 대아가
직접 관할하고 있다는
사실을 알아야 한다.

봄이 바로
대아라는 사실을
잊어서는 안 된다.

봄이 온 사람은
세상에 나아가
세상을 개혁하려는
세상적인 사람이 아니고
오로지 사람들에게
봄을 행하도록 하는 일에
신명을 바쳐 사는 사람이다.

봄이 온 사람은
오직 본질에 관심을 갖지
현상에 관심을 기울이지 않는다.

–2004.07.10

봄72 원아님 낭독

봄73

내공과 외공

내공은 안으로 공을 들임이고
외공은 밖으로 공을 들임이다.

내공이란
두뇌에서 제멋대로 일어나는 생각과
가슴에서 제멋대로 일어나는 감정을
끊임없이 들여다 보는 생활로
전환하여,
바라보게 되고, 늘 봄이 되어,
생각과 감정에 이끌리지 않고
자유자재로 다스려지는 데에
이르도록 하는 것이다.

그리하여
생각과 감정의 노예 상태에서 벗어나
생각과 감정을 다스리는
본연의 주인으로 거듭나기 위해서는
내공을 닦아야 한다.

자승자박의 노예상태를
소아본위의 삶이라고 하면

자유자재하게 사는 삶을
대아본위의 삶이라고 할 수 있다.

그러므로
노예상태의 자기(소아, 가아)를
구제하기 위해서는
진정한 자기(진아, 대아)를
깨닫지 않으면 안된다.

다시 말하면
내공이란
자기의 본질을 밝히고
드러내기 위한 수행이다.

이에 반해
생각이나 개념에 의존하여
대상을 관찰하고 연구하는
학문이나 예술이나
기술이나 기능의 습득은
모두 외공에 속한다.

외공을 통해
우리는 전문가가 되고
기술자 기능인이 된다.

외공을 통해
우리는 자연이나
사회의 현상을 다루는 능력을 배양한다.
외공을 통해
우리는 전문가가 되고 프로가 된다.

외공을 얻으면
우리는 남에게 존경을 받고 대우를 받는다.
그러므로 모두들
외공의 가치에 대해서는 널리
사회적으로 인정되고
사람들이 선호하고 있는 것이 사실이다.

그러나 외공을 얻는다는 것은
현상의 부분을 잠시 취하는 것일 뿐이다.
그러므로 외공은 시간이 지나면
못쓰게 되고
잃어버릴 수밖에 없는 운명이다.

아무리 한 분야에 달인이 되어도
소아가 대아로 본질적으로 바뀌지 않는다.
외공을 통해서는
자기를 깨달을 수 없고
자기를 구원할 수도 없다.

외공은 본질을 지향하는 것이 아니고
외적인 현상을 지향하기 때문이다.

그러므로 우리는 내공을 닦아야 한다.
내공을 닦으면 어느 분야에 종사하든지
언제나 적용이 되고 활용이 가능하다.
외공만 닦아서는
소아의 노예 상태에서 오는
공허감과 외로움과 부자유에서 오는
갈등과 속박감과 결핍감을 해결할 수 없다.
외공만 연마해서는 행복을 느끼지 못한다.

내공을 닦으면
저절로 자기의 적성이 살아나고
자기가 하고 싶은 일을 하게 되어
한가지 외공이 자연스럽게 연마가 되어진다.
천명에 따른 천직을 수행하게 되는 것이다.

그러므로
우리는 내공의 연마를 통해
한단계 높은 의식으로 진화하여야 한다.
소아본위의 인간이
대아본위로 거듭나야 세상이 바뀐다.

내공이야말로
종교를 초월하여
전 인류가 수행해야하는
대도정법인 것이다.

내공을 닦는 데 소홀하여
생각과 감정으로부터
자유롭지 못하면
인류에게는
미래가 보이지 않는다는 사실을
명심하여야 한다.

-2004.07.10

봄73 원아님 낭독

봄74

새 인간 새 세상

새 인간이 출현하려면
현재의 인간의 모습을
적나라하게 보고 깨달아야 한다.

자기의 생각이나 감정을
직접 돌아보고 파악하고 깨달아야
생각이나 감정의 노예에서 해방되어
자유인이 탄생한다.

생각이나 사상
이데올로기
종교적 도그마에
묶여 살던 인간이
자기의 모습을 깨달아
그 모든 것으로부터 벗어나야
새 인간이 탄생한다.

새 인간은
생각이나 물질로부터 자유로운 인간,
생각이나 물질의 주인된 인간이다.

자기의 생각과 감정을
돌아봄, 바라봄, 늘봄의 과정을 통해
소아의 한계를 깨달아
소아를 버리고
대아로 거듭난 인간이
새 인간이다.

생각과 감정이 명하는대로
무작정 굴종하는 인간이 아니라
생각과 감정을 바라보는 인간,
생각과 감정을 다스릴 줄 아는 인간이
새 인간이다.

생각과 감정이 명하는대로
끌려다니는 수준의 인간은
새 인간이 아니다.

생각과 물질에
의존하고
끌려사는 인간,
생각과 감정을
자기로 착각하고
동일시하는 수준의 인간은
인간의 존엄성과
주체성을 깨닫지 못한
구태의연한 인간이다.

그러므로
구태의연한 인간이
새 인간으로
거듭나지 못한다면
결코 새 세상은 오지 않는다.

구태의연한 인간이 만든
구태의연한 세상이란
오늘 날과 같은 동물적인 세상,
물질만능의 세상,
쾌락추구의 세상,
대립 갈등 투쟁의
세속적인 세상이다.

자기의 생각이나 감정에 이끌려사는
부자유와 무능으로 말미암아
어리석음을 끝없이 되풀이하는
구태의연한 인간과 세상을 어이할 것인가?

소아라고 하는 가아를
진아로 오인하는
잘못된 자아관에서 부터 비롯된
뿌리깊은 전통 문명 풍속
제도 체제에서 오는
충돌과 갈등의 문제를 어이할 것인가?

소아본위의 인간에게는
결코 자유와 행복과 평화가 없다.

소아본위의 인간이
대아본위의 새 인간으로
변화가 되지 않고서는
새 세상이 오지 않는다.

소아본위의 인간이
대아본위의 인간으로 바뀌기 위한
다른 방법이 과연 있는가?

하나님이나
부처님에게 기도한다고
소아가 대아로 바뀌어지는가?

생각이 만들어 낸
명상법을 쫓아
명상을 한다고
소아가 대아로 바뀌어지는가?

기도하고 명상하는 자체가
생각이나 감정을 쫓아가는
또 하나의 소아적인 행위가 아닌가?

소아본위의 인간이
대아본위의 인간으로 바뀌려면
기도하고 명상하는 자체까지도
돌아보고 바라보고 늘보아야 한다.

거기에 새 인간
새 세상 탄생의 길이 있다.

자기의 생각과 감정을
돌아보고 바라보고 늘보며
산다는 것은
자기의 생각과 감정으로부터
자유로워지는 삶의 길이다.

첫걸음부터가 자유의 행진인 셈이다.

-2004.07.11

봄74 원아님 낭독

봄75

봄이란 무엇인가?

봄은 순수의식이다.

봄에는
나와 너,
우리와 그들의 차별이 없다.
봄에는
남녀 노소와
인종의 차별도 없다.
봄에는
유무식의 차별도 없다.

봄은 주관적인 의식이 아니다.
봄은 객관적인 안목이다.

생각이나 감정은 주관적인 안목이다.
그러므로 봄은
생각이나 감정을 초월한 의식이다.

생각이나 감정은
자기라고 하는 주관,
자기라고 하는
기억의 뭉치, 경험, 지식 등으로

조건부여된 데서 나오는
순간 순간의
조건반사 현상이다.

그러므로,
우리가 자기와 남을 바르게 알려면
처음부터
자기의 마음(생각과 감정)으로부터
벗어나서
바라보지 않으면 안 된다.

그렇게 하려면,
사람이나 사물을 바라 볼 때
반사적으로 떠오르는
자기의 생각이나 감정의
그림자를 놓치지 않고
즉각적으로
보고 알아차려야
순수의식을 회복하여
주관적인
판단 평가 심판의
오류를 방지할 수 있다.

우리는
자기의 주관이라고 하는

색안경을 쓰고
자기와 남을 본다.
색안경을 쓰고 보면
사물의 있는 그대로가
보이지 않는다.

봄75 원아님 낭독

그러므로,
우리는 항상
사람이나 사물을 볼 때
떠오르는
자기의 생각이나 감정을
늘 지켜보는 삶으로
전환하여야 한다.

그렇게 살지 않으면
자기의 생각이나 감정이 옳다고 하는
독단과 거짓과
오류에서 벗어나지 못하고
되풀이 하면서 살게 된다.

봄은 본래 순수하여
닦을 필요가 없다.

닦아야 할 것은
자기의 마음(생각과 감정)이다.

그러므로
봄으로 마음을 닦는다.

봄의 능력은 누구나 갖고 있다.
그러나, 이 봄의 능력을
삶 속에서 발휘하고
개발하지 못하고 있는 것이 사실이다.

봄의 능력을 가동시키려면
자기의 생각과 감정을
항상 바라보면서 살겠다는
선택과 결단을 내리고
잠시라도
한 눈을 팔지 않고 살면 된다.

누구나 실천가능한
이 간단하고 쉬운 방법이 놀랍게도
인간이 지닌 맹점을
극복할 수 있는 핵심임을 알아야 한다.

단지 이렇게 살기만 하면
우리는 인류에게 산적한 모든 문제가
간 밤의 꿈처럼
사라진다는 것을 알아야 한다.

잠재된 우리들의 봄의 능력을
가동시키고 연마하고 터득하기만 하면
지금까지의
모든 괴로움과 슬픔과 불행의식이
오로지 자기의 생각과 감정의
잘못된 발로였음을 깨닫게 될 것이다.

또한
이 세상의 혼란과 빈곤과 전쟁의 원인이
바로 자기의 책임이었음을 깨닫게 될 것이다.

우리는 봄이 무엇임을 알아서
봄의 능력을 행하고 터득하여
있는 그대로를 바라볼 수 있는
객관적인 안목을 회복하여
왜곡과 거짓과 오류의
주관적인 안목을 극복하여야 한다.

이것이
자기의 생각과 감정의
바라봄을 통한
인간의식의 또 다른 차원인
영감 계발의 길이다.

–2004.01.14

봄76

봄의 3단계

자기의 육체만을
자기로 알고
사는 단계에서는
자기의 내면을 보지 못하고
자기의 외면만을 본다.

동물의 수준에서는
자기를 객관화해서
바라볼 능력이 없다.
그래서 항상
자기 밖의 대상(남)만을 본다.

그러다 보니
우리의 안목은
편견 고정관념 선입관 등으로
얼룩져
선천적으로 부여받은
우리들 공통의
잠재능력인
순수의식이 발로되지 못한다.

순수의식이란

자기와 남을
있는 그대로 보는
객관적인 안목이다.

순수의식이
발로되지 못한다는 것은
객관적인 안목이 없다는 말이다.

사람도 육체적으로 보면
동물과 같이
두개의 육체의 눈으로
바깥을 보며 산다.

그러나
사람은 자기를 볼 수 있는
제 3의 눈인
영안(靈眼)이 하나 더 있다.

이 영안으로
자기의 안을 들여다 보며
사는 생활을 해야
순수의식이 발로되면서
동물적인 삶에서

사람다운 삶으로
진일보 할 수 있는
길이 열린다.

태양을 위시한
모든 물질의 빛은
자기를 비추지 못하고
자기 이외의 것만을 비춘다.

그러나
사람에게 내재되고 잠재된
영성의 빛은
자기도 비추고 남도 비춘다.

그러므로
우리는
밖으로 나가는
빛을 돌이켜
자기의 안을 비추며
살아가는 생활을
시작하여야 한다.

다시 말하면
밖으로만 나가는
바라봄(빛)을 돌이켜

자기를 "돌아 봄"의 생활을
시작하여야 한다.

이것이
영성을 개발하는 1단계 수행이다.

이 단계에서는
밖을 보는 힘이 강하고
안으로 돌아보는 힘이 약하여
"돌아 봄"이
끊어질 수밖에 없는 단계이다.

그러나
굴하지 않고
놓치고 잡고 반복하기를
끊임없이 하게 되면
돌아 봄의 힘이
밖을 보는 힘과
대등해지는 시기가 온다.

그리하여
밖을 보면서도 안을 보고
안을 보면서도 밖을 보는 것이
자연스러워지게 된다.

안과 밖이 하나가 되어
안과 밖의 구별이 사라지므로
이윽고
"돌아 봄"의 수행이
여기에서 일단락된다.

이렇게 되어야
비로소 영안이 떠지고
잠재력이 드러나기 시작한다.

이른바
"돌아봄"의 수행단계에서
"바라 봄"의 단계로 전환하는
2단계 수행이다.

여기에서는
육안으로 사물을 바라보면서
동시에
영안으로
자기의 생각(욕심)과 감정까지
바라보게 된다.

자기의 생각과 감정이
환하게 드러나 보이므로
생각과 감정을 미리 알아
생각과 감정에

끌려 다니지 않는 빈도가
차차 늘어가게 된다.
생각과 감정을
다스리는 빈도가 늘어간다.

그러나
아직 속물의 신세를
완전히 벗어나지 않아
생각이나 감정에
이끌리는 때가 있으므로
"바라 봄"의 고삐를 놓을 수 없다.

이렇게 되어
육안과 영안의 구별마저 사라지고
앉으나 서나 자나 깨나
"늘 봄" 이 되고
생각과 감정이 난무하지 않고
난무하더라도 즉시 자취가 없어
봄이 무르익는다.
생각과 감정으로 부터
자유자재하게 된다.

그리하여
자유와 평화와 행복이라는
말도 사라진다.

사랑이니 자비라는
말도 빛을 잃는다.
모든 추구하는 말이 사라진다.

움직임이 없는 가운데
인연 따라 저절로 움직이고
침묵 가운데
인연 따라 저절로 말이 나온다.

동물성을 극복하고 초월하여
사람다운 사람이 되어 간다.

명실상부한
만물의 영장으로 완성된다.

사람이라면 누구나
"봄의 3단계 수행"을 통해
육체의 허물을 벗고
미숙한 인간을 완성시킬
의무와 권리가 있다.

오직 이 일을 위해
우리가 살고 있다.

오직 이 일을

완성시키기 위해

내일도

태양이 떠오른다.

천지만물은 오직

나 하나

인간 만들려고

존재하고 있다.

오직

사람다운 사람

하나 만들려고

-2004.07.17

봄76 원아님 낭독

봄77

절대(絶對)의 경지

늘 봄의 경지가 되어야
대긍정의 안목을 갖추게 된다.

이른바
묘하게 보고 살피는
지혜의 눈이 떠진다.

상대가 끊어진
절대의 경지에서
보고 살피고 아는 능력이다.

이러한 경지가 되면
평등과 차별로 벌어지지 않고
원융하게
하나로 통하는
관점과 안목이 선다.

자기가 분열되면
분열된 세계가 보이고
자기가 통일되면
통일된 세계가 보인다.

분열이란
보는 자기(마음)와
보이는 자기(몸)로
분열되는 것으로부터
비롯된다.

그리하여
높은 자와 낮은 자,
있는 자와 없는 자
둘로 나누어 보고
대립 갈등 투쟁의
굴레를 벗어나지 못한다.

생각의 주인이
되지 못하고
생각의 노예가 되면
양자택일이라고 하는
생각의 덫에 걸리고
막힐 수밖에 없다.

그것이 이른바 화두(話頭)다.

화두를 타파하여야
절대의 경지에 진입한다.

상대(相對)가 끊어져야
양자택일이라고 하는
구도(構圖)가 깨어진다.

절대(絶對)의 경지에서는
하나라는 것도
용납이 되지 않는다.
하나라고 하는 순간
또 하나의 상대가
생겨나기 때문이다.

그리하여
절대의 경지를 깨달아
증득하여야
둘 중 하나를 선택하고
가담해야하는
괴로움과 어리석음을
영구히 여의게 된다.

그렇게 되면
대소유무(大小有無)와
선악시비(善惡是非)를 떠난
절대의 경지,
대아적인 안목에서
세상을 보는 것이다.

그렇게 보면
모든 사람들이
하나의 대아로 보인다.

하나의 대아(大我)가
다양하게
소아(小我)의 모습으로
나타난 것으로 보인다.

이렇게 되면
창조와 진화,
초월과 참여,
평등과 차별이
아무런 문제가 되지 않고
갈등을 일으키지 않는다.

자기를 괴롭히는 사람이
가장 자기를 도와주는 사람
은인(恩人)으로 보인다.

원수가
은인으로 보이는 것이다.

대아가
소아인 나를
가르치고 키우기 위해
또 다른 소아의 모습으로
화현하여
혹은 선(善)으로
혹은 악(惡)으로
나를 제도하는 것이라는
생각이 드는 것이다.

이렇게 되면
깨달은 사람과
깨닫지 못한 사람의
구분조차 사라져
제도할 사람이
한 사람도 없는 경지에 이른다.

모든 일은
대아가 하는 것이므로
지금 돌아가는 일들이
가장 최선으로 되어가고 있다는
확신을 갖게 된다.

대아를 깨달으면
살고 죽는 것이

문제가 되지 않는다.
소아는 가아(假我)이고
대아가 진아(眞我)라는 걸
깨달았기 때문이다.

그러므로
죽음일지라도
언제나 받아들일 준비가 되어있고
가난일지라도
거부하지 않는 것이다.

그 무엇도 문제가 되지 않으므로
그 무엇이라도 받아들일 수 있는
대긍정의 삶을 사는 것이다.

모든 건
완전무결한 대아로부터
나오는 것임을 알므로
따지고 거부하고
싸울 일이 없는 것이다.

억울할 일도 없고
불만스러운 일도
없는 것이다.

봄77 원아님 낭독

장애인이나
정신질환자나
범법자가
그런 모습이나
행동을 나타내는 까닭은
나(소아) 하나
사람(대아) 만들려고 배려한
대아의 섭리라는
생각이 드는 것이다.

세상은 모순으로 보이지만
절대의 경지가 되면
아무 문제가 되지 않는다.
그래서
대긍정(大肯定)을 하며
편하게 산다.

그래서 순하게 산다.

그래서 착하게 산다.

-2004.08.18

봄78

삶의 진실

사람들은
고요하고 평화로우며
끝없는 기쁨이 넘쳐나오는
내면의 심층의식을 깨닫지 못하여
표면에서 물결치며 흔들리는
표면의식에 시달리고 있다.

표면의식에는
항상
좋다 나쁘다,
옳다 그르다라는
분별의식이 소용돌이 친다.

그러므로
심층의 깊이로 침잠해 들어가면
내면의 무한공간이 자리하고 있음을
담박 깨달을 수 있다.

그곳은
아늑하고 고요하고 변함이 없다.

그것이 내재된 하늘이다.

그것이 본연의 나이다.

이것이
존재와
생명의 바탕이요
원천이다.

이것이
우주만유가 생기고 사라지는
우주와 삶의 본질이다.

이것을 깨달아
이것을 여의지 않아야
비로소
사람다운 삶을 누린다.

이 무한의 바다에 일고 지는
표면의 파도는
마치 없는 것 처럼 존재한다.

이것이 삶의 진실이다.

여기에서 보면
좋다 나쁘다
옳다 그르다하는
판단 평가 심판이 무력해진다.

그러므로
고요한 기쁨으로
충만된
침묵의 세계다.

더할 나위없이
진실하고 아름답고
축복으로 넘치는 세계다.

천당 극락이란
이것을 두고 하는 말이다.

사람으로 태어난 것은
이 맛을 보기 위함이다.

이 안에서는
삶과 죽음,
행복과 불행,
분열과 통일이라는
이원적인 대립이
간밤의 꿈처럼 사라진다.

희노애락 부귀빈천
사량분별 이대로가
창조의 다양성이고
대우주가 펼치는 드라마이고
오케스트라의 화음인 것이다.

여기에서는 모든 것이 긍정된다.
여기에서는 미워하는 것도
사랑으로 받아 들여진다.
여기에서는 고통 조차도
감사함으로 승화된다.
여기에서는 원수가 은인이다.

그 속에 모든 것이 있고
그 속에 아무 것도 없다.

있음과 없음,
큰 것과 작은 것이
하나로 조화롭다.

있는 것이 없는 것이고
없는 것이 있는 도리이다.

가장 작은 것 안에
가장 큰 것이
들어가는 도리이다.

이것이 삶의 신비이다.
이것이 삶의 진실이다.
이것이 삶의 아름다움이다.

깊은 밤
귀뚜라미 소리가
온누리에 울려퍼지고 있다.

가을이 오고 있다.

–2004.08.20

봄78 원아님 낭독

봄79

여의주(如意珠)를 얻기 위해

동물은
자기의 마음을 돌아볼 줄 모른다.

오직 사람만이
자기를 돌아보아
진화를 거치는 동안 쌓인
그 동안의
동물적인 흔적을
깨달아 고치므로서
인간다운 인간을
완성시키는 길을
걸을 수 있다.

봄79 원아님 낭독

그러므로
자기를 돌아보며 사는 삶을
살아가는 일은
인간이라면
누구나 반드시 걸어가지 않으면 안될
하나의 필연이자 숙명이 아닐 수 없다.

지금까지
우리는

자기를 돌아보고 바라보고 늘 보는 삶을
살지 않았으므로
있는 그대로의
자기의 모습을 알지 못하는 것이 사실이다.

자기를 바라볼 수 있는 능력이
잠재되어 있을 뿐
실지로 발휘하지 않고 있는 실정이다.

그래서
우리는 자기를 알지 못하고
자기를 고치고
자기를 개발하지 못하고 있다.

지금까지
인류는 고작 좌뇌(左腦)를 통한
단편적인 지식의 축적을 중시하고
가르치고 노력하는 것이 고작이다.

돌아봄의 생활을 통해
우리는 몸과 마음으로부터 벗어나
몸과 마음을 바라볼 수 있게 된다.

몸과 마음의 노예가
몸과 마음의 주인이 되는 것이다.

동물적인 본능과
습관의 굴레에서 벗어나
자유로운 인간으로
거듭나는 것이다.

그렇게 되면
자기의 생각, 자기의 감정,
자기의 말, 자기의 행동이
점차적으로 시야에 들어오면서
보이게 되고 파악이 되고
이해가 되어지기 마련이다.

이렇게 되면
남을 보듯이
자기를 볼 수 있게 된다.

이렇게 되면
더 이상
자기를 모르는 사람이 아니다.

이렇게 하면
그 동안 베일에 가려 보이지 않던
자기의 모든 것이 백일하에 드러난다.

생각이 무엇이며
왜 생각이 일어나고
왜 생각에 끌려다니게 되었는지 알게 되어
생각에 빠지지 않고
생각을 낼 수 있는
생각의 주인으로 탈바꿈이 되는 것이다.

생각이 얼마나 터무니 없는 것이라는 걸
깨닫게 되어
더이상 생각에 대한 맹신(盲信)을 하지 않고
생각에 더 이상 속지 않게 되는 것이다.

이렇게 되면
쓸데없는 생각들이 점차 줄어들고
혹 생각이 일으키는
근심 걱정 불안 공포가 발생하더라도
거기에 휘말리지 않고 바라봄으로서
생각을 다스릴 수 있게 된다.

이렇게 바라 봄을 통해
마음이 다스려지고
몸이 다스려진다.

이러한 과정에서
몸소 획득한 체험과 정보는

지혜로서
우뇌(右腦)에 각인이 되고
실천궁행을 통해
몸의 세포에 각인이 되어야
성질 기질 체질이 변하고
의식수준의 향상이 이루어진다.

이렇게 이루어진 의식수준은
우리가 몸을 바꾸어도 소멸되지 않는다.
그러나 좌뇌에 각인된 단편적인 지식과 정보는
세월이 가면 잊혀져
우리가 몸을 바꾸면 소멸되고 만다.

바라봄을 통해 생각을 다스릴 수 있게 되면
쓸데없는 생각이 떠오르거나 난무하지 않아
드디어 우리에게 내재된 하늘이 열린다.

영원한 동반자(대아)를
만난 것이다.
떠나 보낸 자와
떠나 온 자가
드디어 만난 것이다.

앉으나 서나 자나 깨나
님과 함께 가는 신나는 삶,

단 한순간도 이별이 없는 나날,
짱짱한 미래가 기다리고 있는 것이다.

저 광활한 하늘에 떠 있는
무수한 별들이
바로 당신이 살아갈
삶의 무대인 것이다.

마음을
돌아보고 바라보고 늘봄으로서
마음을 다스릴 수 있게 되고
마음이 다스려져야 얻게 되는
여의주(如意珠)다.

이 여의주를 얻기 위해
우리는 자기의 마음을
늘 보며 살아간다.

지금 당신은
당신에게 내재된
여의주를 개발하여
신통(神通)이 자재(自在)한
삶을 누리고 계시나요?

–2004.08.21

봄80

사랑의 완성

삶은
사람을 완성시키기 위해 존재한다.

사람을 완성시킨다는 말은
사랑을 완성시킨다는 말도 된다.

사람의 몸은
남성 혹은 여성으로 분리되어 있으므로
나머지 반쪽을 취하고자 하는 욕구가 생긴다.
반쪽만으로서는 치우치고 부족하기 때문이다.

그래서
사춘기가 되면
이성을 그리워하고
좋아하는 연애감정이 생긴다.

봄80

그러나
연애를 하고 결혼을 하여
아기를 낳고 가정을 꾸리고 살지만
내적 심리적으로는
언제나 갈등이 남고 부족하고
한계에 봉착한다.

비록
대상을 바꾸고
끊임없이 추구하더라도
또 다시
벽에 부딪힐 수밖에 없는 운명이다.

이 세상에 존재하는
모든 여성(남성)을
모조리 소유한다 하더라도
사태는 마찬가지일 것이다.

그러므로
우리는 외적 육체적인 결합을 통해서는
결코 사랑이 완성될 수 없다는 것을 깨닫게 된다.
이것을 체험하고 깨달은 사람만이
밖에 있는 짝을 추구하는 일을 포기하게 된다.

이렇게 된 사람은
밖으로 추구하지 않고
드디어
안으로 추구하기 시작한다.

제2의 진정한 사춘기가 시작된 것이다.
안에 있는 님을 찾아가는
사랑의 여정이 시작되는 것이다.

밖으로 향하던 에너지를 돌려
안으로 돌아보는
자아탐구의 삶이 시작된다.

이른바
구도의 열정이 불붙는다.

사랑을 갈구하는
간절한 연모의 정이
끊임없이
안으로 파고 들어가게 한다.

그렇게 하다보면
앉으나 서나 자나깨나
안으로 향하는 시선이
잠시도 끊어지지 않을 정도가 되고
그것이 극에 달하면
어느 순간
밖으로 추구하는 일이
사라지는 시점이 온다.

거기에는
조금 전까지 추구하던 자가
갑자기 보이지 않는다.

추구하던 자와 그 대상의
합일이 이루어졌기 때문이다.
자기 안에 있는
남성 혹은 여성과
하나가 되었기 때문이다.

이것이
자아가 완성된 것이고
사랑이 완성된 것이다.

더 이상
외로움
서러움
그리움
부족함이
거기에 없다.

더 이상
반쪽이 아니고
온전해진 것이다.

그리하여
드디어
자기가 누구인지
사랑이 무엇인지
실감이 간다.

존재와
생명의 바탕과
근원과 원천이
무엇인지를 알게 된다.

이렇게 되어야
밖에 있는 모든 사람을
사랑하는 일이
드디어 가능하게 된다.

이렇게 되면
갈등이 없고
이별이 없는
사랑의 삶이 전개된다.

언제나
같이 잠들고,
같이 일어나고,
같이 밥 먹고,
같이 일하고
같이 논다.

그렇게
자기 안에 있는 님은
언제나 말없이
내가 하자는 대로 한다.

간섭하거나
비난하거나
요구하는 일이 없다.

순하고
착하고
아름답기 그지없다.

소원이 성취된 것이고
성공이 이루어진 것이다.

밖에 존재하는 자기의 짝은
안에 존재하는
자기의 짝의 그림자였던 것이다.

밖으로 짝을 이루면
아기가 태어나고
안으로 짝을 이루면
자기가 아기가 된다.

이것이 거듭남이다.

이것이 사랑의 완성이다.

-2004.08.23

봄81

“봄”의 위대한 능력

처음에는
돌아봄으로부터
봄은 시작된다.

봄81 원아님 낭독

원운동의 180도 지점인
반환점에 도달하여야
비로소 나머지 반 바퀴를 돌아
제자리로 올 수 있다.

이 때
우리는 "돌아봄"이라고 하는
힘(소망과 원력)에 의지하지 않고서는
결코 제자리를 찾아갈 수 없다.

"돌아봄"은
180도 지점까지 온 사람이
잡아 쓰는 힘이다.

전반의 180도 지점까지를
밖으로 가는 길이라고 하면
후반의 180도 지점까지는
안으로 가는 길이라고 할 수 있다.

이렇게 반환점에 당도한 사람이라야
비로소 "돌아봄"의 여행이 가능하다.

그러므로
떠나온 고향으로 돌아감이
"돌아봄"의 여정이다.

"떠나 온 자"(소아)가
"떠나 보낸 자"(대아)에게로
돌아가는 것이다.

그 길은
떠내려가는 길이 아니고
흐름을 거슬러
올라가는 길이다.

잠시라도 한눈팔거나 쉬는 날이면
다시금 떠내려가기에
끊임없이
거슬러 올라가야 하는 고된 길이다.

이것이 바로
대아를 찾아가는
소아의 여행이다.

이것이 구도의 행각이다.

소아는 끊임없이
"돌아봄"에 의해
대아의 품으로 돌아갈 수 있다.
잠시라도 방심하면
소아는 길을 잃고 떠내려간다.

그러한 시행착오를
무수히 거듭하면서
굴하지 않고
"돌아봄"의 항해를
불철주야 계속하여야
"돌아봄"의 항해가 끝이 난다.

소아가
대아의 품에 안겨
하나가 된다.

그렇게 되면
소아본위의 인간이
대아본위의 인간이 된다.

그렇게 되면
"돌아봄"은
"바라봄"으로 바뀐다.

"바라봄"의 단계가 되어야
의식의 스크린에
안과 밖이 한꺼번에 뜬다.
그러므로
이전의 "바라봄"과는
차원이 전혀 다르다.

바라봄의 항해를 통해
소아(얼아)는
대아(얼)의 다스림에
거부하거나 항거하는 일이
점차적으로 줄어들면서
비약적인 의식의 성장이 이루어진다.

이렇게 하여
"바라봄"이
잠시라도
끊어지지 않을 정도가 되고
소아가 완전히 순종하게 되면
바라봄은 "늘 봄"으로 바뀐다.

"늘 봄"의 경지가 되면
가도 감이 없고
와도 옴이 없는 경지가 된다.

원운동에서 보면
가는 것이 오는 것이고
오는 것이 가는 것이다.

"봄"에는
"보는 자"와 "보이는 자" 사이에
간격이 없다.
금이 없고
틈이 없고
모가 없어
원만(圓滿)하고 구족(具足)하다.

그리하여
천지를 운행(運行)하고
만물을 화육(化育)한다.
마음을 다스리고 몸을 다스린다.
창조와 진화를 주도한다.

"봄"의 위대한 능력이다.

-2004.08.25

봄82

대도정법의 주인이 되자

우리가 걸어가는 모습을
유심히 관찰하면
좌우의 양다리가 교체하면서 걸어가고,
양팔이 엇갈리면서
보조를 맞추어 주고 있다는 것을 알 수 있다.

오른 쪽 다리가 앞으로 나갈 때
왼팔도 같이 앞으로 나아가고,
왼쪽 다리가 앞으로 나아갈 때
오른 팔도 같이 앞으로 나아가면서
거들어준다.

팔이 거들어주지 않아도
다리만으로서 걸을 수 있지만
팔이 거들어주어야 걷기가 수월해진다.
손발이 맞는다는 말은 이를 두고 하는 말이다.

좌우음양이
교대로 번갈아 가며 합작을 하여야
앞으로 나아가는 일이 가능하고
좌우음양이
짝을 이루고 한 조가 되어

보조를 맞추어주어야
효과적인 전진이 가능하다.

음양은
제 각기 역할을 분담하는 것이
원칙이지만
음양이 한 조가 되어
보조를 맞추면
더욱 효과가 상승한다.

"백지장도 맞들면 낫다"는 말이
그래서 생긴 것이다.
모든 것은 이러한 원리로 돌아간다.
한쪽 다리 만으로서는 걸어 갈 수 없고
팔이 흔들어주고 도와주지 않으면
두 다리 만으로서는
걷기가 불편하고 부자연스럽다.

음양은
제 각기 맡은 바
고유한 영역이 있어
일을 분담해야하지만
양이 주도하는 일을
음이 거들어주어야 하고
음이 주도하는 일은

양이 거들어주어야
보다 효과적이다.

그 능한 것이 다르고
고유한 영역이 있으므로
역할은 분담하되
옆에서 도와주고
밀어주지 않으면 안 된다.

그러나 알고 보면
좌우음양의 수족은
다 같은 한 몸의
부분이요 양극단이다.
성질이 다르고
제 각기 노는 것 같지만
다 같은 몸의 일부인 것이다.

이와 같이
마음과 몸도
역할이 다르고
말이 달라
다른 것 같지만
다른 것이 아니다.

마음과 몸을
돌아보고
바라보고
늘 보는 길을
걸어가는 사람은
자기의 의식수준을
한 단계 향상시키는 한편
궁극적으로
자아를 완성하기 위함이다.

그렇게 하기 위해서는
마음공부만 해서는 안 된다.
마음 공부와 더불어
몸으로 하는 실천이
양다리와 같이 번갈아 가며
교대로 움직여주어야
진보발전이 기약된다.

마음공부는
마음을 돌아보는
"늘 봄"의 수행을
생활 가운데 실천하는 것이고
몸으로 하는 공부는
대도정법을 펴고
후학들을 위한 도량의 건설을 위해

자발적으로 참여하고 봉사하고
나아가서 주인역할을 하는 것이다.

우리가 공부하는 목적은
주인이 되기 위함이다.
공부가 이루어진 만큼
주인역할을 할 수 있고
주인역할을 하면
공부가 그만큼 진전이 된다.
마음과 몸이
별도로 놀아서는 안 된다.

마음을 다 하고
몸으로 봉사하고
물질적으로도 베푸는
공덕을 쌓지 못하면
외팔이가 되고
외다리가 되어
진보와 발전이 불가능하다.

공부와 보시라고 하는
양다리가
교대로 나아가야
진실로 공부가 이루어진다.

인색한 마음을

극복하지 못하면

조롱박이 되고 만다는 사실을

공부하는 사람은

각별히 명심하여야 한다.

-2004.08.27

봄82 원아님 낭독

봄83

당신은 지금 어느 지점을 가고 있는가?

사람이 타고난
지능과 재능과 인품이
사람마다 다르다.

그것은
더도 덜도 없이
무수한 전생에
자기가 이룩한 만큼의
삶의 결실이다.

순간을 어떻게 맞이하느냐에 따라
다음 순간의 자세와 태도가 달라지고,
하루를 어떻게 살았느냐에 따라
이튿날 아침잠에서 깨어났을 때
그만큼 반영이 되고,
일년을 어떻게 살았느냐에 따라
이듬해 전개될 삶의 질이 달라지고,
일생을 어떻게 살았느냐에 따라
내생의 삶의 방향과 진로와
운명이 달라진다.

그러므로
자기의 삶과 운명은
전적으로 자기의 몫이다.

전생에 이룩한
의식수준에 따라
부모가 결정되고
환경이 결정되고
진로가 결정된다.
그러한 결정은
지공무사(至公無私)하고
그러한 결정이야말로
최선의 선택이라고 보아야 한다.

그러한 지능과 지혜의 수준
그리고 재능의 종류에 따라
부모가 결정되고
신체적 조건과 환경조건이 결정되므로
다음 단계로 진보 발전하기 위해서는
더할 나위 없는 최선의 선택인 셈이다.

그러한 환경을 통해
우리는 자기의 길을 가면서
단점을 보완하고 치유하면서
진보하고 발전한다.

우주가 영원히 발전의 길을 가듯이
우리도 소우주로서 영원한 삶의 길을 간다.

그러므로 단세포 차원의 삶으로부터
미물 곤충 길짐승 날짐승
사람의 삶에 이르기까지
창조와 진화의 행렬은 끝이 없다.

사람마다 가는 길이 다르다고는 하지만
본질적으로 보면 같은 길을 가고 있다.

우주적으로 보면
밖으로 반원을 그리며 나아가는
전반부 180도 지점까지를
선천도수(先天度數)라고 보면
안으로 향해 나머지 반 바퀴를 돌아
제자리에 도달하는 지점까지를
후천도수(後天度數)라고 할 수 있다.

사람이 가는 길도 이와 같아서
밖을 향해
생각과 감정을 통해
재색명리(財色名利)를 추구하는 과정과
"봄"을 통해
안으로
인의예지(仁義禮智)를 추구하는 과정이 있다.

그렇다면 지구상에 있는 인류는
지금 어떤 지점을 향해 가고 있는 것일까?

대부분의 사람들이 아직 밖으로
재색명리를 추구하는
선천도수의 의식수준에 있다고 할 것이다.

180도 지점을 통과하는 지점의
단계에 있는 소수의 사람들이
비로소 안으로
"돌아 봄"을 통해
자기를 찾아
자아를 완성하는 길로 접어든다.

일생을 통해
대부분의 사람들은
단 한번도 "봄"을 통해

의식과 관심의 눈길을
안으로 돌리지 않는다.

그것은
아직 자기의 의식수준이
반환점(半還点)에 이르지 못하는
단계를 가고 있기 때문이다.

이러한 과정에서는
에너지가 외부 지향적이다 보니
자기로부터 멀어지고
극에 달해서는 얼이 빠지고
자기를 상실하게 된다.

자기가 누구인지를 모르게 된다.

그리하여
다음 수순(數順)으로
자기를 찾아
자기에게로
돌아가는 길을 가게 된다.

이것이 후천도수이다.

가급적이면
인생의 전반부에 외부지향의 삶을 마무리짓고
자아를 완성하는 내부지향의 삶을 살아야 한다.

진정한 삶의 성공
인생의 성공은
자아를 완성하는 데 있기 때문이다.

당신은 지금 어느 길 위에 있는가?
아직 밖으로 추구하는 길을 가고 있는가?
아니면 돌아오는 길 위에 있는가?

-2004.08.28

봄83 원아님 낭독

봄84

깨달음의 체험

사람은
일생에 누구나 몇번
깨달음의 체험을 하는 것 같다.

그러나,
그러한 깨달음의 체험은
뜻하지 않게 우연하게 온 것이기에
그것이 무엇인지 몰라
보존하지 못하고
다시금 망각하고 만다.

내 경우는
자동차사고를 만났을 때
한번 있었고,
또 한번은
뛰어가다가
무엇엔가에 걸려
넘어지는 순간에
그런 체험이 일어났었다.

자동차가 빙판길을
갑자기 미끄러지면서 기울어

180도 돌아
맞은 도로에 서기까지의 그 순간!

그 순간!
죽음과 삶을 가름할 수 없는
절대절명(絶對絶命)의 순간이었다.

그런데 오히려
담담하게 바라봄이 거기 있었다.
어떤 생각이나 감정도
일어나지 않는 것이었다.
그 짧은 순간이
무척이나 길게 느껴졌다.
그것은 나에게는
무척이나 이상한 체험이었다.

그러나
그것이 무엇인지 몰라
생활 가운데
다시금 묻히고 말았다.

그로부터 5년이 지나고
다시 10년의 세월을
자아탐구에 바치고 나서야
그 때 그 체험이 바로

깨달음의 체험이었음을 알게 되었다.

나는 10년 동안
거의 모든 경전을 독파하고
거의 모든 수행법을 따라 해보았지만
깨달음을 얻는데 실패하였다.

그리하여
나는 나도 모르는 사이에
내면을 향해
돌아봄의 생활을 시작하였다.

돌아 봄의 초기에는
몸의 동작관찰을 주로 했고
나중에는
생각과 느낌과 감정의 일어나고 사라짐
에서
잠시라도 눈을 떼지 않았다.

그렇게 돌아봄의 생활이 시작되어
앉으나 서나 자나 깨나 지속되었고
심지어
꿈을 꾸면서도 지속되고
깊이 잠들어서도
여전히 돌아봄이 사라지지 않았다.

깊은 잠 속에서도
돌아봄이 지속되었지만
거기에는 돌아보는 자가
도사리고 있었던 것이다.

그런 가운데
무언가 밀리는 감이 있고
밀리지 않고
안으로 파고 들어가려는 욕망이
극에 달하는 순간이
마침내 도래하였다.

마지막 젖먹던 힘까지 기울여
안으로 파고 들고
파고 들기를 거듭하던
그 절대절명의 순간!

갑짜기
그렇게 집요하게 파고들며
"바라보던 자"가
사라져버린 것이다.

"바라보는 자"와
"보이는 자"가
하나가 되어
사라진 것이다.

거기에는
봄이 있었다.

지금 생각하니
자동차 사고 때
체험한 것과
똑 같은 체험이었다.

그러나
깨달은 것은 확실한데
아직 살활자재(殺活自在)하는
능력이 없어
다시금 고통의 세월이 지속되었다.

이 때의 고통은
도저히 말로서 표현하기가 힘들다.
깨달으면 끝나는 줄 알았는데
깨닫기 이전이나 똑 같았다.

그로부터
10년의 세월이 더 흘러간 뒤
어떤 경계가 와도
두려움이 없는 경지가 되었고
일자무식이 되었고
알거지가 되었다.

말하자면
보림의 세월이요
바라봄의 세월이었던 것이다.

20년의 세월이 지난 지금
늘 봄은 현전하고 있다.
항상 눈 앞에 현전한다.

마침내
마음과 몸을 다루는
주인의 힘과
기술을 갖추게 된 것이다.

노우하우(knowhow)를
습득하게 된 것이다.

아는 능력과
행하는 능력은
다른 차원이다.

그와 같이
깨달음의 체험과
깨달음의 능력도 다르다.

아기와 어른이
다른 것과 같이
다르다.

–2004.09.06

봄84

봄85

대몽(大夢)에서 대각(大覺)하는 것이 대도(大道)이다

"보는 나"와 "보이는 나" 로
나가 분열(分裂)된 상태로 사는
대부분의 사람들은
삶과 죽음이라고 하는
꿈을 꾸며 산다.

분열상태에서 발해지는 생각 역시
항상 이분법적인 분열의 구도로
보고 듣고 말하고 행동하기 마련이다.
주객(主客)
능소(能所)
음양(陰陽)의
분열상태가
바로 꿈의 배경이자 원인이다.

사실은 분열이 아닌데
자기 눈에
그렇게 보이는 것이므로
환상과 거짓이라고 하는
꿈을 꾼다고 하는 것이다.

사실은 천지만물 우주만유가
하나의 이치(理致)와 기운(氣運)으로
돌아가는 하나의 큰 덩어리다.
또한 하나의 생명현상이다.

이러한 사실을
알지 못하고
깨닫지 못하고
행하지 못하는 것은
둘로 분열된 자기를
합일시키지 못하였기 때문이다.

다른 말로 하면
보는 나와 보이는 나의 분열과
경계선과 장막이 쳐지는 바람에
거짓된 세계가 진짜처럼 여겨지는
꿈의 세계가 펼쳐지는 것이다.

그러므로
극소수의 깨달은 사람을 제외하고는
거의 모든 사람들이
진짜처럼 보이는 꿈을 꾸며 살고 있다.

그러므로
그들이 만든 세상 또한
꿈 속의 가짜 세상
사이비 세상인 것이다.
개혁을 한다,
평화를 추구한다,
모두가
몽유병환자의 행동과 같은 것이다.

봄85 원아님 낭독

그러므로
생각하고 말하고 행동하는 모든 것이
대립 갈등 투쟁이라고 하는
패턴을 벗어날 수 없다.
그러므로 궁해지고, 막히고, 아프고,
속이 상하고,
신경질이 나고, 화가 나고,
소리지르게 되고,
싸우게 되고, 스트레스가 쌓이고,
그렇게 늘 되풀이하며 살 수밖에 없다.

별도리가 없다느니,
인생이란 그런 것이라느니 하며,
체념과 허탈 속에 속수무책으로
악몽(惡夢)을 꾸며 살아간다.

이것이 대부분의 사람들의 삶이다.

그러므로 거짓과 환상이라고 하는
인생의 대몽(大夢)에서
대각(大覺)하지 않으면
생사(生死) 선악(善惡)
시비(是非) 분별(分別)이라고 하는
희비쌍곡선이 그칠 날이 없다.

꿈은 내면의 분열에서 비롯된 것이기에
둘을 하나로 합일(合一)시키는 일만이
꿈에서 깨어나는 유일무이한 방법이다.

꿈에서 깨어나
다시금 꿈을 꾸지 않기 위해서는
"보는 나"가 "보이는 나"를 향해
끊임없이 안으로 파고들어가야 한다.

아쉬움과 외로움과 두려움의 문제를
해결하기 위해서는
분열된 자아를 하나로 합일시키고 말겠다는
결단을 내려야 한다.
앉으나 서나 자나깨나
쉬지않고 정진하는 버릇을 들여야 한다.

돌아봄을 통해
내면으로 파고들어가
합일이 되는 순간
꿈에서 깨어난다.
일단 꿈에서 깨어나도
잔상이 남아있으므로
바라봄의 생활을 계속하고
늘 봄의 생활이 정착되어야
다시는
꿈에 빠져들지 않게 된다.

그렇게 되면
천지만물과 인간을
하나로 보는 안목이 생긴다.
생각이나 감정이나
언어의 소용돌이에 휘말리지 않는
냉정함이 자리잡게 되고
넉넉한 이해와 사랑과 자비심이 우러난다.

그러므로 한 생각 일어나기 이전의
고요하고 변하지 않는 상태가 존속하게 된다.
그러므로
오해가 있을 수 없고
시비가 있을 수 없고
화내고 시끄럽게 싸울 일이 없다.

그 모든 것은 꿈 속의 일이기 때문이다.

그런 것이 모두
꿈 속의 일이라는 것을 알기에
다시는 꿈에 빠지지 않는다.
그러므로
아쉬움이 없고,
외로움이 없고,
두려움이 없고,
억울함이 없고,
슬픔도 없다.
이따금
그런 것이 찾아오더라도
꿈인 줄 알아서
다시는 속지 않는다.

그러므로
대몽(大夢)에서
대각(大覺)하는 것이
대도(大道)임을 알아야 한다.

-2004.09.20

봄86

마음을 부리고 쓰는 능력

마음이란
생각과 느낌과 감정 등을 말한다.

우리가
자기의 마음을 들여다보아
"보는 자"와 "보이는 자"가
합일을 이루고,
자아의 분열현상을 치유하여야
비로소
마음에 끌려다니지 않고
마음을 마음대로
부리고 쓰는 일이 가능하다.

선입관 고정관념 등으로 이루어진
마음(생각)이 발로되는 현상을
바라 봄으로서
그것이 엉터리라고 하는 사실을
수없이 깨닫고 깨달아야
드디어 마음에 속지 않고
나아가서 마음의 주인으로서
한 생각을 지우기도 하고
한 생각을

다른 생각으로 돌리고
바꾸는 일이 가능해진다.

자기가 마음의 노예 상태일 때는
자기의 생각이 항상 옳다는
자기의 생각에 속을 수밖에 없다.

그러므로
생각과 감정의 노예를 면하고,
생각과 감정의 주인이 되려면
생각과 감정을
항상 돌아보고 바라보고
늘 보는 삶으로 전환하여
생각과 감정으로부터 벗어나
속지 않을 정도가 되어야 한다.

그렇게 되어야
생각에게 내가 끌려다니지 않고
내가 생각을 부리고 쓸 수 있게 된다.

어떤 생각을
하느냐에 따라
인간과 자연에 대한
해석이 달라지고
관점이 달라진다.

저 사람이 어떤 사람이라는
객관적인 안목도 중요하지만
한걸음 나아가면
내가 저 사람을
어떻게 생각하느냐 라고 하는
주관적인 안목이 더욱 중요하다.

객관적인 세계가
따로 존재하는 것이 아니고
내가 어떤 수준의 눈높이로
보느냐에 따라
같은 사물이라도 전혀 달리 보인다.

문제는
마음(생각이나 감정)을
마음대로 할 수 있는 능력이다.

그 능력이란
마음을 바라봄의 능력이다.
우리가 우리의 마음을
지속적으로 바라볼 수 있을 때,
있는 그대로의
생각이나 감정을 받아들이게 된다.
받아들인다는 것은
생각이나 감정을

내 마음의 보따리에 담는다는 것이다.
그리하여
마음(생각이나 감정)이
내 수중에 들어오고 잡힌다.

그렇게 되어야
한쪽에 치우치거나
사로잡히지 않고
마음의 양면을
다 쓸 수 있게 된다.

그러므로
마음의 분열현상을 치유하고
합일시킨 사람만이
마음을 부리고 쓸 수 있다.

마음의 주인된 자는
항상 마음의 보따리를 비워둔다.
선악 시비 고저 장단 음양이라고 하는
양면의 균형을 잡기 위함이다.
이 균형을 잡기 위해
혹은 긍정하고 혹은 부정한다.

마음의 자유를 얻은 자만이
쓸 수 있는 능력이다.

첫째는 빈 마음의 보따리가 준비되어
둘째는 내보내는 능력이 있어야 하고
셋째는 받아들이는 능력이 있어야 하고,
잠깐이라도 멈추고 쉬고
바라보고 지우는 능력도 있어야 한다.

그래야 선악 시비 고저 장단 음양
어느 한쪽에 치우치지 않고
번갈아 마음을 부리고 쓸 수 있는 것이다.

그렇게 되어야 법없이 사는 사람이다.

–2004.09.24

봄86 원아님 낭독

봄87

한 생각 돌리기

사람을 대하면
좋다 싫다는
감정이 일어나고,
옳다 그르다라는
생각이 일어나는 것이
보통이다.

그러한 감정이나 생각이
객관적이든 주관적이든
일단 싫다는 감정이 일어나거나
그르다는 생각이 일어나면
갈등이요 고통이다.

부정적인 반응이
일어나는 순간이
바로 문제가
발생하는 순간이다.

판단 평가 심판을
일으키지 않는 동안은
아무 문제가 없다.

그리고
그 판단이나 느낌이
긍정적일 때는
괜찮지만
그 판단이
부정적일 때는
갈등과 고통이 된다.

남에 대한 나의 반응이
부정적일 때도 그러하고
남이 나에게
부정적인 언행을 할 때도
그러하다.
어떤 경우에도
문제가 발생하는 장소는
내 안 이다.

그렇다면
내 안에 야기된
부정적인 반응을
어떻게 하여야
가라앉히고 해소하고
치유할 수 있을까?

상대방에 대한
싫다는 감정이나
그르다는 생각을
어떻게 지울 수 있을까?

일단
그러한 감정이나
생각으로부터
반사적으로
언행이 나가지 않도록
하는 일이
급선무이다.

여기서
억누르거나 참게 되면
그러한 감정이 잠재되므로
불만이 안으로 쌓이면서
스트레스가 된다.

그러므로
자기 안에 야기된 갈등을
돌아보고 바라보는 것이
문제해결의 길이다.

별 것 아닌 갈등은
바라보는 동안
쉽사리 사라진다.

그러나
한 동안 돌아보고
바라보아도
갈등이 사라지지 않는 경우에는
어떻게 할 것인가?

생각으로 야기된 문제는
생각으로 풀어야 한다.
생각은 항상 두 갈래이다.
긍정(O) 아니면 부정(X)이다.

부정(X)을 긍정(O)으로 돌리면 된다.
싫은 생각이 마음을 사로잡고 있는데
어떻게
좋다는 생각으로 바꿀 수 있단 말인가?

바라보는 능력이 개발되어야 한다.
바라보는 능력이란
싫어하는 감정을
싫어하지 않고 받아들이는 능력이다.

일어난 물결을 잠재우려고
또 하나의 물결을 일으키지 않는 것이다.
그렇게 바라봄이 계속되면
이윽고 물결은 잔잔해지기 마련이다.

마음이 순간적으로
고요해지고 평정된 가운데
상대방의 생각과 견해와 주장이
반사적으로 나온 것임을 이해할 수 있다.

상대방이
생각으로부터 자유로운 사람이 아니고
생각을 다스리고 부릴 수 있는 능력이
부족한 사람이라는 것을
이해하는 것이다.

그리고
나 또한
생각으로부터
자유롭지 못한 사람이라는 것을
인정하게 되면
마음은 한없이 깊어지고
넓어지고 넉넉해진다.

그러한 순간
상대방을
얼마든지 좋게 생각하는 일이 가능해진다.
이른바
긍정적인 생각으로 돌리는 일이 가능해진다.

여기에까지 생각이 미치면
상대방에게
문제가 있는 것이 아니고
모든 것은
나에게 있는 것이 된다.

모든 것이 나의 불찰이고
나의 이해가 부족하고
나의 사랑이 부족하므로
나를 제도하기 위하여
나에게 갈등을 준 것이라고 보는 것이다.

나 하나
인간 만들려고
상대가 필요했던 것이다.

그리하여
원망하는 마음을
감사한 마음으로 돌릴 수 있다.

나를 칭찬하는 사람만이 아니라
나를 비판하는 사람 역시
나를 진보 발전시키기 위해서
존재한다는
깨달음에 공감한다.

그리하여
부정적인 생각과 감정을 다스려
긍정적으로
돌리고 구사하는 일이 가능해진다.

천번 만번
돌리고 돌리면
생각과 감정을
자유자재로
쓸 수 있는 능력이 생긴다.

-2004.09.27

봄87 원아님 낭독

봄88

도통(道通)이란 무엇입니까?

여러분!

도통이란 말 들어보셨죠?
그리고 그런 말
한 두 번 이상 사용하셨죠?

그렇다면
도통이란 무엇입니까?

도통(도무지) 모르겠다고 하시렵니까?
당연하죠!

도통하지 못했는데
어찌 도통을 알겠습니까?

어느 날
도반들과 이야기하다가 갑자기
도통이란 "극과 극이 통함"이다라고
제가 말하더군요.
그래서 도통에 대해서
글을 써야겠다고 생각했는데
하루걸러 오늘 점심먹고

컴 앞에 앉아 이렇게 쓰고 있네요!

도통이란
"보는 나"가 "보이는 나"를
"돌아봄"을 통해
하나의 나로 합일시킨 다음
"바라 봄"을 통해
나와 남, 안과 밖이
하나로 통하도록 하고
이으고
전체적인
"늘 봄"의 안목을 얻어야
도를 통한 것이지요.

늘 봄의 경지가 되어야
상대(相對)와
양극(兩極)에 막히지 않아요.

도통을 하지 못하면
생각이 벌이는
이원성(二元性)을
극복하지 못합니다.

생각의 노예는
이원성을 벗어날 수 없습니다.

생각의 주인이라야
이원성을 벗어납니다.
사람들은 생각에 끌려
"즐겁다 괴롭다
좋다 나쁘다"고 합니다.

봄BB 원아님 낭독

그러나 도통을 한 사람은
생각을 자유자재(自由自在)할 수 있으므로
괴로움 가운데서도
얼마든지 즐거울 수 있고
나쁘다는 생각이 들어도
얼마든지 좋다는 생각으로
전환시킬 수도 있습니다.

도를 통한 사람의 특징은
양면 중의 어느 한 쪽에
치우치거나 기울어지지 않고
양쪽의 균형을
잡아 쓴다는 것이지요.

도통한 사람의 의식은
삶과 죽음이라는 식으로
둘로 보거나
따로 생각하지 않습니다.

분열이 치유되었고
합일이 되었으므로
삶과 죽음은 나누어지지 않아
동시적이고 통일적인
하나의 존재로
제대로 보이는 것입니다.

문자를 쓰면
생사일여(生死一如)이지요.

모든 것이 그렇게 되어요!

생사(生死)
선악(善惡)
시비(是非)
장단(長短)
음양(陰陽)이
모습은 달라도
마치
내 왼 손
오른 손 같다니까요!

내외(內外)
상하(上下)
좌우(左右)가
모두 내 몸 아닌 것이 없고요.

이제야 이치를 알겠다고요?

이치고 말고
본래 그렇지요 뭐!

알고 보면
도통할 것도 없어요!

그래도
도통 모르겠다고요?
모르는 걸 알잖아요.

도통하기 쉽네요. 안 그래요?

그렇지만
죽자고 돌아보아야겠지요?

-2004.10.03

봄89

진정한 선각자 클럽을 만듭시다

지금이야말로
깨달은 사람들이 많이 나와야 할 때입니다.

그들을 우리는 선각자라고 부릅니다.

일본에서 있었던
원숭이가 고구마 물에 씻어먹은 이야기입니다.

단 한 마리의 원숭이가 최초로
어쩌다가 고구마를
물에 씻어먹는 일이 발생하였습니다.

그랬더니
그 섬에 있는 모든 원숭이가 따라서 하였고
더욱 놀라운 것은
다른 섬에 사는 원숭이 집단들도
그렇게 하는 것이었습니다.

이와같이 최초의 한 사람이
인류의 집단의식을 초월하고 깨어나게 되면
그 여파로 다른 사람들도
순차적으로 깨어날 수 있다는 사실입니다.

이 책의 글을
그저 반복해서 읽기만 하면
선각자가 될 수 있는 까닭이 그것입니다.

독서백편의자현(讀書百篇義自見)
이라는 말을
우리가 실천하려고 합니다.

적어도 100번 이상 읽으면
생활 가운데
자기를 돌아보며
살지 않을 수 없다는 것이지요.

봄89 원아님 낭독

중요한 것은
자기를 항상 돌아보며 사는
생활로 전환하는 것입니다.

그것이 어려워 선각자가 되지 못합니다.

그러므로 여러분은
이 책의 글을 적어도
100번 이상 읽기만 하면
누구나 봄의 3단계를 거쳐
깨달음을 성취하리라 확신합니다.

지금 오프라인 상에서 만나는 도반님들이
이미 100일정진
100회독의 길을 가고 있습니다.

10독 30독 50독
지날 때마다
고요하고 의연해지는
모습을 발견하고 있습니다.

금년 연말 쯤
오프라인 상의 선각자님들과
온라인상의 선각자님들의 만남이
참 재미있을 것 같네요!

단지 100번 읽는 방법을 통해
무수한 선각자가 탄생할 것을
자신하고 희망하는 바입니다.

우리 정진하고
이 길의 증인이 되십시다.

성공하십시다.

-2004.10.05

봄90

세가지 각오(覺悟)

요즈음에 와서

나는 이따금

세가지 각오에 대해

자문자답(自問自答)하는 때가

많아졌다.

봄90 원아님 낭독

1. 지금 당장

죽을 각오(覺悟)가 되어 있는가?

2. 지금 당장

남에게 질 수 있는

각오(覺悟)가 되어 있는가?

3. 지금 당장

재산이 다 날라가도

동요하지 않을

각오(覺悟)가 되어 있는가?

모두들 살려고 하고

남에게 이기려고 하고

재산을 지키려고 하는데

왜 이런 질문을
자기에게 하는 것일까?

모두들
가장 싫어하고
두려워하고
기피하는 사항을
왜 제기하고 추구하는 것일까?

죽을 각오가 되어 있고,
질 각오가 되어 있고,
손해 볼 각오가 되어 있어야,
죽음이 겁나지 않고,
패배가 두렵지 않고,
손해보는 것이 두렵지 않아서,
살 자신이 서고,
이길 자신이 생기고,
만물을 소유할 수 있는 길이
열리기 때문이다.

그 길은 어떤 길인가?

세가지 질문을 통해
자기를 돌아보아
묻는자와
대답하는 자가
하나가 되면
질문이 사라지고
대답이 나온다.
질문 자체가
대답이 된 것이다.

이른바 삼매(三昧)다.

즉각적인 깨달음의 길이다.

각오(覺悟)가 되어있는 것이다.

대긍정의 길이요

대자유의 길이다.

-2004.10.07

봄91

꿈보다 해몽

평상시에
마음(생각)을 통해
몸을 부리려고
끼어들거나 관여하지 않고
모든 움직임을
몸에게 맡겨 놓고
"바라봄"의 생활을 하게 되면
몸이 모든 걸 알아서 한다.

몸을 부리고 써야한다는
강박감에서 해방되면
참으로 편하다.

이렇게 되어야
비로소
밖으로
남에게 참견하거나
간섭하지 않고
시비를 떠나
바라보고 이해하는
삶이 살아진다.

"돌아봄"을 통해
내면의 합일(合一)이 이루어져야
드디어
"바라봄"의 생활이 가능하기 때문이다.

그러므로
"바라봄"이란
몸이 움직일 때 몸과 하나됨이요
마음이 움직일 때 마음과 하나됨이다.

달리 말하면
"보는 자"와
"보이는 자"가
분열되지 않고
묘하게 하나로
균형(均衡)과
조화(調和)를 이룸이다.

이렇게
바라봄이야말로
바르게 봄이다.

객관적인 안목이란
이를 두고 하는 말이다.

꿈도 마찬가지다.
꿈이라고 하면
밤에 자면서 꾸는
꿈도 꿈이지만
낮에 깨어 꾸는
백일몽(白日夢)도
역시 꿈이다.

봄91

꿈은 마음의 소관사항이다.
인생이라고 하는
대몽(大夢)을
대각(大覺)하지 않는 이상
꿈을 꿀 수밖에 없다.
다 같은 꿈이라도
어떻게 보고
어떻게 해석하느냐에 따라
달라진다.

만사가 마찬가지다.

"늘 봄"의 삶으로
전환한 사람은
꿈을 꾸지도 않지만
꿈을 꾸더라도
꿈인 줄 알기에

꿈은 더 이상
진전되지 않는다.

몸과 마음으로부터
자유를 얻은 사람은
객관적 안목과
주관적 안목이 다르지 않다.

주관과 객관의 분리가 없으므로
객관이 주관이고
주관이 객관이 된다.

그것이 "봄"이다.

생사(生死),
승패(勝敗),
손익(損益)이
둘이 아닌
도리(道理)를 깨달아
그 무엇이라도
다 받아들일
각오(覺悟)가 되어있으므로
악몽(惡夢)또는 길몽(吉夢)
어느 하나로
해몽(解夢)을 하지 않는다.

양자택일(兩者擇一)의 논리에
빠지지 않는다.

꿈보다 해몽이라는 말은
객관적인 틀에 매이지 않아
언제나 자유롭게
해몽이 가능하다는 말이다.

그러므로
어떤 꿈이냐,
악몽이냐,
길몽이냐의
문제가 아니다.

문제는
그 꿈을
어떻게 보고 해석하느냐다.

인생만사가 다 그렇다.

그러므로
객관적으로 바라보는 안목이 서야
주관적인 판단 평가 심판이
적법(適法)하고 유효(有效)하다.

–2004.10.03

봄92

평등과 차별

평등과 차별을
각각으로 보는 것은
눈병이 나서
하나가 둘로 보여서 그렇지
눈병만 나으면
하나로 보인다네!

끊임없이 돌아보는 놈이
마침내
보이는 놈과 하나가 되면
둘로 보지 않고
그렇다고
하나로 보는 것도 아니라네!

하나의 스크린에
남도 보이고 자기도 보이고
바깥도 보이고 안도 보이므로
나와 남이 하나로 통하고
안과 밖이 하나로 통하여
눈병이 나음이라!

봄92 원아님 낭독

오직 볼 뿐
두 마음 내지 않으니
온 누리에 봄소식이다

평등이 무엇이고
차별이 다 웬 말이냐!
그런 허깨비 다시는 없다.

한 이치 한 기운인지라
평등하면서 차별이고
차별 가운데 평등하여
임금이면서 신하이고
신하이면서 임금이다.

오른팔 왼팔
그것 본래 내 한 몸이라
나누어진 적 없었네!

심(心)봉사가 눈뜨면
너와 내가 하나인 줄 알고
하나가 다양하게
역할 분담하는 줄 알아
평등 가운데 차별이고
차별 그대로 평등일세!

–2004.10.15

봄93

인생을 운전한다

자동차를 운전하노라면
생각으로 운전하는 것이 아니고
"바라봄"으로 운전한다는 것을 누구나 안다.

생각이 필요한 순간이란
목적지를 설정하거나
가는 경로를 결정하거나 변경할 때
잠시 필요할 뿐
운전할 때에는
생각이 더 이상 필요하지 않다는
사실을 누구나 절감한다.

운전할 때에는
그 어떤 생각이라도 운전에 방해가 되고
사고(事故)의 위험이 증가하기 마련이다.

그러므로
운전을 제대로 하는 순간이란
"바라봄"만이 존재하는 순간이다.

말하자면
잠시라도 한눈팔지 않고

사주경계를 제대로 하면서 운전하는 것이
"바라봄"인 셈이다.

그런 순간이란
운전자와 자동차가 하나가 되어
도로의 지형지물(地形地物)과
조화롭게 어울리는 순간이다.

그러한 "바라봄"의 순간이야말로
자동차를 운전하면서
운전삼매에 드는 순간이다.

그러한 삼매의 순간은
어느 한 사물이나 지점을 보면서도
시선이 거기에 한정되거나 매이지 않고
주변의 풍경이나 상황에 어둡지 않아서
부분을 보면서도 주변을 놓치지 않는다.

이 때 만약
생각이 끼어들면
운전삼매가 방해를 받는다.

운전삼매에 들어 운전을 하면
자동차가 어느 한쪽으로
기울거나 쏠리는 순간

저절로 반대편으로 운전대를 돌려
반듯하게 균형을 잡기도 하고
너무 속도가 빠르면
브레이크를 적당히 밟아
사고를 미연에 방지한다.

이러한 동작은
두뇌(생각)를 거치지 않고
"바라 봄" 자체가
바로 손발을 사용하고 있다는 것을
알 수 있다.

자동차를 운전할 때
이러한 삼매가
손쉽게 누구에게나 이루어지는 것은
자동차를 운전하는 일이
생사가 달린
대단히 위험한 일이기 때문이다.

그러기에
우리가
갑자기 사고를 당하는 순간
우리는
생각에 의존하여
사태를 수습하지 않고

원초적인 "바라봄"의 능력으로
대처한다는 것을
알 수 있다.

바라봄이야말로
삼매이고
깨달음이고
본연의 나이기 때문이다.

우리는
생사가 달린 사고(事故)를 당하거나
자동차를 운전하는 순간
이 몸을 운전하는 운전자(주인)를
쉽게 깨달을 수 있다.

그러나
대부분의 사람들은
그것이 삼매이고
그것이 바라봄이고
그것이 본연의 나이고
그것이 깨달음이라는
사전 정보가 없어
깨달음으로 연결되지 않는다.

깨달음으로 연결되지 않으므로
인생을 제대로 운전하지 못하여
사고(事故)를 치고
다치고 울고불고 야단들이다.

자동차를 운전하는 사람들은
알게 모르게
누구나 운전삼매를 경험한다.

운전삼매에 들어
운전을 하는 것이
최선의 운전임을 알아서
우리는 인생 전반에
삼매에 들어
인생을 운전하여야 한다.

자기를 돌아보아
자기를 통일시킨 다음
바라봄으로,
나와 자연,
나와 남의 균형을 잡아
조화롭게 운전하여야 한다.

그렇게 하다보면
"늘 봄"의 생활이 정착된다.

그렇게 하면
기쁨과 행복과
평화의 삶이 정착된다.

자동차를 운전하듯
그렇게
"바라봄"으로
인생을 운전하여야 한다.

-2004.10.15

봄93 원아님 낭독

봄94

후천개벽(後天開闢)의 원년(元年)에 서다

지금 들판은 가을걷이가 한창이다.

이제 한 주일만 지나면 올해 농사가 끝난다.

지금, 봄날의 꽃보다 더욱 아름답다는
가을의 단풍이
한반도 전역을 곱게 물들여가고 있다.

들판은 다시금 휑하니 비워
그루터기만 남을 것이고,
산들은 온통 단풍으로 가득 할 것이다.

올해는
한반도 비핵화문제를 해결하기 위한
6자 회담이 시작되었고,
한국은 IT, DNA분야의
최선진국으로 도약하였다.

이와 때를 같이 하여
이른 봄 남산에서부터 시작된
우리들의 공부 모임을 통하여 나온
50개 항목으로 된

"아라리오" 책자가 출간되었고,
곧이어
10개 항목을 추가하여 60개 항목으로 된
"봄(책자)"이 여름에 출간되었고,
이제 100여개 항목에 달하는
"늘봄의 생활(책자)"의 출간을 앞두고 있다.

연말을 앞두고
우리들은 지금
"봄"의 책자를 통한
"100일 정진 100회독"에
도전하여 정진하는 한편
매주 금요일마다
철야정진 중에 있다.

한편으로는
인터넷의 "선각자 클럽"을 통해
모여든 인연들이
게시판의 글을 열심히 읽으면서
합류할 그 날을 준비하고 있는 중이다.

또한 중국 길림의 문화원에서도
"봄"의 책자를 공식교재로 채택하여
공부모임이 태동되고 있고,
미국 LA에서도 준비중에 있다.

후천개벽을 실현할 교재
"봄"의 출간이야말로
우리들이 지은 금년 농사의 결실이다.

"봄"은 지금까지 있었던
어느 전통에 맥(脈)을 대어서
나온 것이 아니고
독자적으로 나온
창조적인 글임을 천명하는 바이다.

인도의 전통도 아니고,
중국의 전통도 아니고,
서양의 전통도 아니다.

그러면서
그 어느 전통과도 배치되지 않고
그 모든 전통과도 일맥상통하기에
가장 보편적인 삶의 길임을 자부하는 바이다.

또한 이 길은
종교의 길도 아니고
학문의 길도 아니라는 것이다.

38선으로 막힌 길을 통하게 함으로서
동북아는 물론 전 세계가 소통될 수 있는 길을
하루속히 열기 위해서는
무엇보다 당사자인 우리들부터
의식수준의 향상을 이룩하지 않으면 안 된다.

이원성(二元性)을 기본으로 하는
좌뇌본위(左腦本位)의
선천세상(先天世上)을 마무리짓고
"봄"을 통한 우뇌(右腦)의 개발을 실현함으로서
좌우(左右)가 조화(調和)와 균형(均衡)을 이루는
후천세상(後天世上)을 열어야 한다.

"봄"을 통한 공부는
누구나 할 수 있는
쉽고 간단한 방법이다.

그러므로
남녀노소 누구나 읽기만 하면
저절로 의식의 향상이
이루어진다는 것을 장담하는 바이다.

"봄"이야말로
후천개벽(後天開闢)의 열쇠요
노하우(knowhow)가 될 것이다.

내년(을유년)이 바로
후천개벽의 원년임을
우리 다 같이 명심하자.

-2004.10.21

봄94

봄95

당신은 누구이십니까?

당신은 누구이십니까?

욕망에 끌리고
두려움에 떠는 것은
당신의 마음이지
당신이 아닙니다.

뼈와 살은
당신의 몸이지
당신이 아닙니다.

그렇다면 당신은
도대체 누구십니까?

여기서 말하는 당신은
태중(胎中)에 있을 적의
당신을 말하는 것도 아니고,
아기 시절의 당신을
말하는 것도 아니고,
소년(소녀)시절의
당신을 말하는 것도 아니고,

청년시절의
당신을 말하는 것도 아니고,
중년이나 노년의
당신을 말하는 것이 아닙니다.

그 모든 것에 구애받지 않고
한결같이 변하지 않는
당신의 정체성을 묻고 있습니다.

세월이 가고
나이를 먹는다고
당신이 바뀝니까?

여행을 가고,
출장을 가고,
이사를 간다고
당신이 달라집니까?

돈이나 지식이 없다가 있고,
지위가 낮다가 높아지고,
명성이 없다가 있어진다고,
당신이 달라집니까?

당신은 시간이나 공간에
아무런 영향을 받지 않습니다.
당신은 시간과 공간을
초월한 존재입니다.
당신은 당신의 몸이
태어나기 이전이나
태어난 후나
변하지 않는 존재입니다.

당신은
몸이 죽고 사는 것과 무관합니다.

또한 당신은
좋을 때도 당신이고,
나쁠 때도 당신입니다.

당신은 우주가 생기기 이전,
천지로 갈라지기 이전,
부모에게서 몸을 받기 이전부터
존재합니다.

당신은
시간적으로 영원하고
공간적으로 무한합니다.

그래서,
나는 그대를 당신이라고 부르고
그대는 나를 당신이라고 부릅니다.

우리가 당신입니다.
우리는 다르지 않습니다.

당신이 나이고
내가 당신입니다.
그래서
당신이 없이는
내가 없고
내가 없이는
당신도 없습니다.

우리는 하나입니다.

이것이 없으면
천지만물이 존재하지 못합니다.

이것을 모를 때는
캄캄하여 보이지 않고,

이것을 깨닫고 나면
가장 은미(隱微)한 것 같고,

이것을 거머쥐면
가장 막강(莫强)한 것으로 보입니다.

이것이 눈앞에 나타나면
세상이 마치
꿈결과 같고
아지랑이와 같고
그림자처럼 보입니다.

공기보다 물이 강하고,
물보다 흙이 강하고,
흙보다 나무가 강하고,
나무보다 돌이 강하고,
돌보다 쇠가 강하고,
쇠보다 금강석이 강합니다.

그러나,
이것이 나타나면
그 모든 것들은
강함을 상실합니다.

산이 높고
하늘이 높지만,
이것이 나타나면
나지막하게 보입니다.

바다가 넓고
하늘이 광활하지만,
이것이 나타나면
조그마하게 보입니다.

이것은
어마어마하게 크고
강하고 단단합니다.

또한 이것은
너무나 작아서
더 이상 부서지거나
깨어지지를 않습니다.

그리하여
천지를 운행하고
만물을 기릅니다.

당신은
없는 듯 있고
있는 듯 없기에,

가장 작은 것에까지 스며들고,
가장 큰 것까지 품어줍니다.

이것이 당신입니다.

우주만유(宇宙萬有) 가운데
오직 당신만이 존재합니다.

당신은 누구이십니까?

–2004.10.25

봄95 원아님 낭독

봄96

"돌아 봄"의 여정(旅程)

1. 재색명리(財色名利) 구하느라고
정신 없이 밖으로만 바라보며 살다가 보니
어디서 와서, 무엇 때문에 살고,
어디로 가며, 어느 지점에 있는지,
문득 정신이 든다.

2. 먹어 보고, 입어 보고,
만져 보고, 가져 보고,
산과 들
바다와 강
도회지와 시골
바다건너
오만군데를 기웃거려 보아도
하늘과 땅과 사람모습이지
별것이 아니다.

세속락(世俗樂) 오욕락(五慾樂)
볼 장 다 보았으니
이제, 밖으로는 갈 데까지 다 갔으니
반 바퀴 돌아
반환점(返還点)에 이르렀으니,
안으로 돌아보는

구심력(求心力)을 발동시켜
밖으로 향하는
원심력(遠心力)을 제압하면서
나머지 반 바퀴 더 돌아
원점으로 돌아가면서
안으로 볼 장이
하나 더 남았다.

3. 지금까지 한번도 하지 않았던 짓,
앉으나 서나 자나깨나
자기의 안을
"돌아봄"의 생활이 시작되는 것이다.

잡았다 놓쳤다 하기를 끊임없이 하여
놓치는 때 보다 잡은 때가 많아지면
그 힘으로 원점을 향해 돌아오게 된다.

날이 가고
달이 가고
해가 바뀌어
원점에 가까이 다가갈수록
더욱 간절해지고
꿈속에도
"돌아봄"이 끊어지지 않고
깊이 잠들어서도
"돌아봄"이 끊어지지 않는다.

낮과 밤의 구별도 없어지고
움직이거나 움직이지 않거나
잠시라도
"돌아봄"이 끊어지지 않은 생활이
더욱 지속되어야
어느 순간 원점에 당도하게 된다.

하나의 원(圓)이 완성된다.
원점으로 돌아 온다.

그 증거로는,
끊임없이 돌아보고
추구하면서
수행을 주도하며
존속해 온 자가
갑자기 보이지 않는 것이다.

"보는 자"와 "보이는 자"로
분열된 이원성(二元性)이
치유(治癒)되고 합일(合一)되어
일원성(一元性)이 된 것이다.

영적(靈的)으로 거듭남이다.

초견성(初見性)이다.

내적인
음양(陰陽)의 합일(合一)을 통하여
자기가 아기(얼아)가 된 것이다.

여기에서
"돌아봄"의 여정(旅程)이 일단락된다.

-2004.10.31

봄96 원아님 낭독

봄97

“바라 봄”의 여정(旅程)

1. "돌아봄"의 생활을 통해
태어난 아기(얼아)는
아직
몸과 마음을
다스리고 부리는 능력이 없다.

그러나
이 아기는
영안(靈眼)이 있으므로
하나의 "의식의 스크린"에
자기도 보고 남도 볼 줄 안다.

여기서부터는
"바라봄"의 생활이 시작된다.

"바라봄"을 통해
자기의 생각과 감정을 낱낱이 알고
자기의 목소리를 들을 수 있고
자기의 일거일동을 알아차리면서 산다.

갓난아기는
처음에는
움직일 힘이 없어
누워지내지만
뒤집기를 하고
기어다니고
앉고
일어서고
걷고
이윽고
뛰어다닐 수 있게 된다.

아기는
처음에는
말을 알아듣지도 못하고
말을 할 줄도 모른다.

그러나
한참 있으면
말을 할 줄은 몰라도
들을 줄 알게 되고
이윽고
옹알이를 하게 되고
조금씩 말을 흉내내다가
드디어 말을 하게 된다.

2. 아기가 말을 배우고 걸음마를 배우듯,
영적인 아기는
"바라봄"을 통해
아장아장 걷는 연습을 끊임없이 하면서
어른이 되어간다.
또한
생각과 감정 하나 하나에 유의하면서
마음의 주인으로 성장해간다.

그리고
자기의 말소리를 들으면서
말을 배워간다.

그러나 아직
몸과 마음을
다스리고 부릴 정도로
성숙이 되지 못하여
이전과 다름없이
부자유하고 고통이 여전하다.
어쩌면 예전보다
더욱 고통이 심하게 느껴진다.

몸과 마음은 아직도
예전의 습관과 기억(카르마)과
기대가 있기 때문이다.

또한
알기는 해도 실천이 불가능하고
듣기는 해도 말로 표현하지 못하는
답답함이 있다.

이것을 보는 것이
중견성(中見性)이다.

그러한 과정을 통해
새로운 영혼은
몸과 마음을
부리고 다스리고 길들이면서
자기도 함께 성숙해져간다.

이러한 과정을 통해
비약적인 의식수준의 향상이 이루어진다.

몸이 없으면
의식수준(영혼)의 성장이
불가능하기에
몸을 도구(道具)라고 하는 까닭이
여기에 있다.

처음에는
몸과 마음을
잠시라도 놓치지 않고
일일이 잡아 이끌지만
세월이 흘러
아기가 어른이 되고
몸과 마음도
길이 잘 들게되면
일일이 바라보지 않아도
스스로
말하고 행하는 경지에 이르게 된다.

3. 이러한 과정을 통하여
아기(얼아)가 어른(얼)이 되고
마음의 성질(性質)이 바뀌고
몸의 체질(體質)이 바뀌고
전반적으로 기질(氣質)이 바뀌어
일일이 바라보지 않아도 될 정도가 되면
모든 언행(言行)은 몸에게 맡기게 되고
모든 생각과 감정은 마음에게 맡기게 된다.

몸과 마음을 놓게 된다.
놓아도 잘 한다.
아니 놓으면 더욱 잘 한다.

그러므로
오직 바라볼 뿐
별도로 할 일이 없어
고요하고 한가롭다.
그리하여
몸도 마음도
간섭을 받지 않고
자발적으로 알아서 움직이게 된다.

이렇게 되면
몸은 스스로 건강해지고
마음도 스스로 건전해진다.
그리하여
정신과 마음과 몸이 삼위일체가 된다.

이렇게 된 경지가
"늘 봄"이다.

여기에서
생각과 말,
생각과 행동이
동시적이 된다.

이러한 경지에서는
생각하고 떠올리면 그대로 이루어진다.

여기에서
사물이 창조되고 인연이 도래한다.

그러나 자신은 조금도 변하지 않는다.

이것을 늘 보는 것이 상견성(上見性)이다.
늘 봄이 되어야 막강한 얼이 되어
몸이 더 이상 필요하지 않은 수준에 이른다.

이것이 진정한 환골탈태(換骨奪胎)이다.

이것이 삶의 완성이다.

여기까지가 인생살이다.

-2004.10.31

봄97 원아님 낭독

봄98

“봄”이란 결국 무엇인가?

"봄"이란 결국 무엇인가?

"봄"이란 결국 천지를 운행함이다.

천지를 운행한다고 함은,

태양이 중심을 잡아
당겨주는 구심력(求心力)과
지구가 달을 끼고
외곽으로 나아가려고 하는
원심력(遠心力)의
조화와 균형으로
지구가
자전하면서
태양의 주위를
공전하는 것을 말한다.

태양과 지구와 달이
어울려 돌아감이
천지의 운행이다.

천지가 운행되므로,
낮과 밤이 생기고,
하루가 생기고,
한 달이 생기고,
사계절이 생기고,
일년이라고 하는
시간의 현상이 생긴다.

봄98 원아님 낭독

그리하여
지구가 태양의 도움을 받아
식물과 동물과 사람을
품에 안아 기를 수 있다.

사람은
태양이 지구와 달을
운행하는 공덕으로
태어나고 진화하고 발전한다.

또한
사람은
태양과 지구와 달이라고 하는
세 가지 요소로
만들어진 존재다.

태양에 해당되는 것을
정신(봄, 얼, 영)이라면,
지구에 해당되는 것은 몸이고,
달에 해당되는 것은 마음이다.

태양이 지구와 달을
비추면서 운행하듯
우리는 "봄"(정신)으로
몸과 마음을 비추면서 운행한다.

또한 밖으로 향하는
몸과 마음을
정신이 잡아주고 이끌어준다.

우리가
"돌아봄"의 수행을 하는 것은
몸과 마음이
제 역할을 잘 수행할 수 있도록
돌보고 잡아주고 키워주기 위함이고,
나아가서
정신과 몸과 마음이
삼위일체가 되어
저절로 잘 돌아가도록 하기 위함이다.

"돌아봄"의 수행을 통해
우리는 몸과 마음으로부터 벗어나
몸과 마음을 비춘다.

근본을 몰라
몸과 마음을 자기로 아는
저급한 수준으로부터
벗어나기 위해
우리는 "돌아봄"의 수행을 한다.

"돌아 봄"을 통해
내면의 하늘로
파고들어 가
"봄"의 근원에 도달하고
자리가 잡혀야
비로소
몸도 잘 보이고
마음도 잘 보인다.

몸과 마음으로부터
떨어져 나와서
몸과 마음이
잘 보이는 곳(봄)에
자리를 잡은 다음
몸과 마음을 비추는 것이다.

이렇게 되면
"봄"의 위치와 차원이 달라진다.

지구 위에 있을 때는
지구가 보이지 않지만
태양의 위치가 되면
지구(몸)와 달(마음)을
한꺼번에 보고 비춘다.

태양계의 주인이
태양이듯이
우리의 주인이
"봄"(정신)임을 깨닫는다.

몸과 마음을
자기로 알고 있다가
제자리를 잡고 보니
"봄"이
자기의 근본임을 깨닫는다.

이렇게 되면
나라고 하는
새로운 생명(정신의 광명, 봄)이
하나 생긴 것이다.

이렇게 되면
위치가 바뀌었으므로
"돌아 봄"이
"바라봄"이 된다.

지구의 위치에서 보던 시야가
태양의 위치에서 보는 시야로
바뀐 것이다.

태양의 위치에서는
지구(자기)도 잘 보이고
다른 별(남)도 잘 보인다.

태양의 위치에서는
"바라 봄"이 된다.

"봄"의 입장에서 보면
자기와 남을
공평하고 평등하게 바라본다.

"봄"이 주인으로
자리 매김하면
몸과 마음을
잡아 쓸 줄도 알고
놓을 줄도 알아서
자유자재하게 된다.

"봄"은
"돌아봄"과
"바라봄"을
자유자재하고,
잠시도 쉬지 않고
빛을 발하는
"늘 봄"으로 존재한다.

마음과 몸은 변해도
"봄"은 변하지 않는다.

"봄"이 우주의 주인이고,
은하계 태양계의 주인이고,
지구와 달의 주인이고,
우리의 몸과 마음의 주인이다.

그리고
"봄"은
태양의 주인이기도 하다.

그래서
"봄"이
본태양(本太陽)인 것이다.

-2004.11.05

봄99

대기대용(大機大用)

대기대용(大機大用)이란
깨달음이 원숙한 경지에서 나오는
자유자재(自由自在)한 경지를 말한다.

상대(相對)가 끊어진
절대(絶對)의 경지에서 나오므로
걸림이 없고 자유롭다.

그것은
결국 몸과 마음의 실다운 주인으로서
몸과 마음을
자유자재(自由自在)로 쓰는 경지이다.

그렇게 되려면
"돌아보고, 바라보고, 늘보는 삶"을 통하여
봄이 바로 대아(大我)이고
본(本) 태양(太陽)이라는 것을
단박 깨달아 마쳐야 한다.

오랜 세월의 개념정리와
"봄"의 수행이
여기에 이르러

대단원의 막을 내려야
신출귀몰(神出鬼沒)하게 된다.

이렇게 되어야
본체(本體)가
여여부동(如如不動)하다.

본체가 부동하여야
만물을 한꺼번에
거두어 잡을 수 있는
위력이 나오고
만물을 낳아 기르고 숙성시키는
지혜와 사랑과
자비의 빛이 뿜어져 나온다.

이렇게 되어야
중생들을 제접(諸接)하여
살활자재(殺活自在)하고
능소능대(能小能大)하여
활인검(活人劍)
살인검(殺人劍)을
능수능란(能手能爛)하게
구사(驅使)하면서
중생을 제도한다.

대기대용이란
대소유무(大小有無)를
초월한 자리에서
순간순간
선악(善惡)
시비(是非)를 가리는
자유자재한 솜씨이다.

다시 말하면
시공(時空)을 초월한 자리에서
시공 가운데로
출입(出入)을 자유자재할 수 있는 능력이다.

절대와 상대가
혼연일체(渾然一體)가 된
부사의(不思議)한 경지다.

대기(大機)란
죽음이 없고 실패가 없고
손해가 없는 경지이므로
언제든지 죽을 수 있고 질 수 있고
손해볼 수 있는
대용(大用)을 구사할 수 있다.

상대가 시비를 걸어오면
경우에 따라서는
대갈일성(大喝一聲)하여
살인검(殺人劍)을 쓰기도 하고,
경우에 따라서는 삼십육계(三十六計)
줄행랑을 치기도 하고,
묵묵부답(默默不答)으로
양구(良久)하기도 하고,
흔적도 없이 숨어버리기도 하고,
또는 즉시 져주기도 하면서,
상대에 떨어지지 않고
자유자재하는 것이다.

그 모든 것은
자기가 살고 남도 살리며,
자기도 이기고 남도 이기게 하고,
자기에게 이익이 되고
남에게도 이익이 되는 데에
초점이 맞추어진 언행인 것이다.

여의치 못할 경우에는
자기가 죽고 남을 살리고,
자기가 지고 남을 이기게 하고,
자기가 손해를 보고
남에게 이득이 되는 방향으로
마무리짓는 데 자유자재하다.

봄의 수행이 원숙한 사람은
상대방을 코너에 몰아 세우는
기량이 탁월하고
코너에 몰린 사람을
구해내는 솜씨
또한 탁월하다.

코너로 몰고 가는 것도
상대를 괴롭히려고 하는 것이 아니고
상대를 깨닫게 하려는
한 단계 높은 자비심인 것이다.

그 모든 작략(作略)은
두뇌를 거쳐
생각에서 나오는 행동이 아니고
직관적으로 나오는 행동이다.

대기대용(大機大用)은
"봄"의 수행을 통하여
"늘 봄"이 되고
"늘 봄"이 "본 태양"이라는 걸
대각(大覺)한 사람이
일상생활을 통해
다시금
연마(硏磨)하고

수증(修證)하여

일단 우뇌에

정보가 가닥이 잡혀야 하고

나아가서 세포의 차원에까지

정보가 이식(移植)이 되어야

비로소 쓸 수 있는 경지이다.

-2004.11.13

봄99 원아님 낭독

봄100

자유자재(自由自在)한 경지

본 태양은
큰 것(大)도 아니고
작은 것(小)도 아닙니다.

본 태양은
있는 것(有)도 아니고
없는 것(無)도 아닙니다.

본 태양은
밝은 것(明)도 아니고
어두운(暗) 것도 아닙니다.

본 태양은
능(能)한 것도 아니고
졸(拙)한 것도 아닙니다.

본 태양은
위치(位置)와
형상(形相)과
시공(時空)을
초월한 절대이므로

그 모든 것으로부터
자유롭습니다.

그러므로
본 태양을 대각한 사람은
그 어느 한 쪽에 기울지 않습니다.

그 모든 것을
초월한 가운데
대상과 일과 형편에 따라
양면(兩面)에 대한
취사선택(取捨選擇)을
자유롭게 구사하는 일이
가능해집니다.

본 태양은
대소유무(大小有無)가 없고,
생사(生死)가 없고,
길흉(吉凶)이 없기 때문입니다.

생사가 없으므로
언제나 죽을 수 있고,
길흉이 없으므로
언제나 남에게 질 수 있고
손해를 볼 수 있는 언행이
가능한 것입니다.

대부분의 사람들은,
큰 것을 좋아하고,
있는 것을 좋아하고,
밝은 것을 좋아하고,
능한 것을 좋아합니다.

그러므로
작은 것, 없는 것,
어두운 것, 졸한 것을
싫어합니다.
그리하여
언행에 제약을 받고
부자유합니다.

선각자는
그러한 두 가지 성향 중
어느 한 편에 쏠리고 집착하여
부자유한 자신을
타파(打破)하고 넘어선 사람입니다.

선각자는
양쪽을 다
쓸 수 있는 사람입니다.

그러므로
깨달은 사람은
대립 갈등 투쟁의 굴레에
빠지지 않습니다.

깨달은 사람과
깨닫지 못한 사람은
선택(選擇)과 운신(運身)의 폭이
다르므로
상대가 되지 않습니다.

깨달은 사람은
깨닫지 못한 사람을 이해할 수 있지만
깨닫지 못한 사람은
깨달은 사람을 이해하지 못합니다.

깨달은 사람은
남에게 바라는 것이 없기에
간섭하거나 강요하거나
비난하거나 시비를 걸지 않습니다.

능졸(能拙)과 명암(明暗)을
마음대로 하므로
상대방의 분노와 갈등을
단번에 풀어

시비와 논쟁으로
번지지 않도록 합니다.
그러면서도
마음에 아무런 흔적이 없습니다.

봄이 온 사람,
깨달은 사람은
그래서
인간관계에 걸림이 없는
언행이 가능합니다.
그러한 언행을 통해
깨닫지 못한 사람을
깨달음의 길로 이끌어 줍니다.

갈등을 단박
풀어주기도 하지만
갈등으로 몰고 가는 것은
상대로 하여금
어느 한쪽에 대한
집착과 쏠림을 타파하여
자유로운 경계에 들 수 있는
계기와 찬스를
제공하기 위한 배려인 것입니다.

그리고

탁마(琢磨)를 통해

상대방이 무르익어

자유로운 언행과

운신을 하도록

상대가 되어줍니다.

그러므로

선각자의 글을 읽고

일상생활 가운데

봄을 실천하는 것도

중요하지만

가급적

선각자와 만나

대화를 나누는 것이

자유자재한 경지에 들고

터득하고 행할 수 있는

첩경임을 알아야 합니다.

–2004.11.17

봄100

봄101

본 태양

본 태양이란 우주의 주인이다.

본 태양이란 우주의식이다.

본 태양이란 순수의식이다.

주인이 없다면
우주는
빈 껍데기에 지나지 않는다.
인간은
육체적으로 보면
지구의 세포에 지나지 않는 미물이다.

그러나
인간이 자기 안에 내재된
본 태양을 깨달으면
인간은 해와 별과 달보다 위대하다.

인간이 본 태양을 깨달으면
무한한 하늘(공간)과 무수한 땅(별)이
자기의 소유다.

인간이 하늘과 땅의 주인이므로
깨달은 인간이 결국
우주의 주인이요
하나님이요 부처이다.

하늘이 아무리 넓고
땅(별)이 아무리 많아도
그런 것들은
물질에 지나지 않는 것이며
사람에게 깃들어있는
영성(순수의식)이야말로
물질의 주인인 것이다.

인간에게
비록 그런 영성이
잠재되어 있다고는 하나
깨닫지 못하면
어디까지나
동물의 수준이요
미물에 지나지 않는다.

인간의 의식(정신)을
태양이라면
몸은 별(지구)이고
마음은 달이다.

사람마다
의식의 수준이 다르므로
성격이 다르고
기질이 다르고
체질이 다르고
재능이 다르고
운명이 다르다.

사람이 사는 것은
의식의 수준을 향상시키는데 있고
궁극적으로 높은 의식수준에서
"본 태양"을 깨달아
자기가 바로
우주의 주인임을 자각하는 데 있다.

자기가 본 태양임을
자각한 사람은
자기가 남 보다 낫거나
못하다는 생각을 하지 않는다.

자기가
본 태양임을 자각한 사람은
욕심을 부리지 않는다.

자기가
본 태양임을 자각한 사람은
사람을 오직
깨달음으로 인도하는 일 이외에는
생각하지도 움직이지도 않는다.

자기가
본 태양임을 자각한 사람은
특정의 국가나 민족이나
종교집단에 속하지 않는다.

본 태양을 자각한 사람은
역사나 과거를 따지지 않는다.

본 태양을 자각한 사람은
정치를 논하거나
사회개혁을 추구하지 않는다.

인간이
"봄"을 통하여
본 태양을 깨닫기만 하면
모든 문제가 사라지기 때문이다.

정치 경제 사회의 문제는
깨닫지 못한
인간의 의식수준에서
빚어진 문제이기 때문이다.

본 태양이
인간의 주인의식으로
자리잡는 순간
사바세상은
즉각 지상천국으로 변한다.

본 태양이 뜨면
마음의 장벽이 사라져
국경선이 무너지고
사상과 이데올로기와
독단이 무너지고
전쟁과 기아가
이 땅에서 사라질 것이다.

이미 지구는
인간이 먹고도 남을 정도의
충분한 식량을 제공하고 있다는
사실을 알아야 한다.

이제 바야흐로
인간의 의식에 "봄"이 오고 있다.

많은 사람들이
"돌아 봄", "바라 봄",
"늘 봄"을 통해
본심 본 태양에 눈을 떠가고 있다.

봄빛이 뿜어져 나오고 있다.

물질의 개벽을 지나
정신의 개벽이 오고 있다.

–2004.11.26

봄101 원아님 낭독

봄102

대아는 왜 소아를 만들었을까?

천지를 창조하고
만물을 기르는 것은
대아의 놀이이자
대아의 일이며
대아의 삶이다.

심심풀이로 움직이다 보니,
하늘 만들고,
해와 달과 별 만들고,
식물과 동물 만들었다.

그러나 그것들이
비록 보기에는 좋을 망정,
자기를 알아보는 놈이
한 놈도 없는 것이 못내 아쉽다.

그래서
대아는 소아(사람)를 만들어
대아인 나를 알아보고
나와 소통될 수 있는 자가
한 사람이라도 있었으면 하는
간절한 소망을 갖게 된 것이다.

나는 여기에 이르러,
대아가 왜 소아(사람)를
만들었는지에 대해
확연히 알게 되었다.

그것은 마치
내가 현재
"봄나라 클럽"을 만들고,
그 중에 한 사람이라도
나를 알아보고
나와 소통될 수 있는 사람이
나와주기를
소망하는 것과 꼭 같다.

내가 대아를 알아보고
대아와 소통되듯이,
나는 나대로
나를 알아보고
나와 소통되는 사람이
나오기를
간절히 소망하는 것이다.

그리하여
나는 글을 쓰고
사람을 만나는 수고를
수고로 여기지 않고
전력투구한다.

이것이
나의 놀이인 동시에
나의 일이며
나의 삶이기 때문이다.

소아(사람)가 존재하는 까닭은
자기 안에 내재된 대아를 알아보고
대아와 소통하는 삶을 사는 것이다.

우주의 섭리란
사람이 물질적으로 풍요를 누리며
잘 먹고 잘 사는 것이 아니다.

그러므로
사람(소아)은 반드시
대아를 깨달아
대아를 알아보고
대아와 통할 수 있는
삶을 개척하며 살아야 한다.

모든 종교는
이와 같은
대아의 소망을
실현시키는 방향을
지향하고 있다

그러나
세월이 흘러
근본핵심이 희석되어
소기의 성과를
거두지 못하는 것이 사실이다.

오히려
인간의 의식을 분열시키는
부정적인 측면조차 없지 않다.

그러므로,
우리는 불필요하고 번거로운
절차와 의식(儀式)을 생략하고,
삶의 현장에서
각자 직접 대아를 찾고
대아를 만나기 위한 생활로
전환하여야 한다.

그것이
여기서 말하는
"돌아봄,
바라 봄,
늘 봄"의
생활(수행)이다.

대아를 알아보고
대아를 만나기 이전에
소아(마음과 몸)부터 만나고
소아부터 알아보자는 것이다.

자기가 바로
욕심쟁이, 사기꾼, 깡패,
도적, 악질, 문둥이,
겁쟁이, 쫌생이 짓을
할 때가 많다는 사실을 보고
인정하고 고치고 비워야,
비로소
거기에 있는
대아가 보이고
대아를 만날 수 있다.

봄102 원아님 낭독

자기가 자기를 보고
알고 고치지 않고서는
대아를 만날 수 없다.

실지로
자기를 "돌아보고 바라보고
늘 보는" 삶을 통해
소아는 천사의 모습을 띄기도 하고
악마의 모습을 띄기도 한다는 것을 안다.

그리하여
우리는 천사와 악마를 초월한
대아본위의 인간으로 거듭난다.

물질적인 존재가
영적인 존재로 거듭난다.

이것이
우리가 사는 목적이고,
이것이 바로 대아의 뜻이며,
우주의 섭리가 아니겠는가!

봄103

1순위자

원운동에 있어서

180도를 돌아야
출발점을 향해
돌아오는 길로 접어듭니다.

이와 같이
깨달음에 관심을 갖고,
깨달음을 향해 수행정진하는 사람은,
반환점 가까이 통과하는 사람입니다.

그런 사람이라야
깨달음의 길을 선택하고
생애를 바쳐 전심전력합니다.

반환점에 다다르지 않은 사람은
결코 "돌아봄"의 길로 접어들수 없습니다.

왜냐하면
반환점까지 가기 위해서는
이 세상이 벌여놓은 갖가지 경험을
몸소 해보아야하기 때문입니다.

장 볼 것이 남은 사람은
깨달음의 길로 가기 어렵습니다.
가 보았자 성공하기 어렵지요.

끝장을 보지 않고서는
집으로 돌아가는 발걸음이
내딛여지지 않습니다.

세속의 장을 덜 보아
장 볼 것이 남은 사람은
집으로 돌아 갈 자격이 없습니다.

소아는 놀구집이, 욕심장이로서
재색명리(財色名利)를 추구하는 에너지가
끝없이 분출합니다.

하고싶고,
보고싶고,
가고싶고,
갖고싶고,
뽐내고싶은 생각이
허전함, 외로움, 심심함을 달래기 위해
끝없이 분출합니다.

그러한 과정을 통해
재능을 연마하고
경험을 축적하면서
반환점을 향해 나아가는 것이지요.

전생을 통해
세속의 경험을 두루하고
금생에 미진한 부분을 마무리 짓고
세속의 장을 다 본 사람은
1순위자입니다.

1순위자는
호강을 하거나
사치를 탐하거나
재미를 보려는
세속적인 욕망에
그다지
흥미를 느끼지 않는 사람입니다.

그리고
각종의 놀이나 게임이나
무술이나 운동등에
끌리지 않습니다.

그러다 보니
특출한 재주나 재능이 없어
남의 눈에 띄지 않는
평범한 사람입니다.

이러한 사람은
자고로 아주 드뭅니다.

그러나 지금은 불과 몇 십년지간에
인간의식의 비약적인 발전이 도래하므로서
1순위에 해당하는 젊은이들이
많이 탄생하고 있다고 봅니다.

비록 1순위자가 아닌 사람이라도
선각자를 도와 헌신하는 인연공덕을 짓는다면
빨리 반환점에 도달할 수도 있다고 봅니다.

반환점 가까이 이르지 못한 사람은
공부하고자 하는 간절한 생각이 나오지 않습니다.

그러므로
약간의 호기심으로 접근한 사람은
중도에 포기할 수밖에 없습니다.

봄나라에 자발적으로 찾아오신 분들 중
방문순위가 10위 안에 들고
적극적으로 참여하고 글 올리시는 분들은
반환점 가까이 접근하는 분들이라고 보아도 되겠지요.

이러한 분들이
열심히 글을 읽고,
미진한 부분을 마무리짓고,
1순위자가 된다면,

반드시 빠른 시일 안에
깨달음을 증득할 수 있으리라
확신하는 바 입니다.

-2004.12.29

봄103

봄104

눈을 뜬다는 건 어떤 거에요?

어제 밤

원주님과 00님 그리고 원아 셋이서
클럽 채팅 방에서 있었던 이야기다.

"오늘 원주님 잘하면 눈뜰 것 같은데?
하고 00님이 말했다.

이야기가 한참 다른 데로 흘러가기에

"원주님!
눈을 뜬다는 건 어떤 거예요? "
하고
원아가 원주에게 물었다.

한참 있어도 대답이 없는지라

"눈을 뜨는 것은 눈을 감는 것입니다."

다시금 대답이 없는지라
"원주님 한번 눈 감아보세요!"
"눈 감아보셨지요?"

"예. 눈 감아보았어요."
"눈 감은 것과 눈 뜬 것이 어떻게 달라요?

똑 같다는 걸 알면 눈 뜬 것인대!"

"예! 똑 같은 것 알아요. 똑 같군요!"

이 때 OO가 끼어들며

"아! 원주님 진짜 눈 떴구나! 기분나쁘게!

"눈을 뜨나 감으나 변함없는 봄!"

"눈을 뜨고 보면 이미 눈은 떠져있더라."

"그러므로
눈을 뜨는 것이
눈을 감는 것이나 마찬가지죠!"

"확실해요!"

"부라보! 기분나쁘게
원주님 오늘 밤 눈떴어! ㅎㅎㅎㅎ"

"중국 길림 사람이

선생님과 만나
대화중에 눈뜨고 있는데!

서울 사람들
지금 뭐하는 거여! 자고 있나?"

"오늘 밤 대화는 유익했어요"

"기뻐요"

"즐거웠어요"

봄104

대화는 이렇게 끝이 났다.

그 동안 원주님이
"늘봄의 생활"을 계속 읽어
50독을 넘어섰으므로
위와 같은 문답이 가능했던 것이다.

이제 "봄"을 깨달았으니
한 순간도 놓치지 않고
"늘 봄"이 되도록
더욱 끊임없는
정진하시기를
바라는 마음 간절하다.

봄105

도대체 무엇을 고친단 말인가요?

당신은 마치
한반도가
하나의 땅덩어리이고
하나의 민족이건만
38선으로 갈리어
둘(남과 북)로 분리되고 분열되어
분단된 것과 같은 상황에
놓여있는 것입니다.

이런 상태를 일러
미숙하다,
구원받아야한다.
깨달아야 한다,
라고 말하는 것입니다.

실지로 당신은
시간적으로
과거의 자기와 현재의 자기,
현재의 자기와 미래의 자기라는
두개의 자기로 분열된 가운데
서로
대립 갈등 투쟁을

벌이며 살고 있는
중생(衆生)인 것입니다.

당신이
하나의 자기로
합일되기 이전에는
이율배반적(二律背反的)인
모순된 인간이고
이원적(二元的)인
분열의 인간인 것입니다.

그러므로
당신은
천사이기도 하지만
악마이기도 합니다.
당신의 마음이건만
당신 마음대로 하지 못하는 것이
당신입니다.
한번 즐거우면
반드시
한번 괴로운 일이 닥칩니다.

그러다보니
즐거운 것은 좋아하지만
고통은 싫어합니다.

그러다보니
고통을 기피하고 두려워하게 되어
고통을 도피하는 것이
습관이 되고 업(業)이 되었습니다.

고통은
자기의 내면에서 일어납니다.
내면의 분열 갈등 투쟁에서
고통이 발생합니다.

그럼에도 불구하고
당신은 내면을
돌아보기는 커녕
아예
외면하고 달아나는 데
명수입니다.

지금까지
한번도
내면을 돌아보지 않고
살아온 것이 사실입니다.

고친다고 하는데
도대체
무엇을 고친다는 말입니까?

고통이 만들어지는
현장인
내면을
무시하고
외면하고
도피하는
버르장머리를 고치는 것이
자기를 고치는 일입니다.

그래서
"돌아 봄"의 생활로
전환하자고 하는 것입니다.

하지 않던 짓이라
처음에는
자꾸만 놓치게 되는 것이
당연합니다.

그러나
7전8기하여
앉으나 서나 자나 깨나
빈틈없고
끊어짐이 없으면
드디어
두개의 자기가

하나의 자기로
합일이 되어집니다.

당신은
드디어
마법에서 풀려납니다.

그렇게 되면
자기가 자기를
욕하고 꼬집고 때리고
찌르고 자르는 일이
영영 없어집니다.

해탈이지요.

봄105 윈아님 낭독

봄106

"봄"의 진정한 의미

봄이라는 말은
본다(보다)라는 말의
동명사(動名詞)이다.

본다는 말은
눈으로 사물을 본다는
말에서 비롯되어,

귀로 소리를 들어본다,
혀로 맛을 본다,
코로 냄새를 맡아본다,
몸으로 동작을 해본다,
머리로 생각을 해본다,
마음으로 느껴본다, 등등으로
심신 양면에 걸쳐
광범하게 쓰여지는 말이다.

이로 미루어 볼 때
언제 어느 곳에서
무엇을 하든지 관계없이
항상 본다는 동명사

"봄"이 존재하면서
작용하고 있다는 것을
알 수 있다.

다시 말하면
몸과 마음을 늘 바라보는 "봄"이
바로 몸과 마음의 주인인
당신 자신이라는 것이다.

그런데
우리는 고통(근심 걱정 불안 공포)이
자기의 마음에서 일어나는지라
마음으로부터 눈을 돌려
마음을 보지 않고 산지가 오래다.

그러므로 심봉사가 되어 육안으로만 산다.

심봉사가 눈을 뜨려면
"보는 마음"이 "보이는 마음"을
돌아보아야 한다.
자나깨나 앉으나 서나
"돌아 봄"이 지속되어야
둘이 한마음이 된다.

하나가 되면
안으로 더 이상 파고 들어갈 수 없는 궁극,
중심에 이른 것이다.

빛이 나오고
에너지가 나오는 원천,
존재의 근원이다.

드디어 자리를 잡은 것이다.

마음의 분열이 치유되면
안과 밖의 경계도 무너진다.
더 이상 안이 없으므로
모든 것은 밖에 존재한다.
그래서
"돌아 봄"이 "바라 봄"이 된다.

"바라 봄"이 되어야
비로소
못된 버르장머리를 고쳐
자기를 구하고
남을 구하고
천하를 구할 수 있다.

늘 바라봄이 되어야
"늘 봄"이요
온전한 "봄"이다.

이것이
본다는 말의 동명사
"봄"의 진정한 의미다.

-2005.01.14

봄106 원아님 낭독

봄107

합일(合一)

합일이 되기
이전에는
밖을 보면
안을 놓치고
안을 보면
밖을 놓친다

한 쪽 밖에 보지 못한다.

합일이 되고
나면
밖을 보면서도
안이 보이고
안을 보면서도
밖이 보인다

양쪽을 다 본다

합일을 시키려면
밖에 있는
"보는 자기"가
안에 있는
"보이는 자기"에게
오래 오래
한눈을 팔지 않으면
분열이 치유되면서
어느 틈에
합일이 되어진다.

봄107 윈아님 낭독

봄108

부정(否定)과 긍정(肯定)

무엇을 부정하는가?
현상을 부정하고
세속을 부정하고
에고를 부정하는 것이다.

어떻게 부정하는가?

밖으로 보이는 현상에서
눈을 돌려
안으로 근원을 향해
잠시도 한눈 팔지 않는 것이다.

"돌아 봄"을
일단,
현상에 대한
부정이고
빠져나옴이고
초월이라고 보면

"바라봄"이란
다시금,
현상에 대한
긍정이고
껴안음이고
참여이다.

"돌아 봄"으로
안과 밖이 뚫려야
"돌아 봄"이
"바라봄"이 되고
"늘 봄"이 된다.

늘 "바라 봄",
"늘 봄"이 되어야
부정과 긍정에
치우치지 않고
자유자재한다.

-2005.01.20

봄108 원아님 낭독

봄109

분열(分裂)

내 안에서
실지로 분열이
어떻게 일어나고
진행되는지
스스로 보고 알아야
분열이 다스려진다.

분열의 동기는
보이는 모습이나
들리는 소리에 대하여
반사적으로 좋다 나쁘다는
생각을 일으키기 때문이다.

그리하여
근심 걱정 불안 공포심이 일어나고,
이 불안 공포심에 대하여
다시금
싫어하는 마음을 일으키면서
외면하고
따돌리고
도피하고
단절하는 바람에

하나의 마음(봄)이
두개의 마음으로
분열된다.

그러므로,
불안 공포심이 나타날 때
불안 공포심을 외면하지말고
돌아보아주고
불안 공포심을 따돌리지말고
받아들여주고
불안 공포심으로부터 도피하지말고
그 자리에 머물어주면
분열을 사전에 방비할 수도 있고
분열을 치유할 수도 있다.

이렇게 하여
분열을 일으키는
고질적인 버르장머리
완전히 뜯어고치면
겁없는 사람
이긴 사람
수퍼맨이다.

봄109 원아님 낭독

–2005.01.21

봄110

그대가 꿈을 깨는 그 날까지

혹시 꿈을 꾸기 위해
살고 있지나 않으신가요?

또 다른 꿈을 꾸기 위해
여기 오신 건 아닌가요?

꿈은 이루어진다고 하면서
그 꿈을 추구하며
사시는 건 아닌가요?

만약 조금이라도
그런 의식이 남아있는 분이라면
그런 의식을 정리하지 못한 분이라면
아무리 명상을 하고 글을 읽어도
꿈의 연장선이 되고 맙니다.

인생 일장춘몽이라고 하는데,
실감이 가십니까?
동의하십니까?
건성으로 해보는 말 입니까?

그대여!
진정 인생이라고 하는 꿈을
깨려고 하시는 겁니까?
꾸려고 하시는 겁니까?
스스로 묻고 답해보십시요.

나는 그대가
"이제 그만 꿈을 깨야겠다"고
마음먹는 그 순간까지
그대의 잠꼬대 다 받아주면서
그대의 친구가 되고 벗이 되어
언제까지나
그대 곁에 기다리고 있겠어요.

–2005.01.31

봄110 원아님 낭독

봄111

잘 보아주세요

밉고 고운 것이
저 밖에
나와 무관하게
존재하는 것이 아니다.

곱게 보이는 것도
내 맘이고
밉게 보이는 것도
내 맘이다.

사물은
내가 좋다고 보면
좋은 것이 되고
내가 나쁘다고 보면
나쁜 것이다.

내가 마음먹기에 따라
나쁜 것도
좋게 보이고
좋은 것도
나쁘게 보인다,

그러므로

봄의 힘 얻어

잘 보아 주면

늘 봄나라다.

-2005.02.19

봄111 원아님 낭독

봄112

늘봄이라야
에고의 술수에 넘어가지 않는다

마음을 다스리려면
마음으로부터 벗어나고 놓여나서
항상 마음을 자기 손 안에 거머쥐고
바라봄 할 수 있어야 한다.

만약 조금이라도
바라봄에 틈이 생기면
여지없이 마음이 일어나
너와 나로 분열되면서
번개 같이 시비가 일어나고
사량분별(판단 평가 심판)이 일어난다.

봄112 원아님 낭독

그러므로 자잘머리없는 짓이 계속 나온다.

거기에는 자기도 모르는 가운데
상대방의 약점을 잡고
상대방을 비웃고
상대방을 폄하하고
상대에게 상처를 주는 가운데
은연중 자기를 과시하는
에고의 교묘한 술수가 숨어있다.

그러므로
일시적으로 마음을 비워 본 경험이 있다든가
내가 누구인지 안다든가 하는 정도로는
결코 번개같이 작동하는
에고(버르장 머리)를
다스릴 수 없다는 사실을 알아야 한다.

그러므로 다시 한번 강조한다.

돌아 봄을 통하여
자나 깨나 앉으나 서나
잠시라도 끊어지지 않는 경지를 거쳐
합일이 이루어져야
번개보다 더 빠르게 작동하는 에고가
보인다는 것이다.

늘 봄(늘 바라봄)의 경지가 되어야
백발백중 명사수다.
늘 봄이 되면
에고는 독안에 든 쥐다.

늘 봄이라야
에고의 술수에 넘어가지 않는다.

-2005.03.19

봄113

마음을 잡아야
마음을 다스릴 수 있습니다

우리가
돌아 봄, 바라 봄, 늘 봄의 생활로
전환하는 까닭은 무엇일까요?

자기의 마음을 다스리기 위함입니다.

마음은 순식간에 번개같이 일어나
난리를 치고 말썽을 피웁니다.

그러므로
마음을 다스리려면
항상
마음을 돌아 봄, 바라 봄의 생활을 통하여
늘 봄의 생활이 되어야 합니다.

늘 봄이 되면
아무리 번개같이 출몰하는 마음일지라도
다 잡히고 맙니다.

늘 봄의 생활이 정착되어야

비로소 마음을 잡은 것입니다.

마음을 잡아야

마음을 다스릴 수 있습니다.

-2005.03.20

봄113 원아님 낭독

봄114

믿음과 깨달음

소아가
대아에 대한 믿음이
돈독하면
세상사는데 아무 걱정이 없다.

소아는
한치 앞도
알지 못하는
대아의 심부름꾼이고
모든 건
대아가 알아서 한다는
그 한가지만
확실히 깨달으면
모든 짐 내려놓은 것이다.

소아가 안다고 나서서
판단 평가 심판하고
소아가 뭘 하겠다고
나섰다간
진리를 배반한 댓가로
환상과 거짓의 세계에 빠져
악몽에 시달릴 수밖에 없다.

그러므로
죽을 일을 당하거나
손해볼 일 생겨도
잔머리 굴리지 않고
입다물고
모든 걸 대아에게 맡기고
쥐죽은 듯
가만히 있으면 된다.

그렇게
살 수 있는 힘은
대아가 무엇인지
소아가 무엇인지를
확실히 깨달아
믿음이 생겼기 때문이다.

-2005.04.01

봄114 윈아님 낭독

봄115

백척간두진일보(百尺竿頭進一步)

아주 높은 경지에서
한발 짝 더 나아가라는 말이다.

아주 높은 경지란
<돌아 봄>을 통해
모든 관념 이미지가 사라진
무(無)의 경지다.

있다고 여겨왔는데 없으며
안다고 여겨왔는데 아는 게 없다.
이러한 경지야말로
아주 높은 경지다.

대부분
여기에 주저앉고 만다.

그것은
좌익(左翼)이 우익(右翼)이 되고
우익이 좌익이 된 것에 불과하다.
그런 경지란 양면성(兩面性) 중의
또 다른 한면으로 옮긴 것일 뿐이다.

그러므로
무(無)의 경지마저
<돌아 봄>하여야 한다.

나는 유(有)도 아니고 무(無)도 아니다.
나는 좌(左)도 아니고 우(右)도 아니다.
유무(有無)를 합한 것이 나이고
좌우(左右)를 합한 것이 나이고
몸과 마음을 거느리고
몸과 마음을 쓰는 것이 나인 것이다.

그렇다면 나는 무엇인가?
나는 몸도 아니고 마음도 아니다.
나는 유도 아니고 무도 아니다.
나는 비어있음(하늘)이다.
나는 봄날, 봄나라이다.
나는 빛날, 빛나라이다.
봄빛나라다.

봄빛나라? (?)

-2005.04.17

봄115 원아님 낭독

봄116

시간과 공간

시간과 공간은
불가분의 관계다.

거리감이 생기면
시간감각이 생기고
시간이 걸리는 곳에
반드시 거리감이 있다.

거리감이 느껴지면
분열이고
거리감을 메우려면
시간이 걸린다.

나와 너
여기와 저기로
갈라지는 순간
거기서부터
고통이 생긴다.

거리감에서
목표가 생기고
욕구불만이 된다.

목표지점을 향해
가야하는
부담이 생긴다.

그러므로
집에서 밖을
내다볼 때
거리감과 시간감각이
끼어드는지
돌아봄하여야 한다.

귀로 소리를 듣는 순간
저 밖에서 들려온다는
느낌이 오지 않고
내 안에서 소리가 나도록
모든 소리가 포용되어야 한다.

생각을 쫓아가거나
생각에 쫓기는 것은
분열현상이다.

모든 생각이
내 안에서 진행되고 있음을
잠시라도 잊어서는 안된다.

중간에 간격을 주면
시간과 공간으로 분열된다.
대립 갈등 투쟁이 벌어진다.

그러므로
우리는
번개보다 빠르게
보고 듣고 생각하고
말하고 행하여야 한다.

-2005.04.23

봄116 원아님 낭독

봄117

얼이 빠지면 얼간이입니다

돌아봄이
밥먹고 사는 일중
가장 으뜸되는 일입니다.

돌아봄이
일 중의 일이 되고
생활 중의 생활이 되어야 합니다.

돌아봄의 생활을 하지 않는 삶은
모두
얼을 팔아먹는
얼간이 짓에 불과합니다.

천하를 얻어도 얼이 빠지면
자기를 보존하지 못하고
자기를 잃어버려
자기가 누구인지 모르는 얼간이 입니다.

천금을 주고도 사지 못하는 것이 얼입니다.
그러므로
얼을 팔아먹는 삶을 살아서는 안됩니다.

얼이야말로
가장 고귀한 보배입니다.
얼이 바로
나요
진리요 생명이요 길입니다.

잃어버린 얼을
되찾는 것이
바로
돌아봄이요
정신차림 입니다.

돌아봄이
얼을 찾는 삶입니다.
돌아봄하지 않고 살면 얼이 빠집니다.
돌아봄하여야 얼이 차려지고
얼을 차려야 사람이 됩니다.

얼간이 주제에
무슨 출세가 있고
성공이 있고
명예가 있단 말입니까!
사랑과 자유가 있단 말입니까!
얼간이에게는 행복도 없습니다.

얼은
어느 누가 대신 찾아주지 못합니다.
자기가 찾아야 합니다.

앉으나 서나 자나깨나
얼을 찾는 노력을 줄기차게 하여야 합니다.

얼(알)이 꽉차야
알맹이가 되고
얼(알)이 차지 못하면
쭉정이가 됩니다.

돌아봄 바라봄 늘봄의 생활이
알찬 삶의 길입니다.

얼을 찾아야
어른입니다.
얼이 차지 못한 사람은
아무리 나이를 먹어도
얼아입니다.

얼(정신)을 찾아

얼(정신)을 잃어버리지 않는 가운데

일하여야

일에 빠지지 않고

놀아도

노는데 빠지지 않아

비로소

사람다운 사람입니다.

봄117 원아님 낭독

봄118

세가지 봄의 공덕

봄118 원아님 낭독

1. 돌아봄은
얼이 빠져버린 얼간이를
얼이 차게 만들어
얼찬이로 만들므로
정신을 수양함이다.

2. 바라봄은
빠져나와 자리를 잡은 연후
자신있게 제대로 한번 살아보는
봄빛나라(?)
봄살림이다.

3. 늘봄은
얼이요
영이요
본태양이요
우주의 주인됨이다.

–2005.6.26

봄119

살아생전 죽어보기

우리는 보통
일이나 놀이에 빠져 살다가
이따금 정신이 돌아오는 순간
허전하고 공허한 느낌이 드는
죽음을 목격한다.

이 때 우리는 이 미지의 죽음이 두려워
죽음을 회피하고자
다시금 일이나 놀이에 빠져
죽음을 따돌리려고 한다.

그것이 비록
생업이든 사업이든
예술이든 사랑이든
큰 일이든 작은 일이든
큰 게임이든 작은 게임이든
우리는 계속 죽음이 두려워
일과 놀이를 끊임없이 추구함으로서
죽음에 쫓기는 신세가 된다.

우리는
죽음을 결코 맞이하지 않는다.

우리는 죽음을 거부한다.
우리는 밖으로 시야를 돌려
죽음으로부터 달아나야
사는 줄 안다.

어딘가에 빠져 지내다가
어쩌다 정신이 돌아오는
바로 그 순간이야말로
살아 생전 죽어 볼 수 있는 절호의 찬스다.

일단 죽음이 무엇인지 깨닫게 되면
삶과 죽음이 둘이 아니므로
더 이상 우리들을 목조이던
죽음에의 두려움은 사라진다.
살아 생전에 죽어 보았으므로
더 이상 죽음이 두렵지 않기 때문이다.

–2005. 7. 11

봄119 원아님 낭독

봄120

뒤집기 한판승

자기가 자기를 몰라
한눈을 파는 바람에
자기의 마음이나 자기의 몸을
돌보고 보살피지 못하여
자기를 망각하게 되었고
자기의 고유능력인
봄의 능력까지도 잠재되고 말았다.

그리하여
자기의 마음과 몸을
자기로 착각하기에 이르렀고
어언 자기는 마음이나 몸의 종이 되었다.

마음이나 몸을 다스리고 거느려야 할 자기가
마음이나 몸의 노예가 되었으니
거꾸로 되었다.
마음이나 몸의 상전인 자기가
마음이나 몸의 하인이 되었다.

마음은 늘 자기에게 폭력과 행패를 부린다.
대립 갈등 투쟁과,
근심 걱정 불안 공포 속으로 몰아세우고
판단 평가 심판의 채찍을 휘두른다.
몸은 늘 자기에게 더 많은 쾌락을 달라고

아우성이다.
하나의 상전을 모시는 것도 모자라
두 분의 상전을 모시니 죽을 맛이다.

어쩌다 이렇게 되었단 말인가?
한 눈을 팔았기 때문이다.
마음과 몸을 돌아 봄, 바라 봄,
늘 봄의 생활을 하지 않았기 때문이다.

자기가 주인으로서의 제 자리를 찾으려면
거꾸로 된 것을 뒤집는 수밖에는 없다.

돌아봄을 통해 몸과 마음으로부터 벗어나고
바라봄을 통해 몸과 마음을 장악하여야 한다.
처음에는 한눈 팔던 버르장머리 때문에
돌아봄이 자꾸만 끊어져
바라봄이 이루어지지 않는다.

그러므로
천번만번 놓쳤다 잡았다를 되풀이하며
힘과 기술을 연마하고 단련하여야
한눈팔던 고질적인 버르장머리가 고쳐진다.
돌아봄의 힘이 생겨야
뒤집기 한판 승을 거둘 찬스가 도래한다.
일순간 몸과 마음으로부터 벗어나
몸과 마음을 바라봄이 단박 이루어지기만 하면
뒤집기 한판 승을 거둔 것이다.

몸과 마음에 사로잡힌 자기가
몸과 마음을 사로잡은 자기가 되는 것이다.
이긴 자가 되는 것이다.

이렇게

뒤집기 한판 승을 거두고 사는 삶이
늘 봄의 생활이다.

봄120 원아님 낭독

봄121

명실상부한
몸과 마음의 주인이 됩시다

봄121 원아님 낭독

자기는 자기의 몸과 마음의 주인입니다.
그런데
자기 집을 비우고 재색명리에 한눈을 파는 동안
몸과 마음이 쿠데타를 일으켜 안방 사랑방 다 차지하고
자기는 행랑채로 쫓겨난 신세가 되었습니다.
주인의 지위에서 일거에 종의 신세로 전락한 것입니다.
이것이 우리의 모습인 것입니다.

그래서 두 주인이
항상 겁주고 야단치고 몰아치는 바람에
우리는 밖으로 쫓겨나 일이나 놀이에 빠져삽니다.
우리들의 삶은 안녕하지 못합니다.
늘 쫓기고 시달리는 삶입니다.
겉으로는 태연한 체 하지만
속으로는
이러한 근본적인 고통을 부여안고 살고 있는
처참하고 가련한 신세인 것입니다.

우리는 주인의 지위를 탈환하여
몸과 마음의 주인으로 거듭나야합니다.

근심 걱정 불안 공포로부터,
속박과 도피로부터,
판단 평가 심판으로부터 놓여나야 합니다.

여기에
주인으로 거듭나
자유와 행복과 평화를 누리고 사는
삶의 길이 있습니다.

몸과 마음의 지배와 속박으로부터 떨쳐나
몸과 마음의 주인이 됩시다.
몸과 마음의 지배를 받던 당신이
몸과 마음을 돌아 봄, 바라봄,
늘 봄의 생활로 전환하여 살면 됩니다.

처음에는 비록 서툰 주인이지만
첫발부터 자유의 길인 것입니다.
주인의 지위를 회복하지 않는 한
참된 평화와 행복과 보람은 없습니다.

이 일이 가장 시급한 일입니다.
우리 모두 봄나라에 동참합시다.
이 길을 함께 갑시다.

봄122

진정한 사랑

봄122 원아님 낭독

사랑이란
먼저 자기를 사랑함에서 비롯된다.
자기를 사랑하려면 자기를 알아야 한다.

자기를 안다는 것은
자기가 현재 몸과 마음의 주인이 아니고
몸과 마음의 노예라는 사실을 자각함이다.

그러므로
자기를 사랑하는 첫째 일은
자기를 구원하는 일이다.

몸과 마음의 노예인
자기를 구원하여
몸과 마음의 주인으로
되돌려놓는 일이다.

이 자기를 구원하는 일에
생애를 걸어야 한다.
자기를 구하기 위해
더 이상
한 눈을 팔아서는 안된다.

남을 사랑하는 일은
자기를 구원하고 난 다음의 일이다.
자기가 죽을 지경인데
자기가 배고픈데
어찌 남에게 베풀 수 있단 말인가!

그래서 반대급부를 요구한다.

남에 대한 사랑은
자기에 대한 사랑이 흘러넘쳐남이다.
그렇지 못한 사랑은 억지춘향이다.
위선이고 거짓이고
고작해야 상거래에 지나지 않는다.

흘러넘쳐나간 사랑은 무조건적인 사랑이다.
그러나 억지로 한 사랑은 조건부의 사랑이다.

몸과 마음의 노예 상태에서
마음이나 몸에 이끌려 한 사랑은
진정한 사랑이 아니다.
몸과 마음의 주인이 되어
발한 사랑이라야
진정한 사랑이다.

그래서 반대급부를 요구하지 않는다.

봄123

도통의 경로

좌뇌는 시간의 범주이고
우뇌는 공간의 범주이다.

좌뇌는 생각의 기능이고
우뇌는 감각의 기능이다.

좌뇌는 이성이고
우뇌는 감성이다.

좌뇌의 스크린에는
과거와 미래라고 하는
시간의 그림자가 뜨고,

우뇌의 스크린에는
현재(지금 여기)라고 하는
공간의 현상이 빛난다.

좌뇌에서 일어나는
생각을 끊임없이 돌아봄 하면
좌뇌와 우뇌 사이에
가로막힌 장벽이 허물어져
좌우가 하나로 통하게 되어
우뇌의 빛이
좌뇌의 그림자를 비추게 된다.

그리하여
과거에 대한
심판(판단 평가)을 받지 않게 되고
미래에 대한
형벌(불안 공포)도 받지 않게 된다.

이렇게
두뇌(사람)가 통일되어야
가슴(자연)과 통하여
천인합일(天人合一)이 되고
드디어 에너지의 원천인
배꼽 아래에 점을 찍게 된다.

봄123 원아님 낭독

원아 유종열 선생의

한번 깨어나 살자꾸나!

-제2권 나는 봄이다 고로 존재한다-

도서출판 봄나라

봄124

생각의 꼬리가 떨어져야

돌아봄을 통하여
우리는 이런 것을 깨닫습니다.

거기에
"돌아보는 나"와 "보이는 나"
두 개의 나라고 하는
분열의 구도가 있다는 것을!

진실로 자기를 보고
자기를 알려면
이 "보는 자기"라고 하는
주관으로 보아서는
있는 그대로의 자기가
제대로 보이지 않는다는 것입니다.

보는 자기(현재의식)는 끊임없이
보이는 자기(과거의식 또는 미래의식)에 대하여
옳다 그르다, 좋다 나쁘다는
판단 평가 심판을 계속하므로서
자아의 이원성을 고집하고 유지합니다.

자기 안에서 벌어지는 상황을
있는 그대로 보고 알려면
자아의 이원적인 구조가 깨어져야 하는데
그렇게 되자면
현재심이 과거심에 대하여
옳다 그르다,
현재심이 미래심에 대하여
좋다 나쁘다라고 하는
사량분별이 없이
그냥 보기만 하여야 한다는 것입니다.

이렇게 하면
끊임없이 출렁거리면서 일어나는
번뇌의 물결
쓸데없는 생각의 난무는 줄어들고
이윽고 뚝 끊어져 그칠 수밖에 없습니다.

우리는 물결을 잠재운답시고
또 하나의 생각이라는 물결을
부지불식 간에 일으킴으로서
근심 걱정 불안 공포와
대립 갈등 투쟁이라고 하는
번뇌가 그칠 날이 없는 것입니다.

이것이 바로 우리들이 깨쳐야 할
중생의 어리석음입니다.

생활 가운데 우리는
돌아봄을 통해
천번 만번 깨닫고
천번 만번 단련하여
오로지 일어나는 생각을
물끄러미 보고 알 뿐
거기에 대해
꼬리를 달지 않을 정도가 되어야
윤회로부터 벗어난
자유로운 인간
지혜로운 인간이라는 것을
명심하여야겠습니다.

이렇게 되어가는 과정을 통해
제3의 눈이 떠지고
순수의식이 회복되고
의식의 스크린이 펼쳐져
생각과 물질의 노예가 아닌
생각과 물질의 주인으로서
명실상부한 만물의 영장으로서
거듭나게 될 것입니다.

생각에 의존하는
좌뇌본위의 인간으로부터
영감이 살아난
우뇌본위의 인간이 되어
생각을 자유자재로 구사할 수 있는
좌우합작의
지혜로운 인간이 되어야겠습니다.

몸은 꼬리가 없는 사람이지만
마음은 아직 생각의 꼬리가 남아
미숙한 인간인 것입니다.
생각에 토가 떨어져야
완성된 인간입니다.

-2005.07.24

봄124

봄125

결국 "늘봄의 생활"이란?

돌아봄, 바라봄,
늘봄의 생활을 통해
자기를 해치고 상하게 하는 장본이
바로 자기 자신임을 깨달아
분열된 자기를
하나의 자기로
합일시키고 완성시킨다는 것은
자기가 자기의 몸과 마음을
진실로 돌보고 사랑하는
사람이 되었다는 말이다.

그렇게 되면
자기가 자기의 속을
결코 상하게 하지 않는다.
그렇게 되어야 비로소
자기의 몸과 마음을
사랑하는 인간인 것이다.

자기를 사랑하는 인간이 되어야
몸과 마음의 주인으로
자기의 마음과 몸을
돌보고 보살피게 되어

마음의 병과 몸의 병을
예방하고 고칠 수 있게 된다.

마음과 몸을
"돌아봄" "바라봄" "늘봄"
그 자체가
마음과 몸의 주인인 자기 자신이다.

봄은 눈에 보이지 않는
순수성으로
이 사랑의 기운을 얻어야
비로소 마음과 몸의 건강이 이루어진다.

마음에는 순수의식이
몸에는 순수에너지가 감돌아야
진짜 등뜨시고 배부르다.

돌아봄, 바라봄, 늘봄의 생활을 통하여
마음이 순수의식이 되어지는 그 만큼
지혜가 이루어지고
몸이 순수에너지가 되어지는 그 만큼
축복을 받는다.

결국
"늘봄의 생활"을 하는 것은
몸과 마음의 병을 고쳐
건강하고
지혜와 복을 증진시켜
행복하게 살기 위함인 것이다.

그런데 몸의 건강이 이루어지려면
마음의 건강부터 이루어져야 하고
복을 받으려면
지혜부터 개발되어야 한다.

봄공부를 하게 되면
덤으로 건강이 주어진다.
봄공부를 하게 되면
덤으로 복을 받는다.
성과급(成果給) 보너스인 셈이다.

병이 있으므로 건강이 있고
병이 없다면 건강도 없다.
건강을 누리려면
병이 있지 않으면 안된다.

결국 병과 건강은
분리된 것이 아니라
하나의 다른 면일 뿐이다.

번뇌와 깨달음도 마찬가지다.
마음과 몸도
지혜와 복덕도 마찬가지다.

건강하려면
병을 싫어하지 말아야 한다.
봄공부가 이루어지지 않고서는
건강은 공염불이다.

병과 건강은
늘 함께 한다는 사실을
잊어서는 안된다.

병과 건강은
좌우와 같고
음양과 같다.

봄125 원아님 낭독

봄126

이것이 깨달음이다

돌아봄, 바라봄,
늘봄의 생활로 전환하여
몸과 마음으로부터
놓여나고 벗어나면
몸과 마음을 다스리고 거느리게 되고
나아가서
몸과 마음에게 모든 걸 맡길 정도가 되면
드디어 내면의 하늘이 열려
자기가 그 무한한
하늘과 땅의 주인이고
영원히 죽지 않는
하나의 생명임을 깨닫게 된다.

이것이 깨달음이다.
이것이 삶의 보람이다.
이것이 사랑이다.
이것이 주체성이다.
이것이 힘이다.
이것이 자유다.
이것이 행복이다.
이것이 평화다.
이것이 기쁨이다.

봄126 원아님 낭독

봄127

판단 평가 심판하지 말라는 본뜻은?

현재의 자기가
과거의 자기(언행)에 대하여
판단 평가 심판하는 것이
시간적인 자기의 분열이다.

<돌아봄>을 하는 것은
심리적인 분열을 예방하여
정신의 통일을 기하기 위함이다.

이렇게 되어야
맑은 거울에
있는 그대로의 사물이
완연하게 비친다.

있는 그대로란
큰 것은 크고
작은 것은 작고,
있는 것은 있고
없는 것은 없다.

판단 평가 심판하지 않는 곳에서
끝나는 것이 아니다.
판단 평가 심판 하지 않으면
오히려 판단 평가 심판이
찰나찰나 소상하고
역력해진다는
사실을 알아야한다.

판단 평가 심판하지 않을 줄만 알고
판단 평가 심판할 줄을 모르면
죽을 줄만 알았지
살아날 줄 모르는 것과 같다.

넘쳐나는 에너지로 얼마든지
인간과 사물에 대한
판단 평가 심판이 가능하여야 한다.
그러면 자기의 과거가 뜨지도 않고
판단 평가 심판할 일도 사라진다.

봄127 원아님 낭독

봄128

세 가지 어려움

첫번째는 죽기가 어렵다.
에고는 끝까지
죽음을 거부하기 때문이다.
"돌아봄"이
앉으나 서나 자나깨나 지속되어
용맹정진이 저절로 이루어져야
둘(보는 자기와 보이는 자기)이
하나가 된다.
하나가 되고 보면 하나마저 없다.
이것이 합일이요 에고의 죽음이다.
이 세상 일중 가장 어려운 일이다.

두번째 어려움은 거듭나기가 어렵다.
잘못하면 죽어서 살아나지 못한다.
이른바
유의 반대편인
무에 떨어지기 쉽다.
무는 가사(假死)상태인지라
거듭날 수가 없다.
이원성(유무)이 완전히 치유되어야
일원성이 탄생된다.
소아가 죽어야 대아로 거듭난다.

그래서 부활이 어렵다.

세번째 어려움은 잘 키우기가 어렵다.
이원성이 일원성으로 바뀌었다고는 하나
이제 갓태어난 아기에 불과하다.
아직
몸도 부자유하고
마음도 부자유하다.

이 아기를 잘 키우기가 어렵다.
탄생이 되었다고
끝이라고 생각하면 오산이다.
그러므로 보림이 필요하다.
60조 세포에 각인을 시키고
성질 기질 체질을 완전히 바꾸어
두루 통달한
주인어른(어르신)으로 키워내기가 어렵다.

-2005.10.19

봄128 원아님 낭독

봄129

<늘봄의 생활> 해제(解題)

<늘>이란
하늘에서 나온 말이고
하늘은
<한늘>에서 비롯된 말이다.

<한>은
한늘 한알 한울 한얼 한아에서
보는 바와 같이
큰 하나를 이르는 말이고
<늘>이란
항상하다, 변함이 없다라는
순수한 우리 말(한글)로서
진리의 속알(알몸)이다.

그러므로
<늘>은
하나의 진리이다.

<봄>이란
돌아봄 바라봄을 통하여
<늘>과 합일되면
<늘봄>이 되어

<늘>과 <봄>이
하나(한아)가 된다.

그러므로
<늘봄>은
자연과 인간의 조화와 통일이다.

<생활>이란
만물의 영장인
사람의 삶이다.

<늘봄의 생활>은
결국
<늘>을 깨닫고 사는 삶이고
<늘>을 믿고 사는 삶이고
<늘>과 하나가 되어 사는
삶이다.

그러므로
<늘봄>은
종교 아닌 종교이고
탈종교이고
초종교이고
종교의 통일이다.

<늘봄의 생활>은
21세기 초
태양계의 지구별
동북아의 한반도에서
한국인이 도를 깨달아
한글로 쓴 책이다.

인도의 것도 아니고
중국의 것도 아니고
서양의 것도 아닌
순수한 토종이다.

그러면서도
그 어느 종교적 전통과도
배치되거나 모순됨이 없이
두루 통달하되
종교의 형식을 탈피하고
종교의 알몸만을 드러내어
종교와 생활
수행과 생활이라고 하는
두가지를
생활이라고 하는
한가지로 접목시키고 있다.

봄129 원아님 낭독

봄130

무위(無爲)의 삶

무위의 삶이
늘봄의 생활이다.

늘봄이 되면
늘봄이라는 것도 없어
무심이다.

그러므로
늘봄의 생활은 무심의 삶이다.

무심이 되려면

돌아봄을 통하여
좌뇌와 우뇌의 경계선을 허물어
좌와 우를 하나로 관통시켜
좌우의 합일을 이루어내어야
둘로 분열된 자기를 치유하고
하나의 자기를 완성하여
드디어 자리를 잡는다.

바라봄을 통하여
안과 밖을 동시에 비출 수 있고
끊어지지 않아
늘봄이 되어야
인간과 자연이 하나로 통하여
조화와 균형이 이루어지면서
안심입명(安心立命)이 되어
무심의 경지가 된다.

무심의 경지란
한 생각 일어나기 이전으로서
천지미분전(天地未分前)이고
대소유무(大小有無)로 분열되기 이전이고
선악시비(善惡是非)로 갈리기 이전으로서
천지만물이 하나이고
대소유무가 하나이고
선악시비가 하나인 자리로서
우리들의 성품이요
우주만유의 바탕이다.

소아를 깨닫고
대아를 깨달아
소아가 대아에 대한
믿음이 생겨야
무심이 된다.

무심이 되어야
모든 짐 내려놓은 것이고
생사문제를 해결한 것이고
진화를 완성한 것이고
순리자연(順理自然)하여
우주창조에 동참한 것이고
인내천(人乃天)으로
천당과 극락을 소유함이다.

이것이
진정한
출세이고 성공이고
부자 장자이고
사람된 보람이다.

늘봄의 생활을 통하여
무심이 되어야
상황과 형편에 따라
저절로 살아가는
무위의 삶이 전개된다.

이렇게 되어야
갈등이 사라지고
후회가 없고
두려움이 없는
완전한 삶이 시작된다.

무위의 삶이야말로
인류를 구원하고
세상을 개혁하는
후천개벽(後天開闢)의 길이다.

봄130

봄131

사심(私心)과 공심(公心)

한 생각(법)도
남아있지 않아야
무심(無心)이다.

한 생각(법)이라도
남아있으면
무심이 아니다.

그러므로
한 생각 일으키면
죄를 짓는 것이다.

한 생각 일으키면
그에 맞서는
또 하나의 생각이 생겨나
하나가 둘로 분열되면서
상대(相對)가 되어
대립 갈등 투쟁이
끝없이 반복된다.

분열이란
찢어지고
갈라지고
금이 가는
아픔이다.

아픔은
분열에서 오고
분열은
한 생각
일으키는 데서 오고
한 생각은
나라고 하는
아집(我執)에서 온다.

죄를 짓지 않아야
아프지 않고
아프지 않으려면
한 생각 일으키지 않고
무심으로 살아야 한다.

한 생각으로 살면
사심(私心)이 되고
무심으로 살면
공심(公心)이 된다.

한 생각으로 살면
소아본위의
유위법(有爲法)이 되고
무심으로 살면
대아본위의
무위법(無爲法)이 된다.

— 2005. 11. 18

봄131 원아님 낭독

봄132

무심이 되려면

무심이 되려면
우리에게 주입된
모든 생각을
비우고 버리고 지워야 한다.

심지어는
당연하다고 통용되는
전통적인 윤리도덕관이나
이데올로기
종교적인 믿음까지
몽땅 놓아야 한다.

명상법에 대한
모든 지식도 버려야 한다.

또한 건강에 대한 정보나
대체의학적인 모든 지식도
버려야 한다.

그리하여
어떤 한 법에도 매이지 않고
입력된 모든 자료들을 지워버려서

한 생각(법)도 남지 않게 되어
한 생각(법)에도 매이지 않아야
무심이 된다.

모든 선입관 고정관념이 타파되어야
무심이 된다.

선입관 고정관념을
돌아봄 바라봄 늘봄으로
타파하여야
무심이 된다.

무심이 되어야
가볍고
홀가분하여
일마친 사람이다.

봄132 원아님 낭독

봄133

무엇을 돌아봄 하나요?

지금까지 한번도
돌아봄하지 않았던
있는 그대로의
자기 자신
자기의 내면, 속알, 핵심,
본질을
돌아봄 해야합니다.

지금까지는
삶의 외면, 껍질, 형식,
물질을 추구하는
단계의 삶이었습니다.

잘 먹고 잘 입고
좋은 집에서 좋은 차 타고
남들에게 존경을 받고
남들에게 대접을 받고
남들 보다 잘 사는 삶을 위해
남들과 경쟁하고
남들에게 이기기 위해

돈을 벌고
지위를 얻고
이름을 날리기 위해
재색명리를 추구하는 삶이었습니다.

그것은
반환점을 돌아오기 위한
삶의 과정이었습니다.

그것은
생각을 위주로한
좌뇌본위 소아본위의 과정이고
지식과 정보의 과정이고
과학기술을 추구하는 과정이었습니다.

이제 과학기술이
극에 도달한 시점에 왔습니다.
좌뇌를 능가할 정도의 컴퓨터를 만들고
원자의 핵을 이용하고
세포의 유전자를 조작하는
디지털 인터넷 시대에 살고 있습니다.

여기까지가 반환점의 과정입니다.
이제 반환점을
돌아오는 길로 접어들었습니다.

여기까지 옴으로서
우리는 지금껏
뒤로 미루고 금기시하였던
자기의 내면 본질 속알을
돌아봄 할 수 있게 되었습니다.

우리는 여기까지 오기 위해
허전하고 심심하고
답답하고 외로운
있는 그대로의 자기의 본질을
두려워하고
기피하고
외면하였던 것입니다.

이제
외적 추구가 실현되었으므로
다음 단계로
내면을 향해
전력투구하지 않을 수 없는
단계에 와 있습니다.

외적인 추구를 통해서는
의식주(衣食住)와
재색명리(財色名利)를 통해서는
단지 편리할 뿐이지

결코 만족할 수 없다는 것을
알게 되었습니다.

이제 반환점을 통과하고 있습니다.
지금까지 금기시(禁棄視)하였던
자기의 내면 본질 핵심 속알을
돌아봄하는
영성(靈性)의 시대가 오고 있습니다.

물량이 아니고
이름이 아니고
형식이 아니고
껍데기가 아닌

정신을 중시하고
실질을 중시하고
내용을 중시하고
속알을 중시하는
새인간 새시대가 오고 있습니다.

우리는
이러한 시대를 살고 있는 것입니다.

외적인 추구를 통하여
물질문명을 이루게 한

원동력이었던
심심함 외로움
답답함 허전함의
실체와 본질로
우리의 시선을
돌리지 않을 수 없게 된 것입니다.

모든 에너지를
밖으로 내몰았던
그 자기 자신의 내면 본질 속알을
규명하지 않을 수 없는
시점에 이른 것입니다.

밖으로 갈 데까지 다 갔습니다.
이제 돌아오는 길로 접어들었습니다.
이제 물질문명의 토양 위에
정신문화를 이루어야 할
시점이 되었습니다.

허전함 외로움 심심함으로
돌아봄을 저지시키고
외부지향으로 이끌었던
허전함 외로움 심심함을
돌아봄으로서

허전함 외로움
답답함 심심함이
충만 무한함
시원함 영원함으로 바뀌어

대무심으로
자유와 행복과 평화를 누려야 합니다.

우리를 압박하고
꼼짝달싹 못하게 만들었던
외로움 심심함
답답함 허전함을
돌아봄 하여야 합니다.

그리하여
외로움 심심함
답답함 허전함으로부터
자유로워지고
내몰리지 않는
막강한
신인간이 되어야 합니다.

이렇게 되어야
물질문명을 지배할 수 있는
정신문화가 꽃 피어납니다.

이렇게 되지 못하면

진화에 실패한

구닥다리 인간이고

시대에 뒤떨어진 인간으로서

물질문명의 질곡으로부터

인간과 세상을 구원할 수 없습니다.

–2005.11.24

봄133 원아님 낭독

봄134

무심의 증득

돌아봄으로
몸과 마음으로부터 벗어나게 되고
바라봄으로
몸과 마음의 주인이 되어야
늘 바라봄이 되어서
늘봄이다.

늘봄이 되면
늘봄이라는 것도 없어
무심이다.

봄134 원아님 낭독

무심이 되어야 비로소
소아본위의 인간(소인)이
대아본위의 인간(대인)이 된다.

이것이 소아가 대아를 깨달음이고
이것이 소아가 대아에 대한 믿음이고
이것이 무위의 삶이다.

무심을 증득하여야
일마친 사람이다.

– 2005.11.26

봄135

돌아봄의 수행

허무하고 공허한 마음을
돌아봄하는
법의 힘은 약하고

허무하고 공허한 마음으로부터
도망쳐
일이나 놀이에 빠지는
마(업)의 힘은 강하므로

마음을 돌아봄하기
이전 단계로

일상생활 가운데
몸동작을 돌아봄하고,
일조점호 일석점호를 통해
호흡을 돌아봄하고,
심장의 박동을 돌아봄하여

돌아봄의 힘을 기른 다음
생활 전반에 걸쳐
마음(생각과 느낌과 감정)을
돌아봄하여야 한다.

생각을 통해
밖으로 추구하는 업력과
돌아봄을 통해
안으로 비추는 법력과의
싸움을 통하여

허무하고 공허한 마음을 잡아
이기는 것이
돌아봄의 수행이다.

-2005.11.29

봄135 원아님 낭독

봄136

봄공부의 수행 3단계

1.돌아봄 (합일, 잉태, 초견성)

봄136 원아님 낭독

인간은
몸과 마음이라고 하는
이원성으로
미숙아에 해당된다고 하겠습니다.

시간적으로 앞생각과 뒷생각으로
공간적으로 안의 자기와 밖의 자기로
이원화되어 분열상태입니다.

그래서 중생(衆生)이라고 하지요.
그래서 두개의 자기를 하나의 자기로
합일시켜야 할 운명입니다.

영적인 난자와 영적인 정자가
잉태를 기다리고 있는 상태입니다.

보는 자기(정자)와
보이는 자기(난자)와의 사이에
거리감이 존재하므로
항상 그리움 외로움
답답함 허전함의 상태를
살고 있는 것이지요.

여기에서 대부분의 사람들은
그리움 외로움
허전함 답답함을 해소하고자
한 생각을 발동하여
밖으로 재색명리를 추구하는 과정을 택합니다.

극소수의 사람들이
외적으로 추구해서는
결코 영적으로 만족할 수 없다는 사실을 알고
내적으로 시선을 돌려 추구하는 것이
소위 자기를 찾아가는 여정이요
영적으로 거듭나는 과정인 것입니다.

영적으로 분열된 상태에서는,
합일을 이루지 못한 상태에서는,
자기의 정체성을
깨달을래야 깨달을 수 없습니다.

보는 자기가
보이는 자기를 향해
끊임없이 파고들어가
하나가 되어야
비로소
자기의 정체성을 보게 됩니다.

이것을 일러
초견성이라고 하고
합일이라고 합니다.

이러한 과정을
봄나라에서는
돌아봄의 생활이라고 부릅니다.

여기에서 일단
그리움 외로움
답답함 허전함의 문제는 사라집니다.

**본격적으로
안으로 파고들어가기 이전 단계로서
몸과 마음 돌아봄의 과정을
반드시 거치게 마련입니다.**

1). 몸돌아봄

(내면으로 방향전환하기 위한 준비단계1):

동정일여(動靜一如)

1.정(靜)할 때 몸돌아봄(호흡, 심장, 맥박 돌아봄)
2.동(動)할 때 몸돌아봄(언행, 표정, 동작 돌아봄)

잡았다 놓쳤다를 되풀이 하면서
줄기차게 나아가야 합니다.

2). 마음 돌아봄

(내면으로 방향전환 완료하기 위한 준비단계2):

몽중일여(夢中一如)

몽중일여는
비단 밤에 꾸는 꿈만 말하는 것이 아니고
낮에 꾸는 꿈까지도 아울러 말하는 것으로
생활 전반에 걸쳐
생각 느낌 감정으로 만들어
대립하고 반목하고 질시하고
갈등하고 아파하고
따지고 다투고 싸우고
후회하고 반성하고 슬퍼하는
내면의 모습과 소리와 일체의 현상에
깨어있음을 말합니다.

동정일여와 몽중일여 단계는
밖으로 향하던 에너지를 꺾어
180도 완전히 안으로 향하도록
방향전환시키고
정착시키는 과정입니다.

3). 본격돌아봄:

(내면으로, 원점으로의 행진, 파고들기, 원의 완성):

오매일여(寤昧一如)를 통한 합일

몸 돌아봄 수행에서
동정일여가 되고
마음 돌아봄 수행에서
몽중일여가 되어야
비로소
깊이 잠들어서도
동시에 깨어있는 상태가
감지가 됩니다.
아직도 이원성의 범주이므로
합일이 되지 않은 상태입니다.

여기에서
드디어 합일에의
간절함이 생기므로

안으로 파고들어가는
의지와 힘이 생기고
파고들어감이 시작되고
잠시라도 중단되는 순간이면
여지없이 밀린다는
절박감을 느끼게 되고
물결을 거슬러 올라가기 위해서는
젖먹던 힘까지 기울여
최후의 남은 힘을 몰아
합일을 향해
극치를 향해
용맹정진(勇猛精進)
행진을 거듭하게 됩니다.

동정일여, 몽중일여가 되어야
잠이 들어서도 깨어있는
오매일여가 됩니다.

그리하여
자나 깨나 앉으나 서나 깨어있는
오매일여(寤昧一如)가 됩니다
사람이 할 일이 여기까지 입니다.
참된 용맹정진은
자연히 저절로 진행되기 마련입니다.

그리하여
예기치 않은 어느 한 순간
줄기차게 파고들던 자가
문득 사라지면서
합일(合一)이 됩니다.

드디어
의식과 무의식이라는
구별이
분열이
관념이
사라집니다.

여기에서
모든 삶의 문제는
순간 순간 새롭게 시작되어
대립 갈등 투쟁의 패턴이
영구이 사라지게 됩니다.

떠돌이별이 붙박이 별이 됩니다.
영적으로 거듭남입니다.
이제 이원성의 중생이
일원성의 아기로 거듭난 것입니다.
드디어 사람이 된 것입니다.

2. 바라봄(얼아, 몸과 마음 길들이기, 중견성)

영적으로 합일은 이루어
자기의 몸과 마음의 주인은 되었으나
어린이가 황소 고삐를 잡고 이끌어도
황소(몸과 마음)가
말을 잘 듣지 않는 것과 같은
상태를 겪게 됩니다.

아직 60조 세포에
주인임을 각인시키지 못한
상태이기 때문입니다.
머슴이 주인 말을
잘 듣지 않는 상태입니다.

여기에서는
바라봄이 주인이 되어
몸을 바라보고 마음을 바라보는
수행이 진행됩니다.

마음을 바라봄을 통해
성질을 파악하고 다스림으로서
성질을 바꾸고
몸을 바라봄을 통해
기질 체질을 바꾸어

원만한 성질 기질 체질로 바꾸어
명실상부한 주인어른으로 성장해갑니다.
이러한 과정을 보는 것을
중견성이라고 합니다.

3. 늘봄(어르신, 무심, 상견성)

몸과 마음을 바라봄이
늘 봄이 되고
몸과 마음이 거부하고 저항하지 않고
순종하게 되면
몸과 마음에게
모든 걸 맡김이 이루어져서
무심이 됩니다.

이렇게 되면
몸이 가장 두려워하는
아픔을 넘어서게 되고
마음이 가장 두려워하는
죽음도 넘어서게 됩니다.

무심의 경지가 되면
정신과 마음과 몸이
일체가 되어 돌아가는
무위의 삶이 시작됩니다.

마음으로 말하면
두개의 마음이 한 마음이 되고,

몸으로 말하면
상단전(인간)
중단전(하늘)
하단전(땅, 식물, 동물)이
하나로 통하여
천지인(天地人)의 조화와 균형이
이루어집니다.

여기에서 사람은
천지(몸뚱이)에 목을 빼어
우두머리가 됩니다.

비로소 명실상부한
만물의 영장으로서
천지를 운행하고
만물을 장양하는
우주의 주인공이 됩니다.

사람의 완성이요
삶의 완성입니다.
이것이 사람의 성공입니다.

–2005.11.29

봄137

인체로 본 성리(性理)

사람은 하느님의 형상을 따라 지음을 받았다,
혹은
사람의 몸은 천지조화로 생겨난 것이다, 등등.

이러한 말들이
오랫동안 화두로 걸려오다가
요즈음에 와서
새삼스러운 바가 있어서
정리해 보려고 합니다.

봄137 원아님 낭독

가슴이 하늘(天)이라면
하늘의 중심은 태양이고
가슴의 중심은 심장입니다.

아랫배가 땅(地)이라면
땅의 중심은
하단전입니다.

그러고 보니 천지가
우리의 몸뚱이 입니다.

이 천지에 목을 달아내어
만들어진 것이
사람이요
얼굴이요
두뇌입니다.

결국 사람의 몸은
하늘과 땅의 조화로 탄생한 것으로
천지인(天地人) 삼합이 한 몸입니다.

그 중에서도 사람이 으뜸입니다.
사람이 만물의 영장입니다.

사람이 만물의 영장이 되기 위해서는
이 모든 소종래(所從來)를 깨달아야 하고
이것을 깨닫기 위해서는
생각의 돌아봄을 통해
좌뇌와 우뇌의 분열을
관통시키고
합일 시키고
치유하여야 합니다.

합일 시킨 다음이라야
바라봄을 통해
마음과 몸을 다스리고
부릴 수 있습니다.

이것이
천지의 주인이 되어
천지를 운행함입니다.

천지운행은
태양이 당기는 힘(원심력)과
지구가 당기는 힘(구심력)으로
자전하면서 공전하는 것입니다.

여기에 해당하는 것이
우리 몸의 다리와 팔입니다.
우리가 걸어다니고 일을 하는 것은
수족을 놀리는 것으로
천지 운행에 해당합니다.

수족을 놀리는 힘은 바로
당기고 밀어주는 힘입니다.

사람이 좌뇌와 우뇌를 합일시켜야
가슴(하늘)과 통하고
아랫배(땅)와 통하여
몸뚱이가 다스려집니다.

문제는 사람입니다.
사람이 되어야 천지의 주인입니다.

사람을 완성시키는 일
그것이 늘 봄의 생활입니다.

무심의 눈으로 사물을 보고
무심의 귀로 소리를 들어 보고
무심의 코로 냄새를 맡아보고
무심의 혀로 맛을 보고
무심의 몸으로 느껴보며 살면
이 세상이 바로 봄나라입니다.

지금 여기
우리가 살고 있는 곳이
바로 천당이고 극락입니다.

천지는 이미 낙원인데
오직 사람이 지옥고를 겪고 있습니다.
천지는 오직
사람이 합일되고 완성되기를
학수고대하고 있습니다.

그래서 오늘도 해가 뜨고
그래서 오늘도 심장이 뛰고 있습니다.

-2005.12.13

봄138

전체성과 완전성

에고(생각)는
자신이 불완전하므로
완전성을 추구한다.

그 완전성이라는 잣대로
자기를 심판하고 자학하고
남을 심판하고 비난한다.

그러다보니
자기의 약점 못난 점 감추려들고
남의 약점 못난점 들어내려고만 한다.

그래서
있는 그대로의 자기의 장단
자기의 전체성을 보지않아
자기의 전모(全貌)를 알지 못한다.

자기의 단점을 보지 못하니
자기를 알지 못하고
자기를 고치지 못한다.

그래서 자기를 치유(治癒)하지 못한다.
그래서 병고(病苦)에 시달리면서
윤회를 거듭한다.

소아(생각)는 불완전하다.
그러나 대아(봄)는 완전하다.
소아는 동전의 한 면만 보고
대아는 양 면을 다 본다.

전체성이 완전성이다.
에고가 완전해질 수는 없다.
에고가 사라져야만
완전해진다.

완전함만이
양면을 다 본다.
대소유무(大小有無)와
고저장단(高低長短)
선악미추(善惡美醜)를
다 보아야 한다.

그러므로
완전성을 추구하지 않아야
전체성으로 돌아가게 되고
전체성이라야
완전하다.

전체성이라야
다 보아주고
다 살리고
다스리게 된다.

봄138 뭔아님 낭독

봄139

무심해질 수밖에

제1회 봄나라 수련회 마지막날
자연바라봄의 일환으로
유명한 서해의 낙조, 일몰을 보러
안면도의 꽃지해수욕장에 갔다.

해는 점차 넘어가는 판이었다.
이윽고 해가 사라졌다.
그 때 봄님들에게 물었다.
해가 어디로 갔나요?

바다 속에 빠졌습니다.
누군가가 그렇게 말했다.
진짜 바다속으로 빠진 것으로 보였다.
분명히 누구에게나 그렇게 보인다.
이것이 현상이다.

그러나 또 한편
어떻게 해가
지구의 일부분인 바다에
빠질 수 있단 말인가!

크기로 보나
거리상으로 보나
말이 안된다.
해가 바다에 빠진 것이 아니다.
이것이 본질이다.

그러므로
상반되는 두가지 견해
긍정(이다)과 부정(아니다)을
하나의 의식의 스크린에
동시에 비추니
플러스(+) 마이너스(–)
제로(0)가 된다.

무심해질 수밖에 없다.
전체성이 거기에 드러난다.
한 생각 일어나기 이전이요
희노애락이 나타나기 이전자리다.

서해의 낙조는
참으로 장관이었다!

봄139 원아님 낭독

봄140

견성(見性)

차별성(差別性)은
육안(肉眼)으로 보이는 현상인지라
가르치지 않아도 누구나 다 안다.

그러나
평등성(平等性)은
영안(靈眼)이 뜨여지고
혜안(慧眼)이 열려야 안다.

전체를 보고 알려면
차별과 평등
양면을 다 보아야 한다.

외면(外面)은
육안으로 볼 수 있지만
내면(內面)은
육안으로 볼 수 없다.

내면을 알려면
영안이 떠져야하고
영안을 뜨려면
돌아봄의 눈을 떠야 한다.

평등성과 차별성
양면
양쪽을
하나의 의식스크린에
육안과 영안으로
각각 비추어 바라보아야
전체성이 드러난다.

그러므로
하나의 사물을 보고
차별성만 보고
평등성을 보지 못하면
어리석은 사람이고
차별성과 평등성
양면을
다 보아야
지혜로운 사람이다.

양면을 다 보고 아는 순간
마음이 비워져
대무심(大無心)이라고 하고
이 대무심을
늘 봄이
견성(見性)이다.

봄140 원아님 낭독

봄141

능소능대(能小能大)

크기로 말하면
우주만유를 집어삼키고도 남음이 있고
작기로 말하면
티끌 속에 들어가고도 모자람이 있는
우리들 공통의 신령스러운 본성입니다.

이것을 여실하게 늘봄이 견성입니다.
그러므로 초견성 중견성을 거쳐
상견성이 되어야
능소능대가 가능합니다.

봄나라 쎈터를 봄에 있어
대우주 전체로 볼 줄도 알고
은하계 전체로 볼 줄도 알고
태양계 전체로 볼 줄도 알고
지구 전체로 볼 줄도 알고
동북아 전체로 볼 줄도 알고
한반도 전체로 볼 줄도 알고
서울 종로구 운니동
월드오피스텔 905호로
볼 줄도 알아야 합니다.

사안에 따라
관점에 따라
능히 크게도 볼 줄 알고
작게도 볼 줄 알아야 합니다.

크게 보아야 할 때
작게 보아서도 안되고
작게 보아야 할 때
크게 보아서도 안됩니다.
크게 보아야 할 때는
크게 볼 줄 알아야 하고
작게 보아야 할 때는
작게 볼 줄 알아야 합니다.

사물을 정확하게 보려면
초점이 맞아야 합니다.
사안에 따라
관점이 딱 들어맞아야 합니다.
이것이 바르게 봄입니다.
이것이 알맞게 봄입니다.
이것이 성리에 맞는 봄입니다.

작게 보아야 할 때
크게만 보면
빙판에 넘어진 소의 형국이 되고
크게 보아야 할 때
작게만 보면
우물안에서 하늘을 보는
관견(管見)이 됩니다.

바르게 보고
알맞게 보고
정확하게 보려면
크지도 작지도 않은
성품자리에서
크게 보지도 말고
작게 보지도 말고
있는 그대로 보아야 합니다.

어떤 생각에도
사로잡혀 보아서는 안됩니다.
원수가 은인이라는 말은
크게 볼 때 하는 말입니다.
크게만 보는 것으로
만능을 삼아서는 안됩니다.
사안에 따라 얼마든지
작게 볼 줄도 알아야 합니다.

지금 여기에서
창조자와 파괴자로
구분할 수도 있어야 합니다.

그렇지 않으면
똥과 된장을 구분하지 못하는
어리석음을 범하게 되고
공덕을 쌓지 못하여
실패자가 되고 맙니다.

봄141 원아님 낭독

대무심이 되어야
초점이 맞고
사리에 맞아
분별이 역력해지고
바른 언행이 구사됩니다.

능히 작아지고
능히 커지는 것이
성리입니다.
그러므로
능소능대할 줄 알아야 합니다.

봄142

나는 누구인가?

봄이
보는 나와 보이는 나로
분열되어 사는 것이
중생(衆生)이다.

봄 하나가
시간적으로
앞의 나와 뒤의 나
공간적으로
안의 나와 밖의 나
두개의 나
주객으로 나누어지는 바람에
내가 누구인지 모른다.

그리하여
앞의 나와 뒤의 나
안의 나와 밖의 나와의 사이에
대립 갈등 투쟁이 벌어지고
판단 평가 심판이 거듭되어
마음 고생이 그치지 않는다.

내가 나를 심판하고
내가 나를 벌주고
내가 나를 가두고
내가 나를 괴롭힌다.
괴로움의 원인이 나이다.
남이 아니다.

봄142 원아님 낭독

그러므로
몸과 마음을 다스리려면
보는 나와 보이는 나와의
분열을 종식시키는 수밖에는 없다.
분열을 치유하는 수밖에는 없다.
보는 나와 보이는 나로
갈리기 이전의
봄 하나로
돌아가는 수밖에는 없다.

돌아봄의 생활로
일심이 되고
봄 하나가 되어야
바라봄이 되고
늘봄이 되어
대무심이다.
본심, 본태양이다.

대무심이 대아다.
대무심이 믿음이다.
믿음이 생겨야
근심 걱정 불안 공포에 떨지 않는다.

대무심이 되어야
내가 나를 괴롭히지 않는다.

대무심이 되어야
나를 사랑하고 남을 사랑한다.

이렇게 되어야
몸과 마음이 내가 아니고
나의 것이고
나의 도구이고
내가 몸과 마음의 주인임을
확실히 알게 된다.

몸과 마음은
유한하고 불완전하지만
나는
무한하고 완전하다.
내가 우주의 주인이다.
내가 초월자이다.
내가 절대자이다.

봄143

일심(一心)과 무심(無心)

봄143 원아님 낭독

상반되는
두 생각
선악으로
나누어지기 이전이
일심인데,

선악 두 갈래로 갈라져
대립 갈등 투쟁하다가
돌아봄으로
한마음 걷어잡아야
합일이고
일심이고
일심이 지속되어야
비로소 무심이다.

돌아봄으로
일심(합일)이 되어야 하고
일심이 되어야
바라봄이요
바라봄이 지속되어야
늘봄이고
무심이다.

유심(생각)과 유심(생각) 사이의
무심은
일심(합일)을 거치지 않은
상대적인 무심이고
찰라적인 무심인지라
낙공(落空)이요
가무심(假無心)이다.

일심을 거쳐
일심이 지속되면
일심마저 사라져
무심이다.

이렇게 깨달은
무심이라야
진공(眞空)이요
진무심(眞無心)이요
대무심이다.

이렇게 되어야
생각의 주인이 되어
다시는
선악에 시달리지 않고
선악을 굴리는
대해탈인이요
대자유인이다.

봄144

봄님

지금까지 사람들은
인간관계에 있어서
문제가 생기면
자기를 바로잡고 고치려고 하기 보다는
남을 바로잡고 고치려고 한다.

거기에는 자기를 돌아봄이 없다.
자기를 돌아봄이 없으므로
잘못의 원인을
안으로 자기에게서 찾지 않고
밖으로 남에게서 찾는다.

평생을 통해
아내(남편)를 바로잡으려고 하고
자식을 가르치려고 하고
국민을 개도한다고 투쟁하지만
헛수고(헛소리, 헛걸음, 헛짓)에 지나지 않는다.
아무도 자기 말을 듣지 않는다.

에너지의 낭비이고
허송세월일 뿐이다.

사람은 만물의 영장인지라
오직 스스로 자기를 돌아봄에 의해
자기를 발견하고
자기를 파악함에 의해서
스스로 고칠 수 있을 뿐이다.

어느 누구도
자기를 고쳐줄 수 없다.
자기를 고치고 향상시킬 수 있는 자는
어느 누구도 아닌
바로 자기 자신이다.

그러므로
공연히 남을 고친답시고
에너지와 시간을 낭비하는 삶은
어리석은 삶이요
잘못된 삶이다.

남을 걱정하고 고치려는 에너지를 돌려
자기를 걱정하고 고치는 쪽으로
에너지의 방향을 돌려야 한다.

남의 걱정을 하는 순간
남을 바로잡으려고
생각을 굴리고
입을 여는 순간
제 속이 상하고 문드러지는 줄 알아서
그 자기를 구하여야 한다.

자기가 아니면
자기의 몸과 마음을 구원하지 못한다.

이렇게 올곧게
남의 걱정하지 않고
관심의 방향을
자기의 몸과 마음에게로
전환한 사람이야말로
봄님이다.

봄144 원아님 낭독

봄145

늘봄의 생활

나의 몸은
추위와 더위와 같은
환경조건의 지배를 받고

나의 마음도
생각이나 감정의
영향을 받는다.

그러나 나는
추위와 더위에도
아랑곳 하지 않고
생각이나 감정에도
물들지 않고
삶과 죽음도 초월한다.

그러므로
몸을 유지하고
마음을 다스리는
권능이 있다.

몸과 마음에게는
내가 바로 주님이다.

그러므로
몸이 아파도
아픔을 초월하고
감정이 상해도
감정에 물들지 않는다.

이 초월의 나를
바로 깨달아
몸과 마음을
잘 다스리는 것이
늘봄의 생활이다.

봄145 원아님 낭독

봄146

이 시대 왜 봄나라인가?

생각을 바꾸면
삶이 달라지고 세상이 달라집니다.

그러나 생각은
바꾸려고 해서
바뀌어지는 것이 아닙니다.

대부분의 인간의식의 수준은
생각을 자기로 아는
수준에 머물러 있습니다.

다시 말하면
생각의 주인이 아니고
생각의 노예상태에 있는 것입니다.

생각의 주인으로
생각을 자유자재하지 못하고
오히려
생각에 끌려다니는 형편인 것입니다.

이러한 상태에서
생각을 바꾼다고 마음 먹어도
생각을 바꾸는 것이 아니고
또 다른 생각에 이끌리고 있어
생각으로부터 자유롭지 못합니다.

생각은 이원성입니다.
상반되는 두 가지 생각 중
어느 한가지를 택하여도
거기에는
선택받지 못하고 배제된
나머지 한 생각이
불만을 품고 있어서
갈등이 생기기 마련입니다.

그렇다면
생각은 어떻게 일어납니까?
생각은 선악에 대한 가치관념
다시 말해서
선악 시비 장단에 대한
선입관(조건부여)으로 부터
한 생각 분별의식(조건반사)이
일어나는 것입니다.

이것은
무의식적이고 기계적인 과정이
끝없이 되풀이되는
과정에 지나지 않습니다.
거기에는
각성이 없고 주체성이 없습니다.

그러므로 편견과 아집과 무지가
작용 반작용을 되풀이합니다.

그리하여
우리는 누천년(累千年)간
대립 갈등 투쟁을 하면서
근심 걱정 불안 공포 속에서
살고 있는 것입니다.
우리는 비참하고 처절한
삶의 굴레를
벗어나지 못하고 있습니다.

인류는 자유와 행복과 평화를 외치면서도
이와같은 근본문제를 해결하지 못하여
오늘도 가정이나 사회나 국가나 세계가
몸살을 앓고 표류하고 있습니다.

이 모든 인간과
세상의 문제를 해결하려면
우리들 각자가
생각의 이원성으로부터
자유로워져야 합니다.

생각의 조건부여와
조건반사라고 하는
틀을 깨뜨리고
생각을 좌지우지
할 수 있게 되어야 합니다.

다시 말하면
생각으로부터 해탈하여
자유인으로 거듭나야 합니다.

그렇지 못하면
혁명가는 다시금 기득권자가 되어
또 다른 혁명가의
철퇴를 맞는 일이 되풀이 됩니다.

봄나라에서는
여기에 대한
분명한 길을 제시하고 있습니다.

생각을 돌아봄, 바라봄,
늘봄의 생활이 그것입니다.

종교도 아니고
학문도 아니고
사상도 아닙니다.
어떤 계율을 강요하는 것도 아니고
어떤 이념을 주입하려는 것도 아닙니다.

단지 생각의 이원성에 붙들려 허덕이는
개인을 구원하기 위하여
봄나라가 생기고 존속하는 것입니다.

지금까지 그 어떤 종교도
정치적 이데올로기도 윤리도덕도
이와 같은 인간의 문제를
해결하지 못하였습니다.

봄나라는
번거로운 껍데기를 놓아버리고
그 핵심을 간단명료하게 추려잡아
현실의 생활을 버리지 않는 가운데
인간이 당면한 이 문제를
해결하려고 합니다.

헛소리 그만하고
헛걸음 그만하고
헛짓 그만둘 때가 되었습니다.

이 문제에 대한
확실한 진단이 나왔고
확실한 처방전도 나왔습니다.

이제 우리 봄님들이
명실상부한 생각의 주인으로
거듭나는 일이 남아있습니다.

인류를 도탄에서 구원하는 책무가
여러분의 어깨에 달려 있습니다.

여러분들이 증인이 되어주시고
가이드가 되어주실 것을
간곡하게 호소합니다.

봄146 윈아님 낭독

봄147

봄비 자욱이 내리는 날입니다

며칠전에는
꽃샘추위가 기승을 부리고
봄바람이 불어재끼더니
어제 오늘
하늘이 낮게 드리워지면서
봄비가 내리고 있습니다.

이제 건조주의보가 해제되었대요.

이제 봄비가 그치면
움츠러들었던
개나리 진달래가 활짝 피겠지요!

우린 흐린 날 보다
맑은 날을 좋아하는 것 같애요.

화창하게 맑은 날에는
밖으로 달려나가고 싶어지고요.
흐리고 어두운 날은
집안에 들어앉아 나가고 싶지 않지요.

날씨가 흐리고 어두우면
마음도 흐리고 어둡게 물들어져요.
그래서 공연히 짜증이 나고 우울해지나봐요.

흐리고 어둡고 비오는 날이 있어야
맑게 갠 화창한 날도 있겠지요.

마음은 환경조건에 물드는가봐요.
이 물든 마음을
흐리고 어두운 마음을
우울한 마음을
돌아봄으로
알아차림으로
말끔하게 우리 닦아요.

봄147 원아님 낭독

봄빛으로
따뜻하게 비추어
깨끗하게 닦아
뽀숭뽀숭하게 만들어요.

그리하여 우리
흐리고 어두운 날도
맑고 밝은 날 못지 않게
보기가 좋은 날
아름다운 날로
한번 만들어 보아요

–2006.04.02

봄148

연어 잉어 그리고 해바라기

생각을 쫓아
밖으로 떠돌던 나그네가
봄나라를 찾아오는 여정이
꼭
수만리 바다를 떠돌다가
제가 태어난 냇물 찾아오는
연어와 같다.

돌아봄의 여정이
물을 거슬러 올라가는 길이라는 점에서
마치
폭포를 거슬러 차고 오르는
잉어와 같다.

그리고
잠시 잠깐이라도
생각의 동향에서
눈을 떼지 않는다는 점에서
꼭
해바라기를 닮았다.

그들이
돌아봄의 여정을
몸소 보여주고
가르쳐 준다.

-2006.4.02

봄148 원아님 낭독

봄149

결국 나의 문제

남을 바로 잡으려고 하는
한 생각에 이끌리는 순간
자기가 거꾸러지고 무너진다.

왜 그럴까?

그 순간
생각에게 주인자리를
내어주었기 때문이다.
생각에 사로잡혀
생각의 종으로
전락하였기 때문이다.
주객이 전도되었기 때문이다.

남을 바로잡기 이전에
전도된 나부터 바로잡아야 한다.
남을 바로잡는 문제는
내가 바로 선 다음의 일이다.

한 생각 일으키기
이전으로 돌아가는 것이
자기를 바로 잡는 일이고
자기를 구원하는 일이다.

어떻게 돌아가는가?

돌아봄으로
한 생각 일으키기 이전으로 돌아간다.
그러면 깨끗이 닦여진다.

봉149 원아님 낭독

내가 깨끗해지는 것이
남을 깨끗이 하는 것이고
세상을 깨끗이 하는 것이다.

결국 모든 문제는 나의 문제다.

더러워진 자기를 그대로 둔 채
남을 바로잡으려고
한 생각 좇아 말하고 행동하면
풍비박산이 된다.

–2006.04.08

봄150

자기, 당신, 그대를 사랑합니다

관심의 방향을
일단 안으로 돌려
밖으로 나가는 기운을
제압하여야
두마음이 한 마음이 됩니다.

한마음이 되어야
님이 나타나
님과 마주봅니다.

이별없는 님과의
사랑의 삶이 시작됩니다.
이렇게 되어야
외롭지 않고 슬프지 않습니다.
이렇게 되어야
마음이 항상 넉넉합니다.

얼굴없는 님과의
사랑이 시작되어야
모든 얼굴있는 님들과의
사랑이 시작됩니다.

자기가 님으로부터
지극한 사랑을
항상 받고 있으므로
자기가 남들에게
조금이라도
사랑을 하지 않을 수 없습니다.

사랑을 하며는 자기가 이뻐져요
사랑을 하며는 남들이 이쁘게 보여요
사랑을 하며는 행복해요
사랑을 하며는 순해져요.

봄150 원아님 낭독

봄151

나라고 하는 핵무기를 해체합시다

소아를 비우지 못하고 놓지못한
개인은
시한 폭탄과 같습니다.
수류탄과 같습니다.

아니 핵무기가 무엇인가 했더니
진짜 핵무기는
바로 생각의 주인노릇을 하지 못하고
생각의 노예상태에 있는
우리들 한사람 한사람입니다.

누가 조금 비위를 거슬리거나
건드리거나 찌르는 날이면
여지없이 폭발하고 맙니다.
여기서 대립 갈등 투쟁이 벌어집니다.

생각의 노예상태에 있는
대부분의 사람은
참으로 위험한 존재들입니다.

대립 갈등 투쟁으로 점철된
세상과 역사의 원인이

마음을 다스리지 못하는
나에게 있습니다.

그러므로
그 나를 고치는 것이
역사를 바로잡는 일이고
세상을 바로잡는 일입니다.

어떻게 고치고 바로잡나요?
자기의 내면에서
대립 갈등 투쟁을 일으키는
생각과 감정을
돌아봄 바라봄 늘봄으로
알아차리고
화안하게 밝히고 녹여야
생각의 주인이 됩니다.

이렇게 한사람이라도
에고라고 하는
핵무기 해체에 성공한 사람이
생기면
그 여파가
다른 모든 사람들에게
점차적으로 미칠 것입니다.

여기 봄나라에
이 문제를 해결하고자
봄님들이 모였습니다.

자문자답하십시다.
나는 생각의 노예인가 주인인가?

언제 터질지 모르는
위험한
나라고 하는
시한 폭탄
에고
핵무기를
해체하였는가?
못하였는가?

봄나라는
핵무기 해체를 하기 위해
존재합니다.

진정한 봄님이라면
생각의 노예를 극복하고
생각의 주인으로
변화된 사람입니다.

그러므로

진정한 봄님은

생각(칼)을 휘두르는 단계를 지나

생각(칼)을 놓을 줄 아는 사람입니다.

봄151 원아님 낭독

봄152

자문자답

봄152 원아님 낭독

(?) 자연을 대하면서
항상 아름다움과 경이로움을
가슴 깊이 느끼는가?

(?) 사람을 대하면서
겉모습만 보는가?
아니면 거룩하고 존엄한
속알까지 보는가?

(?) 사람을 대할 때마다
또 다른 나의 분신임이 느껴지는가?
그리고 항상 감사한 념이 발해지는가?

(?) 지금 이 순간
천지만물 우주만유가
몽땅 다 품어지는가?
그리고 흔적과 자취가
있는가? 없는가?

(?) 천번만번 억만번 연마하여
의식이 가슴과 통하도록 하자.

봄153

몸짱 얼짱

운동으로
심폐기능과
근육의 기능을 강화하여
몸을 부드럽고 튼튼하게 만들어야
몸짱이 되고

한 생각 일어나는
부정적인 마음(미움, 원망)을
한 생각 긍정적인 마음(사랑, 감사)으로
돌릴 줄 알아야
언제 어디서나
가슴이 불타는
얼짱이 된다.

몸의 운동은
심폐기능과
다리근육을 강화시키는
등산이 제일이고

등산 다니면서
목운동 팔운동
가볍게 보충하면 그만이다.

마음의 운전은
한 생각
미워하는 마음이 일어나는 즉시
한 생각
사랑하고 공경하는 마음으로 돌리고
한 생각
원망하는 마음이 일어나는 즉시
한 생각
감사한 마음으로 돌리는 연습을
부지기수로 하여

현재의식, 평상심이
항상 감사하고 사랑하고
공경하는 마음으로
대중이 잡히면
그만이다.

—2006.06.14

봄153 원아님 낭독

봄154

거울보기

거울을 들여다 보면
자기 얼굴이 비친다.

실지 얼굴은 볼 수 없고
실지 얼굴의 **그림자**만 보인다.

비슷하지만 실지가 아니다.
오른쪽 왼쪽이
서로 바뀌어 나타난 **허상**이
내가 아는 내 얼굴의 전부이다.

허상을 보고
잘났다 못났다고 한다.
맘에 든다 안 든다고 한다.
맘에 들면 좋다고 하고
맘에 안 들면 나쁘다고 한다.

식물이나 동물을 보면
그런 구별이 없는데
사람을 보면
그런 구별이 든다.

그냥 거울을 보면

잘났다 못났다가 없다.

그런데 맘으로 거울을 보면

잘나 보이기도 하고

못나 보이기도 한다.

맘으로 본다는 것은

허상의 허상을 보는 것이다.

그러므로

잘나 보이거나

못나 보이거나

그게 그거다.

괜찮아 보이는 모습에서

못난 모습을 볼 수 있고

추한 모습에서도

아름다운 모습 볼 수 있어야

허상을 제대로 봄이다.

현상은 허상이다.

내맘대로 볼 수 있어야 한다.

양 변에 떨어지거나

매이지 않고

자유자재 하여야 한다.

꿈보다 해몽이다.

모두가 내맘대로다.

아름다운 세상을 창조할 것인가?
추한 세상을 창조할 것인가?
괴로운 세상을 창조할 것인가?
안락한 세상을 창조할 것인가?

그것은 거울을 보기 나름이다.

–2006.06.15

봄154 윈아님 낭독

봄155

웰빙(well-being)

삶의 질을 높이려면
어떻게 해야 하는가?

성질 기질 체질이 바뀌어야
의식수준의 향상이 오고
의식수준의 향상이 와야
삶의 질이 높아진다.

그 중에서 핵심은
성질을 바꾸는 것이다.

성질은
태어날 때
타고난다고 한다.
부모로부터
물려받는다고도 한다.

봄155 원아님 낭독

그렇다.

그러나 알고 보면
자기가 만든 것이고
자기가 선택한 것이다.

그러므로 성질은
고정불변한 것이 아니다.
얼마든지 고칠 수 있다.

자기가 만들었기에
자기가 고칠 수 있다.
누구도 고치지 못한다.

돌아봄으로
몸과 마음으로부터 벗어나야
바라봄으로
자기의 성질이 보이고
자기의 기질이 보이고
자기의 체질이 보인다.

자기의 성질 기질 체질이
보이지 않아서 모르고
몰라서 고치지 못하다가
보이므로 알게 되고
알므로 고치게 된다.

천번 만번 억만번
되풀이하여 새긴
성질 기질 체질인지라
천번 만번 억만번

되풀이 하여
보고 알고 깨쳐
갈고 닦아야
변화가 온다.

순백의 화선지에
무엇을 그릴 것인가?
어떤 성격을 창조할 것인가?

원만한 성질 기질 체질이라야
자기가 편하고
주위도 편하여
자족(自足)이다.

자족이야말로
최상의 삶이요,
웰비잉(well-being)이다.

그러나
성질 기질 체질의
끊임없는 향상이
이루어지지 않는
정체(停滯)된 자족(自足),
웰비잉(well-being)은
아니다.

–2006.06.26

봄156

이순(耳順)의 경지

공자가 논어에서

15세에 공부에 뜻을 둔 이래
30에 공부 길을 잡았고
40에 외부의 유혹에 흔들리지 않게 되었고
50에 하늘이 나를 낸 뜻을 알게 되었고
60에 남의 소리를 다 들어줄 정도가 되었다고 하였다.
70에 하고 싶은 대로 하여도
절도에 어긋나지 않게 되었다고 한다.

부처님의 귀가 큰 것도
공자님이 말한
이순(耳順)의 경지를 형상화한
하나의 상징으로 볼 수 있다.

남의 이야기를 잘 들으려면
자기 안이 조용해야 한다.

봄156 원아님 낭독

육안으로는
상대방을 바라보면서

심안으로는
자기가 지껄이는 소리없는 소리
상대방의 말에 대한 거부반응
판단 평가 심판이라고 하는 한 생각이
파도처럼 일어나 출렁이게 되면
시끄러워져
남의 이야기가 더 이상
잘 들리지 않는다는 사실을
보아야 한다.

이러한 사실을
상대방의 말을 들으면서
돌아봄 하여
한 번 알고 두 번 확인하고
자꾸만 하다가 보면
점차 조용해지기 마련이다.

안팎이 완전한 침묵의 상태가 된다.

이렇게 된 경지를
공자는 이순(耳順)이라고 하였다.

이순(耳順)의 경지는
비단 60이 되어야 되는 것이 아니라
누구나 돌아봄을 하여
고요해지는 법,
마음을 다스리는 법을 터득하면
되어진다는 것을 말하고 싶다.

귀가 순해졌다는 것은

자기 안이 조용해졌다,
침묵의 힘을 얻었다,
남의 말을 다 듣고
해몽할 수 있는 실력이 있어
거부하거나 저항하지 않고
머물거나 막히지 않는다는 뜻이다.

이 때 들어 봄에는
듣는 자가 없고
대상도 없고
들어 봄만이
천지에 가득함이 느껴질 것이다.

이순(耳順)이다.

-2006.06.27

봄157

합일의 증거

봄157 원아님 낭독

합일이 되면
몸과 마음
의식과 무의식의
분열현상이 사라지고
다스려진다.

그래서
잡았다 놓쳤다하는 일이
영구히 사라진다.

그래서
기다리고
찾고
추구하는 일이
끝난다.

합일이 되어야
봄이 나라는 것을
알게 되고
내가 무엇인지에 대한
자각이 온다.

합일이 되면
나를 잃어버려
찾아헤메는
외로움
그리움
괴로움이
영영 사라진다.

그래서
과거 현재 미래라고 하는
시간적인 분열이 없어
과거에 대한 후회가 없고
미래에 대한 염려가 없다.

공간적으로도
안과 밖이라고 하는
경계가 사라져
보는 자(밖)와
보이는 자(안)의
간격이 없어
거리감이 존재하지 않게 된다.

그래서
탐심을 일으키지 않는다.

그래서
화를 내거나
신경질을 부리거나
싸울 일이 없다.

그래서
오해하지 않고
이해하며 살고
부정하지 않고
긍정하며 산다.

그래서
사납지 않고
순해지며
어리석지 않고
현명해진다.

그래서
맘에 부림을
당하지 않고
맘을 자유자재로
부리고 쓰면서
사는 길로
곧장 간다.

-2006.07.07

봄158

깨달음의 증득(證得)

잠시도
가만 있지 못하고
천지만엽(天地萬葉)으로
흐트러지는 마음

이 생각 저 생각에 끌리고
이리갈까? 저리갈까?
할까? 말까?

헷갈리고
스트레스 받으면서

오락을 찾아
쾌락을 찾아
서성이다가
쳐박히고
또 쳐박히면서도

대책없이 속절없이
임시미봉책에만
매달리고 사는 것이
그대임을 아는가?

한 생각을 쫓아
밖으로 추구하는 한
천하의 부귀공명을
얻는다 하여도
그대의 허전한 가슴은
결코 채워지지 않는다.

그렇다면
그대는 어떻게 할 것인가?

그대는 남달리
봄나라 센터에 까지 왔다.
<늘봄의 생활>을
100독이나 했을지도 모르고
이론적으로
그 어려운 개념정리가
되었을지도 모른다.

입을 벌려 말하면
남을 감탄시킬 수도 있고
글을 쓰면
남으로부터
칭찬을 들을지도 모른다.

그럼에도 불구하고
가슴이 허전함을
숨길 수 없을 것이다.

그것은 무슨 까닭인가?
한마디로
합일이 이루어지지 않았기 때문이다.

이 점을 스스로 알았다면
그대는 이제부터
돌아봄의 생활
돌아봄의 수행을 시작할 수 있다.

몸돌아봄과
마음 돌아봄 수행을 통해
그대는
밖으로 나가던 에너지의 방향을
비로소 안으로 돌려놓게 된다.

그렇게 되어야
본격적으로
안으로 돌아봄이 가능해진다.

방향을 안으로 틀었다 뿐이지
아직도

외부로 나가는 힘이 강하므로
그 이상의 힘을 기울여야
밀리지 않고
떠내려가지 않고
파고들어갈 수 있다는 걸
명심해야 한다.

습관적 충동적
무의식적 반사적으로
달려나가는 힘을
그대는 이기면서
거슬러
올라가야 하기 때문이다.

멍청하게
고요한 자리만을
지키고 있다가는
여지없이 밀리고 떠내려가
곤두박질 당한다는 것을
알아야 한다.

그대는 한 생
태어나지 않은 셈치고
각오를 단단히 하여야 한다.

너무나 힘이 들기에
쓸데없이 힘을 낭비해서는 안된다.
꼭 필요한 일이 아니고는
생각도 말도 행동도 하지 않아야 한다.

자나깨나 앉으나 서나
쉬지않고 파고들어간다.

그리하여
밖으로 나가는
힘의 시발(始發)인
중심에
도달하여야 한다.

이렇게 되어야
천지만엽으로
흐트러지는 마음을
수습하고
다스릴 수 있는
힘을 얻는다.

이렇게 되어야
자기가 무엇인지
진리가 무엇인지
알게 된다.

잠시 잠깐
마음이 비워지고
고요한 상태는
누구에게나
일시적으로 온다.

그것은
깨달음을 잠시 구경한 것이지
깨달음을 증득한 것이
아니라는 점을
확실히 알아야 한다.

-2006.07.07

봄158 원아님 낭독

봄159

안과 밖의 경계선(은산철벽)을 허물자

생각은
밖으로 나가는 원심력이고
돌아봄은
안으로 잡아당기는 구심력이다.

그대는
돌아봄의 수행을 하지 않았으므로
속절없이
한 생각을 일으키고 이끌리고 쫓아가는
생각의 메카니즘에 빠져

정신이 나가
자기를 돌아보지 못하고
잊어먹은지 오래되어
끊임없이 밖으로
추구하고 떠도는 신세다.

봄159 원아님 낭독

밖은 환하게 비추는 데
안은 돌아봄이 없어 캄캄하다.
밖으로 남은 잘 보면서
안으로 자기는 보지 못한다.
이것이 그대의 의식수준이다.

이것이
그대가 자기를 놓치고
자기를 잃어버리고
자기를 보지 못하고
알지 못하여
자기에게
무지몽매(無知蒙昧)하게 된 까닭이다.

그리하여
그대는 명(明)과 암(暗),
좋고 나쁨
옳고 그름
의식과 무의식이라고 하는

이원성, 상대성이 교차하면서
끝없이 끌려간다.
부자유하다.

이 윤회의 사슬로부터
벗어나기 위해서는
일단
몸돌아봄 수행으로
구심력을 키워나가야 한다.

어느 정도 구심력이 생겨야
다음 순으로
마음 돌아봄이 가능해진다.

그런 연후라야
자나깨나 지속이 되는
오매일여(寤寐一如)가 되고
드디어 합일이 이루어지고
자기를 찾아

안으로 돌아봄과
밖으로 바라봄이
서로 대립 갈등 투쟁하지 않게 되고
둘이 하나로 연결되고 통하게 되어

상극(相剋)의 에너지가
상생(相生)의 에너지로 바뀌어
마음을 잡고
마음을 다스리는
주인으로
다시 탄생하게 된다.

여기에서 비로소
밖을 보면서
동시에
안까지 보이고
안을 보면서도
동시에
밖까지 보이게 된다.

합일이 이루어지지 않으면
안을 보면 밖이 흐릿해지고
밖을 보면 안이 캄캄해질 수밖에 없다.

합일이 이루어져야
안과 밖의 경계선이 무너져
하나로 통하게 되어
천지만물이 포용되기에 이르고

드디어
사물의 주인으로서
공간적으로 무한하고
시간적으로 영원한
자기를 깨닫는다.

이것이
진정한 소원성취이고
출세이고 성공이다.

이것이
진정 가문의 영광이요
한반도와 지구와
태양계와 우주의 영광이다.

봄160

그래서 합일하고 깨달아야 한다

언제 부터인지는 몰라도
오랜 세월 동안
생각이 중요해짐에 따라
생각에 의존하는 삶을 살다보니
생각의 주인으로
생각을 사용하고 부리던 내가
생각에게 쫓겨나
생각에게 끌려다니는
생각의 노예 신세가 되고 말았다.

일단
안의 나(에고)가 주권을 차지하고
연속적으로 생각을 일으키면
구름이 하늘을 덮듯
내면의 하늘과 빛을 덮고 가리게 되어
밖의 나로서는
맑고 밝고 드넓은 나를
볼래야 볼 수가 없게 되고
이윽고
망각하기에 이르렀다.

그래서
그대는 밖으로 쫓겨난 신세
떠도는 신세가 되어
자기가 누구인지 모르는
얼간이가 되었다.

그리하여
온전한 나 대신
나라고 하는 한 생각,
에고(ego)가
나를 몰아내고
주인노릇을 하기에 이르렀다.

내가 생각을 쓰고 부리는 대신
반대로
나라고 하는 생각이
나를 지배하는 꼴이 되어
내가 생각의 노예가 된 것이다.

그래서 중생이 되었다.
그래서 하늘 나라에서
지상으로 귀양 온 것이다.
그래서 등천해야 하고
그래서 합일하고
깨달아야 한다.

나의 내면(심리)을 장악하고 있는
나라고 하는 생각(에고)은
반드시 둘로 갈라져
대립 갈등 투쟁과
부패와 분열을 일삼는다.

공간적으로
안의 나와 밖의 나
시간적으로
아까의 나와 지금의 나
지금의 나와 이따의 나가
상극(相剋)의 관계가 된다.

나는
안에 있는 나에게 쫓겨나
밖으로 떠도는 떠돌이 신세다.
집에서 쫓겨나
타향을 떠도는 신세이기에
외롭고 서럽고
고달프고 억울하다.
요리 조리, 이리 저리
모면하려고 별짓 다해도
허전하기는 마찬가지다.
모면하려고 들면
더욱 허전하기만 하다.

자! 어떻게 하여야
밖으로 추방당한 하나의 내가
안을 장악하고 있는
또 하나의 나와 합칠 것인가?

안의 나를 향해
끊임없이 쳐들어가야 한다.
조금의 틈이나 여지를 주는 날이면
상대에게 밀리므로
전진할 수가 없다.

그러므로
몸 돌아봄으로
힘을 기른 다음
마음(생각) 돌아봄이
끊어지지 않도록
밖의 나를 강화하여야 한다.

그리하여
자나깨나 앉으나 서나
끊어지지 않을 정도가 되어야
밖의 나와 안의 나
이전의 나와 지금의 나
지금의 나와 이후의 나
보는 나와 보이는 나가

합일이 되어
지금 여기에 존재하게 되는 동시에
담박 생각에 대한 주도권을 확보하여
생각의 주인으로 복귀하게 된다.

이 일이 급선무다.
생각의 노예신세에서
생각의 주인이 되는 길
사람이라면 누구나 가야 할 길이다.

담박 깨달으면 좋으련만
그렇게 되지는 않는다.
담박 깨달아도
다음 순간 놓치는 깨달음이라면
합일의 길을 반드시 가야한다.

왕도가 따로 없다.
끊임없이 줄기차게
안으로 안으로 파고들어가
하나가 되어야
본심의 하늘과 본태양이 드러난다.
보이지 않고 알지 못했던 내가
거기 있는 것이다.

막혔던 것이 트이고
보이지 않던 것이 보이고
잠들었다가 깨어남이다.

알고보면 항상 그러하다.
누구나 그렇다.
다만
그것을 깨닫지 못할 뿐이다.

봄160 원아님 낭독

봄161

생각을 돌아봄

봄161 원아님 낭독

생각의 돌아봄을 통해
우리는 생각의 정체를 알게 된다.

생각이란
과거의 기억이나
선입관 고정관념으로부터 일어난다.

만약 과거가 없다면
생각이 꼬리에 꼬리를 물고 일어나는
연상작용도 일어나지 않는다.
생각이 마음을 장악하고
생각이 나를 끌고 다니므로
생각의 노예신세란 것을
마음 돌아봄을 통해 자각하게 된다.

생각이 행동을 이끌려고 한다.
생각으로 이해되지 않으면
행동으로 내딛지 못하는 자는
생각의 노예상태란 걸 알아야 한다.
좌뇌본위의 단계,
지적인 이해수준의 단계이므로
우뇌개발을 하여야

한 단계 나아가
생각의 주인이 될 수 있다.

생각에 의존하기만 하는 단계에서는
생각이 끊임없이
의식의 공간을 차지하므로
생각의 이원성 양면성으로 인하여
대립 갈등 투쟁의 길
번뇌망상의 길
어리석음의 길을 갈 수밖에 없다.

그것은
마음의 분열인 동시에
자주권의 박탈로서
자기의 정체성을 상실한
부자유하고 깨닫지 못한 중생이다.

그렇다면
우리는 어떻게 하여야
생각의 굴레로부터 벗어나
생각의 동향을 바라보고
체험할 수 있을 것인가?

생각으로부터 벗어나
생각을 다스리고 부릴 수 있으려면
어떻게 하여야 하는가?

일차적으로
생각의 돌아봄의 능력을 키워야한다.
항상
생각의 동향에
시선이 고정되어 있어야 한다.
항상
내면에 의식이 깨어있어야
지금 여기에서의
마음의 동향을 파악할 수 있다.

생각은 항상
앞 생각에 대하여 뒷 생각이
판단 평가 심판하면서
끊임없이 의식의 공간을 장악하고
주인행세를 도모한다는 사실을
발견하여야 한다.

그리하여
판단 평가 심판을 통해
어떤 결론을 내게 되면
고정관념, 선입관으로
잠재되고 입력되어
그 생각이
우리를 구속하는 율법이 되어
자유를 상실하게 된다.

그렇게 되면
자기의 행동이
그 생각(윤리도덕이나 신념)과
일치되는지 여부를
끊임없이 대조하게 되고
필경 그 관념을 지키지 못하면
자책과 질타를 가하여
자괴감에 빠지고 괴로워진다.

우리의 괴로움은 실상
환경조건이나 남으로부터 온다기 보다
최종결제권을 가진
자기의 소행이라는
놀라운 사실을 발견하게 된다.

그러므로 여기에서
우리는 어떤 결론이나 신념 등
한 생각이라도 마음에 머물게 하거나
집착을 해서는 안된다는
중요한 사실을 깨닫게 된다.

우리는
한 법도 세우거나 정하지 않아
얽매이거나 구속받지 않아
대자유를 누리게 된다.

마음 돌아봄 공부를 통하여
항상 생각을 돌아봄으로서
생각이 무의식적 습관적으로 일어나고
머물거나 굴러가지 못하도록
마음을 텅비우게 된다.

마음이 텅비운 상태가 자리를 잡게 되면
한 생각이 일어나는 조짐에서부터
일어나 움직이고 변하는 전과정을
소상하게 의식하면서
체험하는 일이 가능하게된다.

이렇게 하면
생각이 일어나도
그 생각과 싸우는
또 다른 한 생각을 일으키지 않게 되어
관찰하는 일이 가능해지고
기억, 업, 까르마 등으로
축적되고 쌓이지 않아
깨끗이 지워진다는
놀라운 사실을 발견하기에 이른다.

이것이
생각의 필터링이자 크리닝이다.
이것을 이름하여
마음을 닦는다고 하는 것이다.

항상
이렇게 마음을 닦는 능력이 생기면
마음은 텅비어
맑고 밝고 광대무량해진다.

이러한 경지가 지속되면
자연 이것을 깨닫고 보존하게 된다.
이것이 깊어지고 드러나면
비로소
바라봄의 단계이고
늘봄의 단계로
생각을 다스리고 부리는 일이 가능하여
생각의 주인이 된다.

이렇게 되어야
물질의 질곡으로부터 벗어난
영적인 존재가 된다.
만물의 영장이다.
사람이 된 것이다.

그렇게 되어야
생각이나 물질에 끌리지 않고
생각이나 물질을 다스리고 부릴 수 있는
사람다운 사람으로
의식의 진화가 이룩된 것이다.

이렇게 된 사람은
생각에 의존하여 행동을 하지 않고
무심으로
봄으로
무위로
행동을 하므로
생각과 행동과의 사이에
간격과 틈이 없이
동시적 즉각적으로 행동한다.

이렇게 되면
아픔에 도사리지 아니하고
두려워하지도 않고
죽음도 두려워하지 않고
승패에도 무관하고
재산 풍파에도 흔들리지 않는
의연한 사람이 된다.

그 모든 것이
한 생각에서 비롯된
현상이기 때문이다.

이렇게 된 사람은
과거가 없어
항상 지금 여기에 존재하게 된다.

매순간이 탄생의 순간이고
새로 시작하는 삶이므로
항상 새로워
심심하거나 권태롭거나 답답하거나
두렵지 않는 삶을 영위한다.

차가운 이성과
따뜻한 감성이 조화로워
전체로서의 우주와 혼연일체가 되는
우주인 자연인이 된다.

이렇게 된 사람은
드디어 봄나라의 마스터가 되어
중생제도의 길에 생애를 바쳐
헌신하게 될 것이다.
종교의 형식을 벗어나
모든 종교의 핵심을 살리는
초종교를
이 땅에 이룩하는
거룩한 사도가 될 것이다.

이렇게
변화가 이루어진 사람이라야
후천세계 건설이
바로 봄나라의 존재이유라는 것을
세상에 확실히 보여주게 될 것이다.

봄162

합일 이후

합일이 되면 **부동심**을 안다.
그러나 자유자재하게 쓰지는 못한다.

생활 가운데
바라봄의 수행이 깊어져야
사사로운 욕망이 떨어지고
몸의 세포가 전부 바뀌어야
명실상부한
몸과 마음의 주인이 된다.

늘 바라봄
늘봄의 경지가 되어야
영적인 존재가 되어야
두뇌와 가슴과 단전이
하나로 통하여
뜨겁게 물결치면서도
차갑게 부동하여
부리고 씀에
차질이 없다.

부리고 씀이란
몸과 마음을 다스림이고,

한 생각도 일어나지 않는
태초의 차가움이 바탕이 되어
얼어있어야
번뇌 망상의 불길이
일어나지 못한다.

이렇게 두뇌가 합일되어
부동하여야
가슴으로부터
따뜻한 기운을 발하여
두뇌가 발하는
한 생각에
힘을 실어줄 수 있어
살림꾼, 일꾼이 된다.

자기를 돌아봄의 눈길이
냉철하여야
번뇌 망상의 불길에서
자기를 구할 수 있고
남을 바라봄의 시선이
따뜻하여야
이타행(利他行)으로
남을 구하는 사람이 된다.

부동이 되어야 동할 수 있는
천하의 도리가 바로
수화(水火)의 기운을
자재할 수 있는 능력이다.

돌아봄으로
좌뇌와 우뇌를
합일시킨 다음
바라봄으로
가슴까지
내려 가닿으면

늘봄이 되어서
단전으로부터 솟아나오는
전체적 우주적 힘이 나온다.

수화(水火)의 기운을
자재하는 힘이
무심의 힘, 무위의 힘, 무아의 힘
늘봄의 힘이다.

봄162

봄163

마음의 거울

우리의 망막에 비치는 것은
자기 몸의 일부를 포함한
외부 사물의 모습이다.

우리의 육안으로 보는
우리 몸의 망막에는
자기의 마음(생각, 감정, 느낌)이
비치지 않는다.

육안은
외부를 보는 눈이기 때문이다.

고작
자기의 마음을 본다는 것이
지나간 다음의 잔상인
그림자, 기억, 이미지, 허상만을
망막을 통해 볼 뿐이다.

마음이 두 동강이 나서
깨어졌기 때문에
마음의 거울이 뜨지 않는다.

마음의 분열이
치유되고 합일되어야
마음의 거울이 뜨고,

마음의 거울이 떠야
진실과 실상이 보인다.

우리의 마음이
보는 마음(能)과
보이는 마음(所)으로
분열되었기 때문이다.

그러므로
자기의 마음을
돌아봄의 생활을 통하여
능(能)과 소(所),
안과 밖의
경계선을 허물어야 한다.

몸 돌아봄을 통하여
동정일여가 되고
마음 돌아봄을 통하여
몽중일여가 되고
본격돌아봄을 통하여
오매일여가 되어야

이윽고 안과 밖이
하나로 통하게 되어
영안이 떠지면서

육안으로
대상만을 비치던
망막은
마음까지 비춰주는
마음의 거울,
보배구슬이 된다.

합일을 통하여
마음의 거울이 나타나야
마음을 화안하게
바라봄이 가능하고

드디어
마음을 파악하고
이해하므로써
마음을 부리고 쓰며,
다스리는 일이
가능해진다.

이렇게 되어야
밖(보이는 자)을 보면서도
동시적으로
안(보는 자)을 보는 일이
가능해지고

안을 보면서도
밖을 보는 일이
가능해진다.

그리하여
보는 자와 보이는 자의
구별이 사라져
혼연일체가 된다.

이렇게 합일이 되어야
보는 자와 보이는 자가
사라진 자리에
맑고 밝은 마음의 거울이
나타나면서
마음을 바라봄이
가능해진다.

그러므로
돌아봄을 통하여
3단계 일여가 되어야
합일이 되고,
합일이 되어
텅 빈 마음의 거울이
눈 앞에 나타나야
마음 바라봄이 되고,

마음 바라봄이야말로
진정한 마음 다스림이다.

그러므로
돌아봄의 수행이야말로
진정한 마음 수련이다.

봄163 원아님 낭독

봄164

봄나라가 존재하는 이유

봄164 원아님 낭독

우리는 생각이라고 하는
놀라운 도구를 통하여
놀라운 과학기술문명을
이룩하였습니다.

그럼에도 불구하고
인류는 심리적으로
아직도 이분법적인
대립, 갈등, 투쟁의 구도를
넘어서지 못하고
근심, 걱정, 불안, 공포를
떨쳐버리지 못하고 있습니다.

외면적으로
체제와 제도와 법률을
계속 뜯어 고치고
정치적, 사회적인 개혁을
끊임없이 시도하여도
우리들의 문제는 여전합니다.

또한 수천년간
수많은 종교가 나타나

신앙이나 윤리도덕으로
이 문제를 해결하려고
노력하였음에도 불구하고
우리들 대부분은 아직도
자기 화 하나 다스리지 못합니다.

최근에 들어
여러 명상 단체가 나와
심신의 수련을
지도한다고 하지만
아직도
문제의 핵심에
접근하지 못하고 있습니다.

그렇다면
그 까닭이 무엇이겠습니까?

그것은
우리가 생각을 통해
외적인
재색명리를 추구하는 데
온통 시선과 관심이
쏠리고 빠져서
우리 자신의 내면을
놓치고 버려서

자기의 몸과 마음을
돌아봄(자각, 의식)하면서
살지 못하였기 때문입니다.

그리하여
자기가 누구인지
도무지 모르는
얼간이가 되고 말았습니다.

말하자면
만물의 영장인 우리가
생각과 물질의 노예로
전락한 것입니다.

우리들은 영적인 존재입니다.
우리가 우주의 주인입니다.

그러므로
우리는 우리의 본질인
의식의 스크린,
마음의 거울을
회복하여야 합니다.

이 부분을
우리는 우뇌계발이라고
부르기로 하였습니다.

우뇌계발은
외부로 향한 자기의 관심과 시선을
안으로 돌려
안과 밖이 하나로 통하도록 하여
통일된 하나의 공간(의식의 스크린)에
마음(생각,느낌, 감정)의 동태가
화안하게 나타나고 보이기까지의
전 과정을 말합니다.

이렇게 되면
자기의 마음을 소상하게
즉시적으로 파악이 가능하게 되고
이해가 되어
생각을 자유자재하게
부리고 쓸 수 있게 됩니다.

마음에 끌려다니는
부자유한 인간이
한 단계 의식의 진화가 되어
양자택일의 갈등 구조를 극복하고
마음의 양면성을 초극한 가운데
양쪽을 다 이해하고
양쪽과 다 통하는

말씀의 능력,
해몽의 능력이 생겨
두루 막히지 않고
통달하는
대자유인이 됩니다.

이렇게
합일을 이룩하게 되면
생각의 결과물인
죽음에의 공포,
경제적인 불안,
병고에 대한
근심 걱정으로부터
영원히 자유로워집니다.

자기의 본질이
시간적으로 영원하고
공간적으로 무한함을 깨달아
영적인 존재로 거듭납니다.
드디어
온전한 사람이 되는 것입니다.

우리가 사는 목적이 바로 이것입니다.
이것을 이룩하기 위하여 살아갑니다.
이것보다 큰 성취와 성공은 없습니다.

이 길은
학문의 길도 아니고
종교의 길도 아니고
사상의 길도 아닙니다.

이 길은
우리 모두가 가야할
삶의 길입니다.

그러므로
삶과 유리된
수행을 해서는 안 됩니다.

수행을 하려면
생활을 못하고
생활을 하려면
수행을 못하는
그런 수행은
첫걸음부터 잘못입니다.

생활 가운데 하는 수행,
생활이 수행이고
수행이 생활이 되는
늘봄의 삶이야말로

이분법적인 사고의 틀을
깰 수 있는
우리들의 희망이요,
대도정법입니다.

이제 우리는
돌아봄의 생활을
모든 이에게 소상하게
설득하려고 합니다.

특히나 어릴 때부터
자신의 몸과 마음을
돌아봄의 생활을
가르치려고 합니다.

오직 자기의 내면을
돌아봄의 생활을 통해
자기의 마음을
화안하게 알고
다스릴 줄 알도록
해주는 것이
유일한 목적인 것입니다.

이것이 실현되는 날,
다시 말하면
마음의 거울,
의식의 스크린이
우리들 각자의
눈 앞에 뜨는 날,
우리에게 산적한
모든 문제가 해결될 것입니다.

행복과 평화가
이 땅에 건설될 것입니다.

하나의 공간에
시간이 운행되는
이것을
우리는 봄나라라고 부릅니다.

봄나라 건설이야말로
나와 가족과 인류를
구원하는 길입니다.

이것이
봄나라가 존재하는 이유입니다.

봄165

우뇌계발

좌뇌는 시간의 인식능력이고
우뇌는 공간의 감지 능력이다.

좌뇌를 통하여
우리는 시간(생각)을 굴리고
우뇌를 통하여
우리는 공간(감각)을 깨닫는다.

생각은 시간이다.
과거는 생각이요, 기억이다.
현재도 생각이요, 분석이다.
미래도 생각이요, 추리이다.

생각이 없으면
과거도 현재도 미래도
존재하지 않는다.

생각이라고 하는
필름이 끊어지면
그 순간
과거의 나가 사라진다.

과거가 사라지면
현재의 나나
미래의 나도
존재하지 않는다.

무아의 경지가 되면
나도 대상도 사라진 가운데
안과 밖이 하나로 트여진
무한의 공간이 펼쳐진다.

마음의 거울에
의식의 스크린에
천지만물이 그대로 비친다.

바로 지금 여기에
있는 그대로의 것이 비친다.

그래서 늘 처음 보는
자연이고 사람이다.
그래서 늘
"처음 뵙겠습니다"라고 하는 거다.

이른바 대원경지(大圓鏡智)다.

이렇게 되려면
우뇌를 계발하여야 한다.

우뇌계발을 통하여
안과 밖이
하나의 공간으로
통일장(統一場)이 되어야 한다.

이렇게 되어야
하늘이 열리고
땅이 생기면서
천지를 운행하고
만물을 화육하기 위한
대우주의
살림살이가 시작된다.

우뇌를 계발하려면
몸 동작을 돌아봄하여
동정일여(動靜一如)가 되어야 하고

마음 돌아봄을 통하여
몽중일여(夢中一如)가 되어야

본격 돌아봄을 통하여
오매일여(寤寐一如)가 된다.

오매일여가 되었다는 것은
우뇌가 계발되어
깨달음이 가까워졌음을 말한다.

둘이 하나가 되면
하나(1)이면서 제로(0)이다.
생각으로 벌어지기 이전의
하나이고
유일무이(唯一無二)한
하나지만
동시에
그 하나도
하나라고 할만한 것이 없어
제로(0)이다.

이른바 합일(合一)이다.

합일이 되면
거울이 하나 생겨
항상
그 거울을 보며 산다.

그 거울에는
자타가 다 같이 뜬다.

그래서
자기를 모르다가
자기를 아는 사람이 된다.

그래서
돌아봄의 생활은
바라봄의 생활로 바뀐다.

늘 바라봄이 되면
늘봄의 생활이다.

봄나라가 된 것이다.

봄나라가 되면
천지만물을 공유하게 되어
참으로 부자가 되고
마음을 자유자재하게
씀으로서
근심, 걱정, 불안, 공포와
대립, 갈등, 투쟁을 일삼는
마음의 질곡으로부터
영구히 벗어난다.

그리하여
봄나라에는
자유와 평화와 행복이 넘친다.

좌뇌계발에 성공한 인류가
다음 단계로 가야할 길이
바로
봄나라가 지향하고 있는
우뇌계발이다.

봄165 원아님 낭독

봄166

생각이 없는 마음자리를 깨달음

생각에는
있다는 생각과 없다는 생각(有無)
크다는 생각과 작다는 생각(大小)
옳다는 생각과 그르다는 생각(是非)
착하다는 생각과 악하다는 생각(善惡)
아름답다는 생각과 추하다는 생각(美醜)
좋아한다는 생각과
싫어한다는 생각(好惡) 등등
두 갈래다.

생각은 상대성(相對性)이기 때문이다.

내가 있으므로 너가 있고
우리가 있으므로 그들이 있고
있다는 생각이 있으므로
없다는 생각이 나온다.

이것이 생각의 틀이다.

생각은 언제나
이분법(二分法)이고
양자택일(兩者擇一)이다.

봄166 원아님 낭독

그러므로 생각이 없는 자리란
생각으로 없다고 하는 자리가 아니다.

참으로 생각이 없는 자리란
생각으로 없다고 하는 자리가 아니다.

그것 역시 생각이기 때문이다.

참으로 없는 자리란
그 없다는 생각마저 없는 자리다.
이 점을 혼동하지 말아야 한다.

그래서 대부분의 사람들은
생각이 없다는
또 하나의 생각에 속아
마치 자기가 생각 없는 자리를
깨달은 것으로 착각한다.

이러한 생각에 속아
사람들은
돌아봄의 수행을 하지 않는다.

참으로 생각 없는 자리란
있다는 생각이나
없다는 생각이나

둘 다 없어야
참으로 생각이 없는 자리다.

보는 자와 보이는 자가
혼연일체가 되어
둘 다 사라져야
참으로
생각이 없는 자리가 깨달아진다.

지금 여기가 바로 그 자리다.
깨어있음이다.
주객일체, 물아일체다.

이 자리가 바로 그대의 본래면목이다.
그 자리는 항상 지금 여기에 있다.

이 자리를 당장 깨달아야 한다.

이 자리를 당장 보아야 한다.

이 자리를 보아야
생각의 굴레에서 벗어나
양자택일이라고 하는
갈등으로부터 자유로울 수 있다.

이 자리를 깨달아야
자기가 자기를
자해(自害)하지 않는 사람이다.

자기가 자기를
자해(自害)하는 사람이
어찌 남을 사랑할 수 있겠는가?

자기를 깨닫지 못한 사람은
자기를 사랑하지 못하는 사람이다.

자기도 사랑하지 못하는 사람이
어찌 남을 사랑할 수 있단 말인가?

그것은 거짓 사랑이다.
그것은 협잡이고 사기다.

참으로 사랑의 인간이 되려면
생각이 없는 마음 자리,
절대성(絶對性)을 깨달아야 한다.
이것이 견성(見性)이다.

지금 이 글을 읽는 순간
당장 깨닫도록 하라.
누구나 깨달을 수 있다

깨달았다고 하여도
다시 잃어버리지 않기 위해서는
의식의 스크린이
항상 눈앞에 존재하기 위해서는
마음의 거울을
항상 보며 살기 위해서는
몸과 마음을 자유자재하게
부리며 쓰기 위해서는
처음부터
다시 수행을 시작하여야 한다.

생각이 없는 마음 자리를
깨달음은
끝이 아니고
또 다른 시작이기 때문이다.

진짜 공부는
지금부터이기 때문이다.

그래야
그대는 스승과 친구가 될 수 있다.
그래야
그대는 스승을 사랑할 수 있을 것이다.

봄167

그대는 소울 메이트를 만났는가?

그대는 왜 항상
외롭고 쓸쓸하고 허전함을 느끼는가?
그대는 왜 심심하여
견디기 어려워 하는가?

그대는 외로움을 잊으려고
끊임없이 친구를 찾고 애인을 찾고
오락이나 게임이나 즐길거리를 찾아
서성대고 추구한다.
그것도 모자라
게임이나 일의 중독자가 되기도 한다.

그러나 그럼에도 불구하고
가슴은 늘 허전하여 충족이 되지 않고
외롭고 심심함의 문제,
그리움과 슬픔의 문제는
조금도 달라지지 않고
오늘도 목을 조인다.

그것은
그대의 소울메이트(soul mate)가
항상 그대와 함께 하고 있다는 사실을
모르기 때문이다.

그대는 그대의
소울메이트를
자기 안에서 찾지 않고
밖에서 찾고 있다.

그대가 혼자 있어도
그대는 혼자가 아니다.
그대는 언제나
님과 함께 하고 있다.
그대는 얼굴없는 그 님과
한번도 헤어진 적이 없다.

그대는
자나 깨나
앉으나 서나
님과 함께 있다.
같이 잠들고,
같이 일어나고,
같이 밥먹고,
같이 일하고,

같이 놀고,
같이 걷는다.

그대는 혼자가 아니다.
그대는 혼자 있어도
결코 혼자가 아니라는 사실을
모르고 있다.

그대의 님은
너무나 어질고 착하여
그대가 하는 일에
단 한번도 거역하거나
불평하는 일이 없다.

단 한번도
그대를 거스르는 법이 없다.
그대가 있는 곳이면
언제 어디서나
항상 그대를
지켜보고 도와주는
그대의 동반자이다.

그대가 외로움을 느끼고 심심하여
밖으로 추구하면서
외물이나 사람에게 의존하는 한

그대는 결코 홀로서지 못한다.
그대는 결코
영적인 얼아를 면치 못한다.
어른이 되지 못한다.

그러나 그대가 만일
외롭고 심심하여 못견디는 순간
밖으로 향한 시선을
안으로 돌아봄하여
항상 거기에 존재하고 있는
그대의 얼굴없는 님을
단박 깨달아
만남이 이루어지기만 한다면
그대는 더 이상
외로움과 심심함에,
그리움과 슬픔에
시달리지 않는 사람이 된다.

님과 같이 있기만 하면
님을 바라보고만 있어도
허전한 가슴은
언제 그랬드냐는 듯
즉시 충만해진다.

님은 바라보기만 하여도
황홀하기 그지 없다.
님이 바로 하느님이고
님이 바로 부처님이고
님이 바로 조상 중의
조상이기 때문이다.

무한하고 영원하고
전지전능한 님이
오늘도 나를
끊임없는 사랑으로 보살피고 있다.

이것을 깨달아
님과 함께 한다면
그대는 예수와 마찬가지로
하느님의 독생자라는 것을
알게 될 것이다.
그대의 본래면목이
붓다라는 것을 알게 될 것이다.

그대는 누구인가?

그대는 전무후무(前無後無)한
유일자(1)인 동시에
무한하고 영원한 절대성(0)이다.

그대가 하나라면
그대가 없는 님은 존재하지 않는다.
그대를 배제한 님은 존재하지 않는다.
그러므로
그대는 참으로 존엄한 존재다.
그대가 만물의 영장이다.
그대는
무극(無極)이면서 태극(太極)이다.

그대는 지금 당장
돌아봄으로
님을 만나고
님을 깨달아야 한다.

그리하여
바라봄으로
님과 함께 짝을 이루어
이별없는 나날을 보내야 한다.

그럼에도 불구하고
지금 당장
만남이 이루어지지 않는다면
돌아봄 수행을 통하여
오매일여가 되고
합일이 되어야

우뇌를 더욱 계발하여야
님과의 만남이 이루어질 것이다.

님과의 만남이 이루어져
짝을 이루어야
비로소
우주관, 세계관, 인생관이
확립될 것이다.

이렇게 되어야
삶의 무지가 깨어질 것이다.
이렇게 되어야
우주의 비밀이 벗겨질 것이다.
이렇게 되어야
자기가 누구인지 알게 될 것이다.

봄167 원아님 낭독

봄168

지금 여기

지금 여기는
늘봄이다.

늘봄이면
늘봄이랄 것도 없다.

지금은
과거와 미래와 구분되는
현재가 아니다.

지금은
거울에 사물이 비치듯
생각이 빈 자리에
생각이 비치어
봄이다.

지금은
생각을 없애려고 하지 않고
생각으로 없다고 여기지도 않고
생각(시간)에 놀아나지 않는 자리다.

지금은
상대가 아니다.
지금은
의식과 무의식으로
나누어지지 않는다.

지금이면
즉시로
무한의 공간이 열리는데
그것이 여기다.

그 여기란
은하계, 태양계,
지구 한반도로
이름 붙이고
번지수로
매겨지기 이전이다.

지금 여기는
시공으로 나누어지기 이전이다.

지금 여기에 존재하여야
진실이 보인다.

지금 여기를 떠나면
거짓의 세계에 빠진다.

매순간 깨어있어야
지금 여기를 떠나지 않는다.

몸이 움직이는 것,
생각이 꼼지락대는 것을
화안하게 알아차리기만 하면
지금 여기가 드러난다.

지금 여기란 정신차림이다.

정신나간 줄 알아차리면
이미 정신이 든 것이다.

그러므로
잡았다 놓쳤다 하는 것이
생각의 장난이고,
정신차리지 못한 것이고,
합일되지 못한 것이다.

정신을 차리고 보면
정신(봄)은
나가고 드는 것이

아니라는 것을
깨닫게 된다.

챙겨야겠다고 하는
한 생각이 사라지는 것을
정신이 나갔다고 생각하는 것이고
챙기지 않고 있다는
한 생각이 일어나는 것을
정신이 들었다고 생각하는 것이다.
생각에 속은 것이다.

이것을 깨달으면
의식적으로 추구하는 일이 그치게 된다.

이렇게 되어야
생각의 마법에서 벗어난다.

이렇게 되어야
생각을 바라봄이 가능해진다.

이렇게 되어야
생각으로부터 자유로워지고
생각을 다스리고 부릴 수 있게 된다.

이렇게 되어야
생각과 봄이
다르다는 것을 알게 된다.

봄은
우리들에게 잠재된
고유한 능력으로
한번 깨달으면
영원히 잃어버리지 않게 된다.

봄을 깨달으면
마음은 저절로 다스려지기 마련이다.
봄이 생각의 주님이기 때문이다.

봄이 정신이요,
봄이 깨달음이요,
봄이 지금 여기다.

봄168 윈아님 낭독

봄169

생각과 봄

봄169 원아님 낭독

<봄>을
그대라고 하면
몸은
그대가 타고 다니는 동물이고
마음(생각)은
동물의 반영이다.

봄을
엄마라고 하면
생각은
엄마가 돌보아야 하는 아기다.

봄을
빛이라고 하면
생각은
그림자다.

그러므로
생각이 그대가 아니다.
생각을 화안하게 바라봄이
그대다.

그대가 할 일은
오직
생각을
돌아봄, 바라봄, 늘 봄 뿐이다.

생각은 생각일 뿐
그 어떤 생각이라도
동물성인지라
그저 보살펴주기만 하면 된다.

뒷생각이 앞생각에 대하여
내리는 판단, 평가, 심판 역시
저희들끼리 다투는 것이니 만큼
오직 보아주기만 하여야 한다.

소를 보고 소인 줄 알면
소를 보고 말이기를 기대하지 않는다.
말을 보고 말인 줄 알면
더 이상
말을 보고 소이기를 기대하지 않는다.

생각은 동물의 마음이다.
동물은 동물일 뿐이다.
동물은 동물의 욕망이 있다.
그것을 무조건 부정해서는 안 된다.

이해하고 인정하고
들어 줄 것은 들어주어야 한다.

그러므로
마음 속으로 간음하여도
실지로 간음한 것과 같다는 식으로
동물성을 부정하고
그것을
사람의 잘못으로 몰아붙여서는 안 된다.

모든 생각은 들키고 밝혀지면
행동으로 나가지 않게 된다.
생각은 어두움 속에서 음모를 도모한다.

그러므로
생각과 말과 행동을
즉시에 알아차리는 일이
사람이 동물을 다스리는 전부이다.

그래야
제상비상(諸相非相)이 되고
즉견여래(卽見如來)가 된다.

봄170

이제 노출과 개방으로 나가자

약한 동물이
야생에서
살아남는 법은
자기 몸을 숨기고
맹수에게 들키지 않는 가운데
맹수가 자기를 보기 전에
자기가 먼저
맹수를 보아야
살아남을 수 있었다.

맹수가 먹이를 사냥할 때도
자기 몸을 숨기고
들키지 않고 접근하려고 한다.

이것이
동물이 삶을 영위하는 방식이다.

이것은
오랜 세월
진화의 과정에서 터득한 삶의 체험이다.

그런데
사람이 되었는데도
방안에 자기 몸을 숨기고
문구멍으로
남을 엿보려고 하는
사람이 많다.

문제는 전생의 버릇을
이미 사람의 몸을 받고서도
그대로 행하고 있다는 점이다.

고도의 과학기술 문명
시대에 살고 있어서
더 이상 정글도 맹수도 없는데도
옛날의 버르장머리를 버리지 못하고
그대로 답습하고 있다.

이제 사람이 되었는데도
동물의 패턴을 아직 버리지 못하고 있다.
자기 몸을 노출시켜도
잡아먹을 맹수가 없는데도 말이다.

아직도 자기 몸을 감추려고 들고
노출시키기를 꺼리는
자기의 마음을 읽어

이제 그만
그러한 짓거리를
그만두어야 한다.

그래야
동물의 삶을 청산하고
만물의 영장으로서
동물을 다스리는
사람다운 삶이 가능하다.

이제
동물이 아니고
사람이라는 점을
바로 인식하고 깨달아
그 동안 덮어 놓았던 속내를
자기에게 노출시키고
개방시키며 살아야
사람다운 삶을 영위할 수 있다.

생각을
화안하게
<늘 봄의 생활>이
바로 사람다운 삶이다.

마음(생각)을 덮고 감추는 한
봄빛이 발휘되지 않는다.
마음을 노출하고 개방하여야
봄이 빛을 발하여
만물 만생을 보살피고 다스리는
만물의 영장이 된다.

봄170 원아님 낭독

봄171

무조건 다 살림이 다스림이다

나는 누구인가?

몸과 마음은
나의 것이지
나는 아니다.

나는 <봄>이다.
<봄>이 몸과 마음의 주인이다.

<봄>이 나이고
내가 텅 비어 내가 하늘이다.
그러므로 사람이 곧 하늘이다.

나는 사람이고
사람이 만물의 영장인지라
나의 삶은
만물(몸)과 만생령(맘)을
다스리기 위해 존재한다.

그러므로
몸과 마음을 다스리려면
내가 누구인지를 깨달아야 한다.

내가 누구인지를 모르기에
몸이나 맘을 다스리지 못하고
몸이나 맘에 끌려사는
한심하고 부자유한 삶,
동물적인 삶을 살 수밖에 없어
늘 쫓고 쫓기는
근심 걱정 불안 공포에서
벗어나지를 못한다.

사람이 되어야 비로소
안심입명한 가운데
동식물과 물질을 거느리고
다스릴 수 있다.

사람이란
몸과 마음을
<봄>이다.

<봄>을 다른 말로 하면
<봄>이 주님이요,
하느님이요, 부처님이다.
<봄>이 옥황상제이고,
천지신명이다.

<봄>은
무한하고 영원하며
전지전능하다.

지금 여기에
아무 문제가 없다.

<봄>이 나라는 것을
확실하게 깨닫게 되면
그 순간부터
몸과 맘을 다스리는 일이 시작된다.
몸과 마음의 살림살이가 시작된다.

몸을 봄이
몸 살림인 동시에
몸 다스림이고,

마음을 봄이
마음 살림인 동시에
마음 다스림이다.

무조건 다 살림이
사랑이고 자비다.

사랑과 자비라야
만물을 낳아 기르는
살림살이로서
다 살림인 동시에
다스림이다.

<봄>이 몸을 낳고
몸이 맘을 낳아 기르는 것이
인생이요, 살림살이다.

그러므로
맘(생각)의 할아버지인 봄은
손주들인 생각을
무조건 귀여워하고
다 받아주고
야단치는 법이 없다.

그래서 손주들은
할아버지 품에서
다투지 않고
다치지 않고
기죽지 않고
무럭무럭 잘 자란다.

그리하여

봄이 나라는 것을 깨달아

몸을 부리고

마음을 다스리는

봄님으로 키우는데

정성을 다함이 없고

다함이 없다.

-2006.09.03

봄171 원아님 낭독

봄172

얼의 거울, 얼굴

마음의 거울,
얼의 거울은 무엇인가?

마음은 몸의 반영이다.

그러므로
마음의 거울은
얼굴이다.

눈에 보이지 않는 마음의 동태가
눈에 보이는 몸(얼굴)에 그대로 비친다.
거울에 사물이 비치듯
얼굴에 마음이 그대로 비친다.

마음 돌아봄을 통해
마음을 읽을 수 있으면
직접 육안으로 볼 수 없는
얼굴의 표정을
마음의 눈으로
<봄>으로 알아차릴 수 있다.

남들은 자기 얼굴을 보고 다 아는 데
자기만 자기 얼굴을 모른다.

남의 표정을 바라보노라면
상대방이 받아들이는 자세인지
거부하는 자세인지
기분이 밝은지 어두운지
이해가 되는지 안되는지
모조리 알 수 있다.

뿐만 아니라
상대방의 표정을 보거나
목소리를 듣고 있노라면
상대방의 의식의 수준이 어느 정도인지
에너지의 수준이 어떠한지까지도
저절로 알게 마련이다.

남을 아는데는
누구나 능하다.
그러나 자기를 아는데는
누구나 무능하다.

우리는 마음 돌아봄을 통하여
마음을 살피고 다스려
어두운 마음을 밝은 마음으로

괴로운 마음을 기쁜 마음으로 돌려
얼굴에 그대로 나타나게 하고
목소리에 그대로 나타나게 하므로서
자기를 구원하여야
남들에게 피해를 주지않고
도움을 주는 사람이 된다.

그 모든 것은
마음을 보고 알고
다스림으로서 가능하다.

마음을 다스려야
몸이 다스려진다.

마음을 다스리려면
마음 돌아봄을 하여야 하고
마음 돌아봄을 하려면
몸 돌아봄을 하여야 한다.

그래야 얼굴의 표정관리가 가능하고
목소리 관리가 가능하다.

어둡고 괴로운 사람의 얼굴을 보면
마주 대하는 사람도 따라서 괴로워진다.
자기가 안정된 파장을 발하면

자기도 좋은 동시에
남들에게도 좋은 파장을 준다.

기분이나 표정이나 소리는
그 사람의 의식의 수준이나
에너지의 수준이
그대로 반영되어 나온다.
알게 모르게 표출되는
에너지의 파장은
전염성이 참으로 크다.

그러므로 우리는
자기가 어떤 얼굴표정을 짓고
어떤 목소리를 발하는지
보고 알고 다스려
얼의 거울인 자기의 얼굴에
책임을 지는 사람이 되어야 한다.

봄172 원아님 낭독

봄173

성리의 완성

본질의 하늘로
올라가는 길,
원점으로
돌아오는 길,
더 이상 나아갈 수 없는
중심에
문득 도달하고 보면
갑자기
보는 나가 없고
보이는 너도 없다.

둘이 사라져
하나이면서
동시에
하나라는 것도 없어
제로이다.

그러나
하늘에서
한 생각을 타고
현상으로
지상으로
다시금
내려오고 보면
내가 있고
너가 있어
엄연히 둘이다.

그래서
깨달음도 없고
얻은 것도 없으며
또한
그 없고 없다는 것도 없어서
아무 일도 없는 가운데
그냥 그대로
산은 산이고
물은 물이다.

전체성 완전성
영성이라고 하는
봄이
나이고

사람이므로
부분성 불완전성
동물성이라고 하는
몸과 마음(생각)을
돌보고 보살피고 키우는
대긍정의 삶으로 전환한다.

생각이 주도하는
행위자의 삶은
행위자를 주시하는
주시자의 삶으로 바뀐다.

몸과 마음이 주도하는
에너지의 차원이
몸과 마음을 화안하게 비추는
에너지의 차원으로 바뀐다.

삶의 드라마를
제작 감독 주연하는
동시에
관객의 입장에서
남을 보듯 나를 보는
봄의 안목을 열어
늘봄의 생활을 영위하는 것이
성리의 완성이다.

성리가 완성되면

과거에 대한

판단 평가 심판이 사라지고

미래에 대한

근심 걱정 불안 공포도 사라지고

현재에 대한

대립 갈등 투쟁도 사라진다.

그리하여

지상낙원

봄나라가

하늘에서와 같이

이 땅에 건설된다.

–2006.09.11

봄173 원아님 낭독

봄174

사랑의 발로

대아는 사랑이다.

대아가 벌이는
우주의 살림살이는
사랑의 발로에서 비롯되어
사랑을 실천하고
사랑을 완성하기 위한 과정이다.

대아가
천지를 창조하고
만물을 화육하는 것은
사람으로 하여금
<봄>을 깨달아
<봄>이 대아이고
<봄>이 사람이고
<봄>이 사랑임을 깨달아
동물성인 몸과 마음을
사람이 사랑으로 부리고 다스리는
삶,
살림살이,
<늘 봄의 생활>을 통하여
사랑을 실천하고
사랑을 완성시키고자 함이다.

사랑의 실현은
자기의 몸과 마음의 노예상태로부터
자기를 구원함으로부터 비롯된다.

자기의 몸과 마음을
<돌아봄>에 의해
몸과 마음으로부터
담박 벗어나
몸과 마음을
<바라봄>이 이루어지는 순간

<봄>이 나라는 것을
깨닫게 되고
<봄>이
내안에 임재해 있는
대아라는 것을 알게 된다.

여기에서
생각이 내가 아니고
생각이 몸의 반영이고
<봄>이 나이고
<봄>이 사람이고
<봄>이 하늘이라는 것이
확실하게 구분이 되어
생각이 주도하던 행위자의 삶이
봄이 주도하는 주시자의 삶으로 바뀐다.

여기서부터
사랑을 실현시키기 위한
사랑의 도구인 몸과,
몸의 반영인 마음(생각)에 대한
무조건적인 사랑의 삶이
본격적으로 이루어지기 시작한다.

항상 대중을 잡아
<늘봄>으로
몸을 부리고 마음을 다스린다.
자연을 바라보거나
사람을 바라보면서
일어나는 마음을
선악미추로 심판함이 없이
이해와 사랑으로 보듬어주고
비추어주고 밝혀주고
무조건 잘 보아준다.

대립 갈등 투쟁이나
판단 평가 심판이나
근심 걱정 불안 공포라고 하는
삶의 문제는
앞 생각에 대하여
거부하고 저항하고 미워하므로서
뒷생각이 조건반사를 일으키고 있음을
보지 못하고
알아차리지 못하기 때문이다.

그러므로
외로워하는 마음
짜증내는 마음
답답한 마음
심심한 마음
안절부절하는 마음
그리워하는 마음
속상해 하는 마음까지도
미워하지말고
잘 보아주고
스스로 위로하고
달래주고
이해해주어야 한다.

따돌리거나 억누르거나
미워하거나 야단치면
그치지 않는다.
우는 아기는
야단치지 않고
달래주어야
울음이 그친다.

늘봄의 생활을 통하여
모든 생각이나 느낌이나 감정을
무시하거나 소홀히 하거나
따돌리지 말고
남김없이 모조리 보아주고
위로하고 달래주어야
생각이 꼬리에 꼬리를 무는
연쇄반응이 뚝 끊어져
마음은 고요하고
시간이 정지된 가운데
무한의 공간에
봄빛이 가득하다.

자기에게서
사랑의 빛이 발하여
60조 세포를
대중잡아주고
부지기수의 생각을
대중잡아주는 것이
몸과 마음이라고 하는
소우주 경영을 통한
사랑의 발로이며
사랑의 실천이며
사랑의 완성이다.

자기가 자기를 사랑하는 만큼
남을 사랑한다.
자기가 자기를 이해하는 만큼
남을 이해한다.

그러므로
남의 걱정하지말고
자기 걱정하여야 한다.

자기 걱정하는 것이
늘봄의 생활이다.
자기를 사랑하는 것이
만인을 사랑함이다.

봄174 원아님 낭독

봄175

사랑과 자유

봄을 깨닫고 보면
봄은 한번도
우리를 떠난 적이 없음을 알게 된다.

지금 여기
봄은
누구에게나 있다.

봄은
완전무결한 신령스러움으로
그 속성은
천지를 창조하고 운행하여
만물을 낳아 기르는 사랑이다.

봄은
가이없는 하늘에
태양이 떠서
온 누리를 비추는 광명이다.

봄이 주인이다.
봄이 몸을 낳고
몸이 마음을 낳도록 하여
만물 만생령을 사랑으로 키운다.

봄은
온통 사랑으로 보살펴
몸이 하자는대로 하고
마음이 무슨 생각을 내어도
꾸지람 한번 하는 일이 없다.
몽땅 다 들어주면서
제 스스로 깨닫고 고치고
커나가기를 하염없이 기다릴 뿐이다.

그것이 지극한 사랑이다.
오직 베풀 뿐 간섭하지 않는다.
달라면 다 들어주지만
스스로 책임을 지도록 한다.

첫걸음부터 자유의 행진이다.
사랑이 아닌 행위를 하면
몸이 아프고
마음이 아프도록 하는 것은
미워서 그렇게 하는 것이 아니라
사랑하기 때문에

살리고 키우기 위해
그러한 구도를 놓은 것이다.

사랑의 화신으로 키우기 위해
자유를 허용한 것이고
자유에는
반드시 책임이 따르도록 한 것이다.

병고가 생기고
우환이 생기고
재산풍파가 오는 것은
자기를 돌아보아
봄을 깨닫도록 하기 위함이다.

봄을 깨닫지 않으면
사랑이 발로되지 않고
사랑을 실천할 수 없고
사랑을 완성시킬 수 없기 때문이다.

그래서
원아도 그대들에게
그 법을 쓴다.

봄나라에는 율법이 없이
자유의지를 허용한다.

하고 안하고는

자기가 결정하도록 한다.

봄공부마저

권하거나 강요하지 않는다.

스스로 원하여

찾아온 자에게만

봄공부를 시킨다.

자발성이야말로

봄나라의 속성이고

사랑의 속성이기 때문이다.

봄175 원아님 낭독

봄176

한 생각

한 생각
일어나는 것은 당연하다.

한 생각이라고 하는
아기들이
투정 부리고
떼쓰고
샘내고
울고 불고 하는 것이
예사다.

다만
그 한 생각에 대하여
보아주지 못하고
이해하지 못하고
사랑하지 못하여
반사적으로
한 생각을 일으켜
억누르거나
거부하거나
저항하면서
한 생각
미움을 일으키는 것이 문제다.

한 생각
일어남에 대하여
꼬리를 다는 것,
그것이
사랑이 아니고
미워함이고
죄를 짓는 것이고
사량분별(판단, 평가, 심판)이고
대립 갈등 투쟁이고
근심 걱정 불안 공포이다.

생각이
꼬리에 꼬리를 물고
연속적으로 일어난다는 것은
생각으로 부터 벗어나
생각의 동향을
바라보지 않기 때문에
분열이 진행되는 것이고
부패가 진행되는 것이고
자기가 자기를 자해하는
어리석은 일이라는 것을
모르기 때문에
한 생각이
꼬리에 꼬리를 물고 일어나는 것이다.

한 생각을 다스리려면
일어난
그 한 생각을
즉각
돌아봄 바라봄 하여
그 한 생각을 포용하여
그 한 생각을 잡아야 한다.

봄이라고 하는
마음의 보따리에
한 생각을 담아
비추는 것이
그 한 생각을
이해하는 것이고
긍정하는 것이고
사랑하는 것이다.

그렇게 하는 것이
생각이 주도하는 행위자의 차원에서
생각을 주시하는 주시자의 차원이다.

행위자의 차원을
주시자의 차원으로
바꾸지 않는 한
생각은
꼬리에 꼬리를 물고
일어날 수밖에 없어서
생각의 노예를 면할 수 없다.

생각의 주인이 되면
생각이 잡히어
꼬리에 꼬리를 물고
한 생각을 일으키지 않을 수 있는
여유공간에
한 생각이라고 하는 그림자를
잡아 비추어 소멸시키는
권능이
<바라봄>에게 있다.

<돌아봄>을
한 생각으로 부터 벗어나기 위한
수순이라면
<바라봄>은
한 생각이 분열을 일으켜
또 다른 한 생각이
일어나지 못하도록 하는

한 생각에 대한
살림이고
다스림이고
대중잡음이다.

그리하여
한 생각에 대하여
한 생각을 일으키지 않을 수 있는
실력을 갖추게 되었을 때
<봄>을 깨달아
증득하였다고 하는 것이다.

<생각>을 나로 착각하던 내가
<봄>을 나로 깨달아 바꾸어
<생각>이라고 하는
자성중생,
동물성을
사랑으로 보살피고
다스리는
사람다운 삶
만물의 영장으로서의
삶으로
진화하고 도약한다.

한 생각
꼬리 떼는 것이
삶의 혁명이다.

한 생각
일으키지 않을 수 있는
침묵의 능력 얻어야
때와 장소와 대상에 따라
한 생각 부려 써서
바른 생각
바른 말
바른 행동으로
사랑의 화신이 되어
천하를 바로잡는
봄나라를 건설한다.

봄176 원아님 낭독

봄177

<마음을 먹는다>는 말

우리 말에
<마음을 먹는다>는
말이 있다.

그래서
우리는 알게 모르게
<마음을 먹는다>는 말을
누구나 사용한다.

그렇다면
마음을
어떻게 먹는다는 말인가?
누가 어떻게 마음을 먹는가?

우리는 대개
마음 먹는다는 말을
생각으로
결심을 한다는
정도로 알고 쓰는 것 같다.

그런 정도로만 쓴다면
피상적이 되어

마음먹는다는 뜻에
미치지 못한다.

한마디로 하면
<마음먹는다>는 말은
마음을 다스린다
도를 행한다는 뜻이다.

마음이란
몸의 반영으로서
생각과 느낌과 감정을 말한다.

마음을 먹는다는 말은
생각과 느낌과 감정을
내면의 하늘인
마음의 보따리에 품어
봄빛으로
따뜻하게 비추어
자양분을 소화흡수하고
찌꺼기는
배설한다는 말이다.

먹는다는 행위야말로
삶의 핵심이요 기본이다.

마음을 먹으면
마음을
<돌아봄>을 통하여
마음으로부터 벗어나와
마음의 보따리인
내면의 하늘에
담아 품은 다음
<바라봄>으로 비추어
마음을 남김없이
소화시키고
배설하는 데까지
이르게 마련이다.

그렇게 본다면
마음을 먹는다는 말은
생각을 닦는다는 말이고
도를 닦는다는 말이고,
돌아봄 바라봄
늘 봄의 생활을 한다는 말이다.

<마음을 먹는다>는
우리 말을
알고보니
이토록 심오한 뜻이
숨겨져 있다.

알고 보니
천하를 구할 대도가
이 한 말에
모조리 들어있으니,
가히
천하를 구할 대도가
이 나라에서
출현한다는 말에
수긍이 가고도 남는다.

봄177 원아님 낭독

봄178

사랑

사랑은 빛이요 밝음이다.
그러나
빛이 언제나 좋은 건 아니다.
너무 밝으면 눈이 부신다.

휴식을 취하거나
잠을 자려면
어두워야 좋다.
그러므로
그림자와 암흑도 사랑이다.

알아야 면장을 한다.
그러나
모르는 것이 약일때가 많다.

사랑은 따뜻함이다.
그러나
언제나 따뜻하기만 하면
몸이 나른하고
정신이 나태해진다.

그러므로
차갑고 서늘하여야
정신이 번쩍 든다.
아기는 무조건
따뜻하게 대하는 것이 맞지만
조금 성장하면
호되게 다루어주는 것이 사랑이다.

번뇌망상이라고 하는
한 생각 일으키지 않는 것은
그 바탕이
냉정하기 때문에 가능하다.

자연은
따뜻한 봄에 싹을 틔우고
무더운 여름에 성장을 시키고
가을에 숙성시키고
겨울에는 숙살시킨다.

문제는
때와 장소와 대상과
일의 형편에 따라
절도에 맞고
자연스러워야 한다는 것이다.

생각으로
특정 대상을 사랑하는 것은
사랑이라기 보다 집착에 가깝다.

남을 보듯이
자기를 볼 수 있는
바라봄의 안목이 서야
자기를 사랑할 수 있고
자기를 사랑하는 것이
바로
남을 사랑하는 것이다.

그런데
세상은 항상
남을 사랑하라고만 가르친다.

자기를 사랑하는 것은
당연하다고 본 것일까?
아니면
자기를 사랑하여야 하는
중요성을
미처 알지 못함인가?

생각으로
자기가 자기를
해롭게 하고
미워하는 자기를
미처 알지 못함일까?

자기가 자기를 사랑하지 못하는데
자기가 자기를 미워하는데
어찌 남을 사랑할 수 있겠는가?

수신(修身)이란
결국 자기가 자기를 자해하지 않고
자기가 자기를 사랑하는 것이다.

자기를 사랑하는 것이
쉽다고 생각하면 오산이다.

자기를 돌아봄을 통해
자기를 바라봄이 되어야
자기가 자기를
사랑하지 않는다는 것을
알 수 있고
고칠 수 있다.

자기가 자기를
사랑하는 것이
사랑의 기본이다.

이 기본이
안 되어있으므로
사랑한다는 것이
미움으로 변한다.

그리하여
사랑은
판단 평가 심판과
대립 갈등 투쟁과
근심 걱정 불안 공포의
굴레를
벗어나지 못한다.

자기를 알아야
자기를 사랑할 수 있다.

자기를 봄 자체가
사랑이다.

내가 사랑이고
사랑이 사랑이고
하늘이 사랑이다.

사랑이 주님이다.
사랑이 창조주다.
몸과 마음이라고 하는
피조물을
낳아 기르는 것이
봄이 벌이는
살림살이다.

사랑은
다양한 창조를 통해
사랑의 폭과 깊이를
더해간다.

몸의 아픔이나
마음의 아픔까지도
미워하지 않고
사랑으로 안아주고
업어주고
달래주는 사랑을
실현하기 위해
아픔까지도 창조한 것이다.

스스로
그렇게 하는지
아니면
사랑한다는 것이
한 생각 일으켜
아파하는 자기를
싫어하고 미워하고 있는지
지금 당장 가늠해보자.

사람은 사랑이다.

아픔과 미움까지도
거부하거나
저항하지 않고
사랑할 수 있어야
진정한 사랑이다.

봄178 원아님 낭독

봄179

봄은...

봄은 바라봄이다.
봄은 들어봄이다.
봄은 맛봄이다.
봄은 냄새를 맡아봄이다.
봄은 느껴 봄이다.
봄은 생각해 봄이다.
봄은 늘봄이다.

봄이 나다.
봄이 천지만물을 만들고
봄이 몸과 마음을 만들었다.
봄이 사람이고 하늘이다.

봄은
텅빈듯 가득차 있고
밝은듯 어둡다.
봄은
큰듯 작으며
있는듯 없다.

그래서 물질이 아니고
영(靈)이고
그래서 존재의 근원이고
우주의 주인이다.
그래서 진리다.
그래서 완전무결하고
그래서 전지전능하다.
그래서 사랑이다.
그래서 사람이다.
그래서 만물의 영장이다.

그래서
봄만 깨달으면
만사형통이고
소원성취이고
근심 걱정 할 일없고
불안 공포에 떨 일 없어
일해 마친 것이다.

–2006.09.22

봄179 윈아님 낭독

봄180

의식이 무의식이 된 사연

의식이 무의식이 되는 순간은
언제 어떻게 생기는가?

몸과 마음(생각)의 동향을
의식하지 못하는 순간이
무의식이 되는 순간이다.

무의식이 되면
기계나 로보트처럼
조건부여(입력)에 따라
조건반사적인 언행(출력)이
자동적으로 발해져
물질이나 동물의 차원으로 떨어진다.

어떻게 하다가 어두움에 떨어졌는가?
자기가 한 생각으로 창조한
외로움, 두려움, 그리움, 괴로움이
자기의 피조물인줄도 모르고
보기 싫어
미워하고 따돌리고
심지어 죽이려고 든다.

그래서
아프기만 하면
심심하기만 하면
자기 몸이나 마음에 대한
봄(돌아봄, 바라봄, 늘봄)을 거두어
외부적인 사물에 들어가 처박히거나
도망가 숨으려고 한다.
어디엔가 빠지려고 한다.

늘상 그렇게 살다가 보니
늘 그래 버릇을 하다보니
이제는 당연지사가 되고 말았다.

그래서 의식이 무의식이 되면서
점차 몸과 마음을 돌보고
보살피지 않고
다스리지 않아
몸과 마음의 주인노릇을 하지 못하다보니
자각력을 잃고
자기에 대해 캄캄하게 되어
몸과 마음의 노예로 전락하기에 이르렀다.

문제는
무의식을 다시금 의식으로
돌려놓는 것이다.

몸과 마음을 돌아봄,
바라봄, 늘봄의 생활로
전환하기만 하면 된다.

이것을 이룩하기 위해
봄나라가 존재한다.
이것을 되돌려놓기 위해
봄나라책 낭독회가 존재한다.

봄180 윈아님 낭독

봄181

그대는 어느 정도 사랑하시나요?

내면의 얼굴 없는 님을
그대는 어느 정도 생각하시나요?
어쩌다 한번씩 생각하시나요?

앉으나 서나 자나 깨나
꿈 속에서도
님을 그리워하는 마음 변함 없고
깊이 잠들어서도
님 향한 일편단심이 변함 없어야
비로소 서로 바라보는 사이가 됩니다.

그 정도가 되어야
서로 알아보는 사이가 됩니다.

그 정도가 되어야
가슴이 움직입니다.

그 정도가 되어야
소울메이트입니다.

그 정도가 되어야
사랑입니다.

그 정도가 되어야
우주만유가 품어집니다.

그 정도가 되어야
이별 없는 나날입니다.

그 정도가 되어야
모든 얼굴 있는 님들을
사랑하고도 벅차지 않습니다.

봄181 원아님 낭독

봄182

한 생각을 돌리자

자기를 돌아봄을 통해
자기의 몸과 마음으로부터
벗어나 홀가분해지면
바라봄의 눈이 떠지면서
자기가 몸과 마음의 주인임을 깨달아
몸과 마음을 사랑으로 감싸안아
보살피고 다스리는 삶으로 전환한다.

그러한 과정을 통해
성리와 사리에 밝아지면서
의식의 수준이 자꾸만 향상 되어지고
가슴이 더욱 활성화되면서
사랑과 이해의 능력이 자꾸만 증장해간다.

단적으로 말하면
어렵다, 안된다라고 하는
부정적인 한 생각에서
마음먹으면 당장
할 수 있다, 쉽다라고 하는
긍정적인 한 생각으로
돌리는 것이다.

그러므로
부정적인 한 생각이 떠오를 때
힘없이 끌려가지말고
긍정적으로 돌리는 연습을
부지기수로 하다보면
의식수준이 자꾸만 향상 되어질 것이고
이해와 사랑의 파워도 자꾸만 강해질 것이다.

문제는 에너지의 파워다.
힘이 약하면 사리에 어둡고
어두우면
비추고 밝히고 살리는 능력이 부족하다.
그래서 자신이 없고 망설여진다.

힘 중에서 가장 큰 힘은
어리고 미약하여
두려워하고 거부하고 저항하는
부정적인 한 생각을
사랑으로 감싸안아 품어주고
위로하고 달래주어
긍정적인 한 생각으로
돌릴 수 있는 능력이다.

그러한 능력을
사람이라면 누구나 갖고 있으며

그 능력을 발휘하기만 하면
누구나 한 생각을 돌릴 수 있다.

말해보라.
어떻게 그 능력을 발휘할 것인가?
한 생각을 돌아봄 바라봄하면 가능할까?
아니다.
그 전에
그렇게 하겠다는
선택을 하여야 한다.
그렇게 하겠다는
마음을 먹어야 한다.

봄182 원아님 낭독

마음만 먹으면
당장
한 생각 돌리는 일이
가능하다.

어떻게
불가능할 수 있단 말인가?
자기가 한 생각의 주인일진대.
자기가 한 생각을 낳은 창조주인데.

봄183

봄나라

<봄나>는
상대를 초월한 가운데
바라봄이다.

이 바라봄은
바라보는 자가 없는
절대의 봄이다.

형제들끼리
얼아들끼리
저희들끼리는
다투고 싸우지만

봄183 원아님 낭독

부모의 입장에서는
<봄나>의 입장에서는
바라봄(주시)의 경지에서는
하나 같이
안쓰럽고
사랑스럽다.

<봄나>를
어른이라고 하면
한 생각은 얼아다.
어른은
얼아들과 상대하지 않고
온통 보아주기만 한다.

어른은
얼아를 보면서
어르신이 되어가고
얼아는
어른의 돌봄과 보살핌으로
어른이 되어간다.

한 생각 낳아
보살피면서
사는 것이
어르신이요
<봄나>요
<봄나라>다.

봄184

생각의 돌아봄과 바라봄

생각의 돌아봄은
자기를 깨닫지 못하여
생각을 바라봄이
자기라는 사실을 깨닫지 못하여
고작 한 생각을
자기라고 여기고
집착하는 단계에 있는 사람이
어쩔 수 없이
넘어가야 할 수행의 단계다.

그러므로
생각의 돌아봄을 통해
하나의 자기가
시간적으로
앞 생각과 뒷 생각,
공간적으로
안의 자기와 밖의 자기로,
두개의 자기로
분열되어 있다는 놀라운 사실을
스스로 깨닫게 되어야
분심이 생겨
합일을 향해

진발심을 하게 되는
첫번째 관문이다.

여기에서
자기의
분열성
이원성을
스스로
보게 되므로서
본격적으로
생각의 돌아봄에
생애를 걸고
전심전력하게 된다.

그래서
몸돌아봄을 통해
동정일여가 쉽게 되고
마음 돌아봄을 통해
몽중일여
숙면일여가 되면
오매일여가 되어
보는 자기와 보이는 자기,
의식적인 자기와
무의식적인 자기라고 하는
이원성

분열성이 타파되어
합일이 된다.

합일이 되어야
생각이 나가 아니고
봄이 나라는 것을
확실히 깨닫게 된다.
이른바
초견성이요
영적인 존재로 거듭남이다.

합일 이후라야
생각의 돌아봄이
비로소
생각의 바라봄이 된다.

생각으로부터
벗어남이
바로 해탈이고 자유이며
있는 그대로의 생각을
화안하게 볼 수 있고
다스리고 부릴 수 있는 능력이
바로 사랑이고 지혜이다.

그리하여

늘봄의 생활이

사람다운 삶의

바른 길이라는 것을

확신하게 된다.

봄184 원아님 낭독

봄185

들켜야 놓아진다

처음엔
캄캄하여 전혀 보이지 않고
다음엔
돌아봄 하지만
지나고 난 다음의
기억이나 영상을 붙들고
뒷 생각이 앞 생각을
판단 평가 심판하고
자해하는 것이 고작이다.

자나 깨나 앉으나 서나
돌아봄이 끊어지지 않을 정도가 되어야
보는 자기와 보이는 자기라고 하는
이원성 분열성이 치유되면서
합일이 된다.

합일 이후라야
몸과 마음의 바라봄(주시)이 가능하다.
순간 순간
몸과 마음의 상태가 감지되면서
자기가 모르던
자기의 그늘진 부분들

무관심이나 냉담함이나 쌀쌀함 등
자기의 부정적인 자세나 태도나 버릇이
자기에게 들키게 된다.

이렇게
들키게 되면
더 이상
자기를 볶아치지 않으므로
여유가 생기고
정신이 차려지면서
의식의 스크린,
마음의 거울에 비쳐진
부정적인
자기의 모습이나 태도나 견해는
소멸되어
당장
긍정적으로 바뀌게 된다.

이것이
놓아짐이다.
이것이
업장소멸이다.
그냥 놓아지지 않는다.
들켜야 놓아진다.

이렇게
놓아져야
마음이 비워져
그 자리에서
한 생각
마음고쳐 먹어진다.

합일 이후라야
있는 그대로의 사실이
보이고
보여야
그것이
옳은 건지 그른건지
큰 건지 작은 건지
알수 있어서
대뜸
부정적인 마음을
긍정적인 마음으로
고쳐먹게 된다.

봄185 원아님 낭독

봄186

나는 봄이다 고로 존재한다

종교는
그 속성상
교리가 도그마(독단)일 수밖에 없고
권위주의적일 수밖에 없고
따라서 율법을 강요할 수밖에 없어
자유를 지향하면서도
자유를 저해하는 요인으로 작용하고
심지어
인간의 마음을 분열시키는 요인이 되고 있다.

오늘날의 종교는
종교의 본질은 놓치고
형식만 무성하다.

대체종교를 표방하는
명상도
종교의 틀을 완전히 벗어나지 못하여
권위적이고 율법주의적이고
수행법 역시 복잡하고 난삽하여
생활 가운데 실천하기 불가능하고
수행의 과정이 아예 생략되거나 무시하여
수행법이 아예 없거나

수행의 결과인
깨달음에 대한 설명만
무성한 감이 있다.

대부분
남에게 의존하거나
남으로부터
한 두마디 얻어듣고
복을 구하거나
깨달으려고 하는
얄팍하고 안일한
대중의 심리에 영합하고 있다.

봄186 원아님 낭독

종교와 명상의 핵심은
자기의 정체성을 깨달아
우주관 세계관 인생관을 확립하여
마음의 질곡과 속박으로부터
자기를 구원하여
자기를 무한히 성장 발전시키는
삶의 길을 개척하는 것이다.

그렇게 하자면
모든 종교가 말이나 글이 다르지
내용은 다 같은 것이므로

다시금
그 핵심을 추어잡아
되살려내어야 한다.

진리의 길은
인간의 내면에서 찾아야 한다는 것과
진리란 자기를 아는 일이고
자기를 깨달아 담박 고치는 일이고,
전체성으로서의 대아가
부분성으로서의 소아를
돌보고 보살피며
살리고 키우고
성숙시키므로서
대아도 무한히 진보발전을 도모한다는
우주의 섭리를 깨달아 실천하는
삶을 사는 것이다.

자기를 알려면
생활 가운데
돌아봄 바라봄 늘봄하여야
자기를 알고
자기를 알므로
자기를 고치게 되어
무한히 진보발전의 길을 간다.

이제
소아의 입장에서
대아에게 의존하고
빌고 기도하고
바라는 단계를 마무리하고
바로 대아의 입장이 되어
소아를 보살피고 돌보고
다스리는 봄의 단계로
전환하여야 할 때이다.

봄이 대아이므로
소아인 생각을
대아가 낳아
키우고
성숙시키는 것이
삶이라는 것을
분명히 인식하여야 한다.

그러므로
<나는 생각한다. 고로 존재한다>는
명제는
이제
<나는 봄이다. 고로 존재한다>로
고쳐야 한다.

–2006.10.10

봄187

봄공부란

봄공부란
말 그대로 그냥 봄이다.

있는 그대로를 봄이다.

무슨 생각을 갖고 봄이 아니고
본 것에 대하여
한 생각 덧붙이지 않는 봄이다.

기분이 좋으면
좋은 기분을 봄이고
기분이 나쁘면
나쁜 기분을 봄이다.

봄은
어떤 목적이나
의도가 없으므로
아주 순수하다.

그러므로
있는 그대로에 대해서 보고 알 뿐
고치거나 변화시키려고 들지 않는다.

그러므로
봄공부는 무위법이다.

봄공부는
한 생각 내기에 바치던 에너지를
한 생각 내고 들이는 모습을
보고 아는 에너지에 바치는 것이다.

그러므로
봄공부는 자기를 아는 공부다.
자기를 앎이 없이
자기를 개선시키고 발전시킬 수는 없다.

천기를 보듯
자기 마음이 밝은지 어두운지
바람이 부는지 안 부는지
물결이 치는지 안 치는지
더운지 추운지
아픈지 안 아픈지
소상하게 보고 아는 것 뿐이다.

봄은
완전무결성인지라
보고 알면
다 알아서 한다.

봄이 진단하면

무불통지(無不通知)요,

만병통치(萬病通治)니까

봄187 원아님 낭독

봄188

평화

자기가 자기와의 싸움에서
이겨야 한다고들 말한다.

그러나
나는 그렇게 말하지 않는다.

자기가 자기와의 싸움이 끝나는 것이
자기를 이긴 것이라고 말한다.

싸움이 끝나야 평화다.
하나의 나가
또 다른 나를 이길 수는 없다.
보는 나와 보이는 나
둘이 하나가 되어야 합일이다.

둘이 싸우는 한
누구도 이기지 못하고
누구도 지지 않는다는 것을
뼈저리게 보고 또 보아야
생각의 꼬리가 떨어져
싸움이 그치고
평화가 온다.

봄이

이미

합일이고

평화다.

봄188 원아님 낭독

봄189

나의 문제이지 너의 문제가 아니다

내가 일으킨
한 생각에 대한
책임은
내가 진다.

내가 일으켰으니
나의 일이요
남의 일이 아니므로
내가 책임을 지고
해결하여야 한다.

남에게
철없다고
뾰족하다고
인색하다고
가볍다고
고약하다고
미쳤다고
한 생각 일으킨 책임이
그대로
나에게 돌아오니
내가 즉시 닦아야 한다.

싫다. 좋다.
옳다. 그르다.
두렵다. 편하다고
한 생각 일으킨 메아리는
그대로 나에게 돌아오니
그 책임도
내가 져야 한다.

불쾌하고
두렵고
기분 나쁘고
속상한 것은
지금 나의 문제이지
심중에 있는
그 사람의 문제가 아니다.

그러므로
세상만사를
내가 책임지고 산다.

모든 문제는
나의 문제이지
너의 문제가 아니다.

상대방의 언행에
있는 것이 아니고
그에 대하여
내가 방금 일으킨
한 생각에 있다.

오직
나 한사람 제도하기 위해
모든 사람들이
나를
괴롭게도 만들고
슬프게도 만들고
기쁘게도 만든다는 것을
똑똑히 보면
스스로 한 생각을 발하지 않아서
속 끓을 일 만들지 않고
속 썩을 일 만들지 않아
봄나라를 보존한다.

봄189 원아님 낭독

봄190

나는 봄의 힘으로 산다

봄190 원아님 낭독

생각이 아니면
봄이고
봄이 아니면
생각이다.

생각이 주도하느냐,
봄이 주도하느냐,
그것이 문제이다.

빛이 주도하느냐,
그림자가 주도하느냐,
그것이 문제다.

진실이 주도하느냐,
거짓이 주도하느냐,
그것이 문제다.

생각이 주도하면
무거워지고
힘들어지고
지겨워지고
짜증이 나고
피곤해진다.

그러나
봄이 주도하면
기운이 넘쳐
저절로
흘러가고
소리치고
노래하는
강물과 같다.

글 쓸 때도
청소할 때도
밥할 때도
걸어갈 때도
말할 때도
봄이 주도하면
머리 아플 일도 없고
힘들 일도 없고
짜증날 일도 없고
겁날 일도 없고
후회할 일도 없다.

봄의 위대한 힘은
천지를 운행하고
만물을 화육하는
바로
그 힘이다.

봄나라는
모든 인류에게
생각을 버리고
우리 안에 내재되고 잠재된
이 봄의 힘을
깨닫도록 하고
나아가서 이 힘을
일상생활에 사용하고
활용하는 삶으로
인도하기 위해
존재하고 있다고 할 것이다.

그렇게 하면
개인들이 행복하게 살 것이며
세상에는 평화가 올 것이고
봄의 능력을
사회의 각 분야에
활용하게 되면
고도의 문명 사회가
꽃피어날 것이기 때문이다.

그러므로
나는 봄의 힘으로 산다.

봄191

온통 봄

바라봄
들어봄
냄새맡아봄
씹어봄
맛봄
삼켜봄
뱉아봄

생각해봄
말해봄
느껴봄
울어봄
웃어봄

놀래봄
걱정해봄
좋아해봄
싫어해봄

기뻐해봄
슬퍼해봄
괴로워해봄

사랑해봄
미워해봄

빠져봄
빠져나와봄

해봄
놀아봄
가만히 있어 봄

숨쉬어봄
숨죽여 봄
맥박 느껴봄
재채기해봄
기침해봄
코풀어봄

손으로 만져봄
손을 움직여봄
고개를 돌려봄
손발을 놀려봄
허리를 구부려봄
허리를 펴봄
다리를 꼬아봄
다리를 펴봄

몸을 떨어봄

추워봄
더워봄
따뜻해봄
아파봄
편해봄
불편해봄

누워봄
앉아봄
서봄
걸어봄
뛰어봄

안아봄
업어봄
놓아봄
쉬어봄

꿈꾸어 봄
잠들어봄
깨어봄

기분을 알아차려봄
표정을 알아차려봄

알아봄
몰라봄

늘봄
온통 봄

늘봄의 생활

봄나라

봄191 원아님 낭독

봄192

합일은 진실이다

걸 다르고 속 다르기에
하나의 나가
두개의 나가 되어
거짓과 분열과 꿈의 세계에서
이중성, 허위성, 분열성으로

판단 평가 심판하고
대립 갈등 투쟁하고
근심 걱정 불안 공포에 떨며 산다.

이것이 중생(衆生)의 삶이다.
이것이 우리가 사는 세상이다.

합일이란
거짓과 환상과 꿈의 세계를
돌아보고 바라보고 늘봄으로
진실과 정직과 솔직함으로
돌아가 담박 깨어남이다.

그러므로
진리란
진실한 도리이다.

그러므로
합일이 진실이다.

그러므로
합일이 평화이다.

그러므로
합일이 사랑이다.

그러므로
합일이 행복이다.

봄192 원아님 낭독

봄193

진선미(眞善美)

참됨이란
겉 다르고 속 다른
자기의
이중성 허위성 분열성을
돌아봄으로
자기의
진실성 정직성 솔직성을
바로 회복함이다.

착함이란
늘봄의 생활로
거짓됨을 물리치고
참됨을 따르는 삶이다.

아름다움이란
참되게
착하게 사는
삶이다.

봄193 원아님 낭독

봄194
한 길 사람 속은 알기 어렵다

우리 속담에

"열 길 물 속은 알아도
한 길 사람 속은 알기 어렵다"는
말이 있다.

사람을 안다는 것은
의식의 수준,
에너지의 수준을
알지 못하고서는
참으로
그 사람을 안다고 할 수는 없다.

그러므로
자기의 의식수준이
얼마나 명료한가?
자기의 밝기가 어느 정도냐에 따라
그 만큼만 비추고 밝힐 수 있을 뿐이다.

또한
얼마나 깊은 가슴을
소유하고 있느냐에 따라

통할 수 있는 범위가 달라지고
이해와 공감의 깊이가 달라진다.

분명한 것은
자기의 그릇이나 밝기의
범위 안에 있는 것만 알지
자기 이상의 것은
알기가 어렵다는 것이다.

그러므로
도통의 경로에서 밝힌 바와 같이
생각의 양면성에 빠지지 않고
생각의 양면성을 자유자재하게
부리고 쓰는 단계로
좌우의 두뇌를 하나로 관통하여야
칼을 쓸 줄 알게 되고

정서함양과 호연지기를 길러야
가슴의 폭이 넓어
사랑으로
천지만물을 포용하기에 이른다.

최고의 지혜는
사람을 알아보는 안목이다.

저 사람의 소리를 듣거나
모습을 보아도
알고
그 사람을 떠올려도
바로 알 수 있으려면
철저한 봄공부를 하여야 한다.

그렇게 알았다고 하여도
다시금 겪어보지 않고서는
진정
한 길 사람 속 알기 어렵다는 것을
알아야
자기의 한 생각에 속지 않을 것이다.

봄194

봄195

송구영신(送舊迎新)

송구영신(送舊迎新)이란 말은
묵은 해를 보내고
새해를 맞이한다는 뜻으로
흔히 새해인사말로 사용합니다.

비단
한 해를 마무리하고
새해를 맞이할 때만
송구영신하는 것이 아닙니다.

하루를 마감하고
내일을 맞이할 때도
송구영신이요,
한 달을 보내고
다음 달을 맞이할 때도
송구영신이요,
한 순간을 보내고
다음 순간을 맞이할 때도
송구영신입니다.

봄이
무한하고 영원한 까닭은

봄195 원아님 낭독

스스로 송구영신하는
봄의 힘
때문입니다.

부단히
묵은 것을 보내고
새 것을 맞이하기에
봄이 오고
움이 트고
꽃이 피고
새가 웁니다.

송구영신하므로
부자장자가 되고
천수만수 누립니다.

만만세입니다.

원아
새해 아침
봄님들에게 인사드립니다.

새해 복많이 받으십시오.^ ^
송구영신~

봄196

웃음과 울음

하도 웃을 일 없다보니
자꾸만
소문만복래(笑門萬福來)라고 하면서
웃음을 권한다.

그러다보니
사람들은 억지로 꾸며 웃고
미소로 표정을 꾸민다.

그러다 보니
울음을 잃어버리고
눈물 하나 흘릴 줄도 모른다.

웃음은 좋은거고
울음은 나쁜 것이라는
틀이 지어졌다.

문제는 진실을 벗어났다는 것이다.
겉다르고 속달라졌다는 것이다.
웃음도 자연스러워야 하고
울음도 자연스러워야 한다.

바람이 불고 물결이 치듯
그렇게 자연스러워야 한다.

자연은 절도가 있다.
한 생각이 주도하면
절도를 잃어
치우치기 마련이다.

그러므로 우리는
자기의 웃음과 울음을
돌아봄 바라봄 늘봄하여
우주의 전체적인 파장과
하나로 돌아가야 한다.

천기도
맑은 날 흐린 날이 있듯
우리의 마음도
웃을 날도 있고
찌뿌린 날도 있기 마련이다.
그것이야말로 자연스러움이다.

도란 이 자연스러움을
벗어나는 것이 아니다.
자연스러운 인간이 도인이다.

미혹의 중생은
특별하려고 한다.
그 눈으로
도인을 판별하려고 한다.

그들은
착한 표정
밝은 표정
웃는 얼굴만
지으려고 한다.

그들은
흐린 표정
어두운 표정
우는 얼굴은
감춘다.

봄196 원아님 낭독

그래서
진실과 정직과 솔직함을
알아보지 못하고
드러내거나
표현하지도 못한다.

봄197

불쌍한 인간은 아무도 없습니다

병약하고
늙으신 부모님을
불쌍하다고 보고,
지체부자유자를
불쌍하다고 보고,
병든 사람을
불쌍하다고 보고,
거리의 거지를
불쌍하다고 보고,
말 것입니까?

사람을 보고
어떤 결론을 내리는 일은
그것이 비록
착한 생각일지라도
자기의 본심
본태양의 광명을
일순간 가리게 되어
어두워지게 만드는 일입니다.

그러므로
불쌍하다는 한 생각을
돌아봄 바라봄하여야
불쌍하다는 한 생각을
닦아 지울 수 있어
자신의 광명을 유지할 수 있고
상대방의 존엄성을
훼손하지 않는 일입니다.

인간은 만물의 영장입니다.
누구나 봄의 힘을 타고 났습니다.
단지 그러한 모습을 나투는 것은
자신이 진보발전하기 위한
최선의 수순을
자기가 선택하여
나아가고 있는 것입니다.

이 세상에 존재하는
그 누구도
불쌍한 인간은
한 사람도 없습니다.

불쌍하다는
한 생각을 일으킴은
남을 업신여기는 일인 동시에

자기의 본성을
더럽히는 일인 것입니다.

대우주는 완전무결성인지라
억울하거나 잘못된 일은
결코 하지 않습니다.

오직 한 사람 한 사람을
낳아 기르는 것은
사랑의 화신으로 키우기 위한
최선의 방책인 것입니다.

그러므로
남을 불쌍하게 여기는 것은
어리석은 일입니다.

남의 걱정은 소용없습니다.
오직
자기 걱정만 하고 살아야 합니다.

그리하여
자기 논에 물이 가득차서
흘러넘치도록 하여야
남에게 이익을 줄 수 있습니다.

불쌍하다는
한 생각으로
남을 도와서는 안됩니다.

그런 생각이 없이
저절로 넘쳐흘러야
진정한 봉사(奉仕)가 되고
흔적이 남지 않습니다.

불쌍하다는
한 생각으로
한 행동은
에고의 발로입니다.

사람을 볼 때
겉모습으로만
보아서는 안됩니다.

속알을 보아야 합니다.
속알은 봄님입니다.

완전무결성 자체이고
존엄한 우주의 주인이요
만물의 영장으로서
광명으로 빛나는 존재입니다.

불쌍한 인간은 아무도 없습니다.

인간은 본래 누구나
영육(靈肉)이 쌍전(雙全)인 존재로
만물의 영장이기에
불쌍(不雙)한 인간은 아무도 없습니다.

내가 남을 불쌍하다고 볼 때
남이 불쌍한 것이 아니고
그 순간
자기가
불쌍한 존재가 되는 것입니다.

봄197 원아님 낭독

봄198

운명을 탓할 것인가?

봄198 원아님 낭독

흔히들
나는 왜 좋은 가정에
좋은 부모님 밑에
태어나지 않았을까?

나는 왜 열악한 환경조건에서
이 고생을 하며 살아야 하는가?
라고 하는
한 생각을 일으키고
한 생각에 사로잡혀
자기의 팔자타령을 하거나
신세를 한탄하면서 괴로워 합니다.

그것은
모든 책임이 자기에게 있다는
실체적 진실을 모르는 소치입니다.

금생에 태어난 것은
전생까지의
자기의 의식수준의 결과에 따라

언제 어디서 어느 가정에
누구를 부모로 태어날 것인지가
결정된 것입니다.

부모가 나를 선택한 것이 아니고
자기가 부모를 선택한 것이라는 것을
분명히 알아야 합니다.
그러므로
부모에게 탓을 하는 것은
천부당 만부당 합니다.

자기의 성적표에 따라
드라마의 배역이
주어진 것이라고 볼 수 있고
또 다른 각도에서 보면
자기가 자기의 운명을
선택한 것이라고도 볼 수 있습니다.

어떻든
자기의 운명은 오로지
자기가 만들어가고 있는 것입니다.

현재의 운명도 미래의 운명도
오로지 자기에게 달린 것입니다.

그러므로
비록 전생의 공덕으로
좋은 환경에 태어난 사람일지라도
금생에 노력을 하지 않고 방만하면
열악한 환경에 태어난 사람 이상으로
괴로운 운명을 자초하고 맙니다.

마찬가지로
비록 금생에
열악한 환경조건에 태어난 사람일지라도
고난을 찬스로 삼아
그러한 난관을 돌파하기만 하면
주어진 운명을
역전시킬 수 있는 것입니다.

어쨌든
현재 자기가 처한 환경조건은
자기의 의식수준을 향상시키기 위해
대아가 마련한 큰 틀에 합당한
최선의 구도라는 것을 알아야 합니다.

이 모든 자기의
운명과 배역을
긍정적으로 보는 안목이
서기만 하면

주어진 운명을
탓하지 않을 뿐더러
모든 건
공평무사한 것이고
원망할 것이
아무 것도 없다는 것을
알아서

비좁은 마음을 넓게 만들고
얕은 마음을 깊게 만들고
침침한 마음을 화안하게 만들고
냉냉한 마음을 따뜻하게 만들어

다시는
한 생각에 속아 놀아나지 않고
한 생각에 막혀 답답해 하지 않고
한 생각을 다스리고 부릴 수 있는
의식수준으로 향상하여야 합니다.

이렇게 되어야
좋은 운명을 창조하여
세세생생
무궁한 복락이 보장되는
찬란한 삶이 기약될 것입니다.

봄199

생각과 돌아봄

생각은
에너지를 밖으로 방출함이라고 보면
돌아봄은
에너지를 안으로 흡수함이다.

생각을 원심력이라고 하면
돌아봄은 구심력이다.

돌아봄과 생각과의 관계는
밀물과 썰물의 관계와 같고
숨을 들이쉬고 내쉬는 호흡운동과도 같고
피를 내보내고 들이는 심장의 박동과도 같다.

하루중
밤과 낮이 되풀이 되는 것도
일년중
춘하추동 사계절이 반복순환하는 것도
이러한 이치로 돌아간다.

우주만유는
이와 같은 이치로 돌아간다.
현상계는
이러한 이치로 운행된다.

그러므로
한 생각을 내게 되면
반드시
그 한 생각을 돌아봄하여야
방출한 에너지를 회수하여
에너지를 보존하게 되어
현상계의 근원인 봄자체가
영원히 고갈되지 않아
무시무종(無始無終)이고
무궁무진(無窮無盡)하여
무한하고 영원하다.

만일 한 생각을 내기만 하고
거두어 들임이 없다면
에너지는 흐트러지고
빠져나가고
분열이 되어
이치를 배반하여
거짓과 환상의 세계에 빠진다.

이렇게
시간적으로 자아가 분열이 되면
현재의 자기가 과거의 자기를 떠올려
판단 평가 심판하고
벌주고 때리고 괴롭히는

어리석고 병적인 자해행위자가 되고
현재의 자기가 미래의 자기를 투사하여
근심 걱정 불안 공포라고 하는
악몽에 시달리는 몽유병자가 되어
자기 안에서 두개의 상반된 나가
서로 대립 갈등 투쟁하면서
난리를 치는 난장판이 벌어진다.

자기가 자기와 싸우는데
남들과 싸움이 벌어지지 않겠는가?
그리하여 인류역사는 전쟁이 그치지 않았고
우리가 사는 지금 세상 역시 그러하다.

이 모든 책임은
우주의 이치를 배반한 자기 자신에게 있다.

그것은 단적으로
한 생각만 낼줄만 알았지
한 생각을 돌아봄으로
들이지 않았기 때문이다.

우주의 이치를 배반하여
길을 잃은 우리가 할 일은
오로지 한 생각낼 때
반드시 돌아봄만 하기만 하면 된다.

그리하여
분열된 자아를 합일 시켜
바라봄이라고 하는
하나의 자아로 거듭나서
자기의 배역에 따라
자기가 하고 싶은 일을 하기 위하여
생각의 주인이 되어
생각을 낼 때는 내고
생각을 거두어들일 때는 거두어들이고
생각을 멈출 때는 멈추면서
생각을 다스리고 부리고 쓰는
명실상부한
만물의 영장이 되어야 한다.

여기에 분열된 자아의 치유가 있고
여기에 구속과 속박으로부터의 자유가 있고
여기에 싸움이 그치는 평화가 있고
여기에 사랑의 기쁨이 있고
여기에 진선미가 이루어지는 보람이 있다.

봄199 원아님 낭독

봄200

무소식이 희소식이다

우리 속담에
무소식이 희소식이라는 말이 있습니다.

우리는 대개
마음이 분열되어
자기가 일으킨 생각을 돌아봄으로 지우면서
한 생각 일으키기 이전 자리로
돌려놓을 줄을 몰라서
무소식 앞에 생각을 덧붙여
꼬리를 달고
가지를 쳐서
근심 걱정 불안 공포에 빠지는 삶을
속절없이 되풀이 하며 살고 있습니다.

그래서 나온 말이
무소식이 희소식이라는 말이
나온 것 같습니다.

그러나
무소식이 희소식이라는 말이
기막히게 좋은 말일지라도
그 말을 금과옥조로 삼고
그 말의 노예가 되어서는 안됩니다.

무소식이 희소식이라는 말은
우리가 한 생각 일으키지 않는
안심입명처이지만
어디까지나
거기에 머무르거나 매이고 보면
또 하나의 생각에 사로잡힌 꼴이 됩니다.

한 생각을 닦고 지우는 까닭은
한 생각을 다스리고 부려 쓰기 위함입니다.

문제는
한 생각에 끄달려 생각의 노예가 되지 않고
한 생각을 다스리고 쓰는
생각의 주인노릇을 하는 것입니다.

산의 정상에 올랐으면
다시금 내려와야 합니다.
문을 열었으면 반드시 닫아야만 합니다.
열고 닫는 것을 되풀이 하는 것이
문을 사용하는 법입니다.

그러므로
무소식이 희소식에 머물지 않고
멀리 계신 부모님께
가족에게

친구에게
도반에게
안부인사를
자발적 능동적으로 할 수 있어야 합니다.

무소식이 희소식일 수만은 없습니다.
따뜻한 정감을 실어
주거니 받거니 하는 것이
진리이고 진실입니다.

무소식이 희소식이지만
한 소식도 희소식입니다.
기쁜 소식도 나누고
슬픈 소식이나
괴로운 소식도 전하여
슬픔이나 괴로움까지도
함께 나눌 수 있어야
진정한 봄님이라고 하겠습니다.

봄200 원아님 낭독

도 공부는 별다른 것이 아닙니다.
봄님이라고 해서
보통 사람과 조금도 달라서는 안됩니다.

깨닫기 이전에도 산은 산이요
깨달은 후에도 역시 산은 산입니다.

봄201

천도(天道)가 아니고 인도(人道)입니다

봄나라가 지향하는 도는
천지(天地)의 도가 아니고
인도(人道)
즉 사람의 도입니다.

본심 본태양(봄님)이
하늘에 태양을 만들고
순차적으로
지구를 만들고 달을 만들어
운행하는 이치로

사람의 몸도
하늘에 해당하는 가슴(폐장)과
태양에 해당하는 심장(중단전)을 만들고
땅에 해당하는 복장(腹腸)(하단전)을 만들어
가슴과 배로 된 몸통을 만든 다음
길게 목을 달아내어
사람에 해당하는
얼굴과 두뇌(상단전)가 생긴 것입니다.

이 세 가지가 한통속입니다.

가슴에 달린 좌우의 양손은
하늘과 태양이 어울어져
별과 달을 창조하는
이치로 생겨난 것이고
하단전 아래에 달린
좌우의 양다리는
천지인 삼합이 어울어져
운행되는 이치로 생겨난 것입니다.

우주는 무형한 봄의 이치에 따라
낸 만큼 들이고
들인 만큼 내보냄으로
창조와 휴식과
파괴와 휴식을 되풀이하여도
봄의 에너지를 영구히 보존하여
시간적으로 영원하고
공간적으로 무한합니다.

천지는 이치 그대로 돌아갑니다.
문제는 사람입니다.

사람의 몸은
지구에 속한 티끌 같은 존재이지만
사람의 정신은
천지를 포용하는 만물의 영장입니다.

그러므로
제 아무리 천지가 크다 하여도
사람이 빠지면
한갓 빈 껍데기에 불과합니다.

천지는 이치를 거슬리지 않습니다.
사람은 우주의 주인이므로
천지와 같이
자동적 기계적으로 돌아가도록
프로그램화 될 수 없는 존재입니다.

천지의 주인이 사람이기 때문입니다.

그러한 이치로
사람의 몸과 팔 다리를
부리고 쓰는 것은
사람의 두뇌입니다.

봄이 천지를 만들고
사람의 몸을 만들었습니다.
그러므로
나는 몸이 아니고 마음이 아닙니다.
나는 사람입니다.
나는 봄입니다.
나는 봄으로 존재합니다.

천지는
자동적으로
우주의 이치대로 돌아갑니다.

그러나
사람은 우주의 이치대로
머리를 굴리지 못하고 있습니다.

천지의 운행을
돕고 보살피고 관리하는 것은
사람입니다.

이제 과학기술의 발전으로
사람이 제대로 도를 행하여야 할
시점에 도달하였습니다.

사람이 제대로 도를 행하지 못하면
천지도 망하고 사람도 망합니다.

심폐기능이나
소화흡수기관이나
생식기관이 문제가 아니고
두뇌작동기능에 문제가 있습니다.

인간의 두뇌는
좌뇌와 우뇌로 되어 있습니다.
좌뇌로 생각을 내고
우뇌로 생각을 들여야 합니다.

한 생각(느낌 감정)을 내었으면
반드시 거두어들여
한 생각이 일어나기 이전의 자리에
돌려놓아야 합니다.

심장이나 폐장이 하듯
두뇌도 내보내고
들이면서 살아야 합니다.

한 생각을 내었으면
반드시
한 생각을 돌아봄으로
한 생각을 거두어 들여야 합니다.

그래야
바라봄이 되고 늘봄이 되어
흐트러지거나 부서지지 않고
상하거나 썩지 않고
헤메거나 떠돌지 않게 됩니다.

그리하여
우주의 이치대로
생각을 돌아봄하며 살면
생각의 허위성 이중성 분열성이
다스려지고 치유되어
봄의 진실성 순수성 합일성이 되어
죄와 벌로부터 심판을 받지 않게 되고
근심 걱정 불안 공포에 떨지 않게 되고
대립 갈등 투쟁이라고 하는
질곡으로 부터 벗어나
자유와 평화와 행복을 누리고 살게 됩니다.

인간과 세상의 문제는
오로지
사람이
우주의 이치를 깨닫지 못하고
이치대로 생각의 돌아봄을
하지 않았기 때문입니다.

그러므로
문제는
천도가 아니고
인도입니다.

하늘이 사람에게
죄주고 벌주는 것이 아닙니다.

천지는 여법합니다.
사람이 문제입니다.

한 생각을 내었으면
반드시
한 생각을 돌아봄으로
한 생각을 돌려
한 생각이 나온 자리에
되돌리며 살아야 합니다.

이것이
사람이 마땅히 행해야 할 삶의 길입니다.
이것이 인도입니다.
이것이 사람의 도리입니다.
이것이 사람을 구하고
천지만물을 구할 대도입니다.

봄201 원아님 낭독

봄202

이것이 자기를 깨달음입니다

우리는
자기 안에서 빛나는 진정한 자기,
본질의 자기를 보지 못하여
자기가 누구인지 모릅니다.

고작
자기 몸이나 마음(생각, 기억)을 자기로
착각합니다.
조금 공부했다는 사람도
상상으로 유추하는 정도이거나
구름 사이로 잠깐 비친 희미한 빛을
본 기억을
보고 있을 뿐입니다.

천지만물 우주만유를 집어삼키고 있는
본심 본태양이
지금 여기에 빛남을
늘 보아야
자기가 누구인지 압니다.

이것을 보면서
말하고 글을 써야
진실이고 정직이고 솔직입니다.

그것은 마치
바다의 심연과 같습니다.
표면은 물결이 치든 말든
바다 속은
고요하고 부동하고
꽉 차 있습니다.

우리는 바다 전체를 보지 못합니다.
고작 바다의 표면만 보고
이리저리 흔들립니다.
바다 전체를 보면
표면의 흔들림은
빙산의 일각에 지나지 않아
아무런 문제가 되지 않습니다.

내면의 자기
본질의 자기에 투철하면
현상의 자기
껍데기의 자기는
크게 문제될 것이 없습니다.

문제는 표면만 보고
속안을 들여다 보지 못하는
우리들의 욕심(생각)입니다.

그러므로
한 생각 일어나면
그 한 생각을 놓치거나 따돌리지 말고
그 한 생각에 토를 달거나 꼬리를 달지도 말고
돌아봄으로
그 한 생각을
그 한 생각이 일어나기 이전 자리로
되돌려 놓아야 합니다.

이렇게 부지기수로
생각을 돌아봄의 생활을 하노라면
한 생각 파장이 닿지도 않고 일어나지도 않는
거대하고 고요하며
움직이지도 않고
충만한 가운데
빛나는
본연의 자기를 만나보게 됩니다.

이것이 자기를 깨달음입니다.

이것이 우리가 그리워하던 님입니다.

늘상 보던 풍경인데
그 모든 풍경이
이 가운데 건립되고 용해되어 있다는 점이
이전과 다릅니다.

늘봄의 생활 가운데
참으로
우리는
거룩하고 존엄한
우주의 주인입니다.

지금 자기를 깨닫고 계십니까?
눈 앞에 현전하십니까?

맥박이 뛰고 숨을 쉬듯
부지런히
돌아봄 하십시다.

봄202 원아님 낭독

봄203

바라봄의 수행 단계

돌아봄의 힘으로
부정적인 한 생각(1)
잡아
한 생각 일어나기 이전의
원점(0)으로 돌린 다음

바라봄의 힘으로
긍정적인 한 생각 내는 것이
한 생각을 자유자재하는
한 생각의 주인이다.

그러므로
바라봄의 단계에서는
부정적인 한 생각을
돌아봄으로
지우고 비우는 데
만족하고 그쳐서는 안 된다.

한 생각을
잡아 돌리고
지우고 비워
다스린 다음

그 자리를 여의지 않고
즉각 한 생각을 내어
부리고 쓸 수 있는
창조력을 구사할 수 있어야
진정한 생각의 주인이다.

초견성(初見性) 단계
합일 직후에는
이 능력이 잘 구사되지 않는다.

그러므로
이러한 능력이 부족하다는 것이
사무쳐져야
중견성(中見性)이고
더욱 돌아봄 바라봄 수행이
밀밀해지게 되고
힘과 기술을 더욱 세밀하게 터득하여야
한 생각을 다스리고 부리고 쓸 수 있는
바라봄의 단계가 정착되면서
차차
늘 봄의 단계로
상견성(上見性)의 단계로
진입하게 된다는 것을 알아야 한다.

이렇게 되어야
봄의 무한한 능력을 발휘하여
생각을 마음대로 구사할 수 있는
말씀의 힘
사랑의 힘으로
만능 만덕의 능력이 생겨
치유의 능력은 물론
자유와 평화와 행복을 누리는
우주의 주인공
만물의 영장으로서
우주의 이치에 따라
천지를 운행하고
만물을 화육하는
봄나라를 건설하는
인간의 소임을 다 하게 된다.

봄203 원아님 낭독

봄204

생각의 방출과 회수

한 생각을 방출하였으면
그 한 생각을 반드시 회수하여야 한다.
그것이 생각의 돌아봄이다.

우리는 숨쉬고 맥박뛰듯이
돌아봄으로
원심력과 구심력으로 맞서는
두개의 상반된 힘을
하나로
원운동으로
진리의 수레바퀴를
끊임없이 돌려야 한다.

그래야 자기가 보존되고
운행이 되어
무한하고 영원해진다.

봄204 원아님 낭독

봄205

자연 바라봄 수행

내면의 합일이 되면
바라봄의 수행이
자연스럽게 전개되기 마련이다.

내적으로
보는 자기와 보이는 자기가
합일되면
하나의 자기와 자연과의 관계가 대두된다.

지형지세를 살필 줄 알고
풀 하나 나무 하나
돌멩이 하나 바위 하나
모양과 색깔 하나 하나

흐르는 물 소리
피어오르는 물안개
산 그늘
잔잔한 수면
파문이 일어나는 호수
폭풍노도가 몰아치는 바다
별빛 쏟아지는 밤하늘
동 터오르는 태양

석양의 노을
보름달이 비치는 산촌의 정경
하늘에 떠다니는 구름

골짜기의 아늑한 맛
탁 터진 능선의 시원한 맛
풍요한 황금 들판
추수가 끝나고
구루터기만 남은 고즈넉한 들판
굽이쳐 흐르는 생명의 젖줄 강

북한강 남한강이 만나는 두물머리
보현 문수가 만나는 문수굴
한강과 임진강이 만나는 통일전망대
천군만마를 호령하는 듯한
지리산의 정령치
백운대 인수봉 만경대가
빚어내는 삼각산의 웅자(雄姿)

이렇게 밟아나가다 보면
산과 들
강과 바다가
저 밖에 있는 것이 아니고
언제 어디서나
내 안에 존재하기에 이른다.

자연과 내가
더 이상 분리되지 않는다.
그리하여
더 이상 끌리지 않는다.
모든 자연은
내면의 자연으로 화한다.

아무리 꽃이 아름답고
자연이 좋아도
꽃보다 아름답고

산보다 크고
바다 보다 깊고
하늘 보다 넓은 것이
바로 봄나라이기 때문이다.

이렇게 되어야
천지만물을 담아내는
그릇(가슴)을 키우는 것이고
호연지기를 기르는 것이다.

이렇게 되어야
자연과 문명을
다 수용하고 쓰는
치우치지 않는

누리의 주인공이요
진정한 봄님이다.

이렇게 되어야
봄의 힘으로
미운 사람을
즉시
이쁜 사람으로
돌리고
볼 줄 아는
자유자재한
만능 만덕이
가능해진다.

봄205 원아님 낭독

봄206

의통(醫通)

생각이 쉬어져야
마음이 안정되고
마음이 안정되어야
몸이 쉬어지고
이윽고
몸의 치유가 가능해진다.

생각의 분열로
쓸데없는 생각이 일어나
에너지를 낭비하므로
생각의 돌아봄을 통하여
생각을 돌리므로서
무심을 회복하고
생각과 봄을 확연하게
구별할 수 있게 되면
쓸데없는 생각이 다스려져
마음은 고요하고 뚜렷해져
마음이 안정된다.

바르게 앉아
합일된 봄의 힘으로
코와 하단전을
일직선으로 맞춘 자세로
심장을 돌아봄하면
숨이 멈추어지면서

맥박이 뛰는 것이
하나 하나
뚜렷하게 느껴져
맥박의 강도와 속도까지
낱낱이
진단이 가능해지고
맥박의 수를 헤아릴 수 있게 된다.

이렇게 하다보면
멈추었던 숨이
코와 폐와 하단전과 연결되면서
하단전에 힘이 실리면서
저절로
숨을 들이쉬게 된다는 것을
알 수 있다.

이렇게 들여쉰 숨은
잠시
멈추어 휴식을 취한 다음
내쉬는 숨으로 바뀌고
다시금 멈춘 다음
호흡작용이 저절로 반복된다는 것을
알 수 있다.

이렇게 계속
심장 돌아봄을 하노라면
점차
심장의 박동이 느려지고 미약해지고
호흡도 느려져 간다.

마치
호흡이 끊어지고
심장의 박동이 멈춘듯
느리고 미세해지면
몸과 마음이 최소의 에너지를 소비하게 되어
몸과 마음은 에너지로 충만하게 되면서
몸과 마음에 쌓인 스트레스가 풀리고
충만된 에너지는 치유의 에너지로 작용하게 되어
병고를 예방하고 치유하는 능력을 발휘하게 된다.

그러므로

우리는 일조점호 일석점호를 통하여

두뇌가 쉬고

심장이 쉬고

폐가 쉬도록 하여

몸에 에너지를 충만하게 하는 수행을

게을리 하지 말아야 한다.

이것이 보약 보다 낫고

병원에 가는 것 보다 나은

자가치료법이라는 것을 알아야 한다.

이것이

이른바 의통(醫通)의 능력이다.

봄206 원아님 낭독

원아 유종열 선생의

한번 깨어나 살자꾸나!

- 원아님의 참말씀 -

도서출판 봄나라

[원아님의 참말씀 녹취]

생각은 동물성이다

(이 글은 2006년 8월 25일 운니동 센터에서 가진 금요직장인 모임에서 원아선생님의 말씀을 녹취한 기록입니다)

여러분, 요새 몸동작 관찰 잘 하십니까?

원등님 : 예, 하느라고 합니다.

그게 우리 아주 포인틉니다.
우리 공부의 포인트라.
아주 가장 기본이고,
걸음마부터 배워야 돼.
걸음마 배우고
그 다음에는 뭐하나?
말 배우지, 그 다음에?

걸음마 배우는 게
몸동작이라.
몸 움직이는 거,
이거..
일어설 때 일어서는 거,
고개 돌리면
고개 돌리는 거
아는 거,

이것을 일상생활 가운데 하는 거예요.
아무도 도(道) 공부하는 줄 몰라.
가족도 친구도
아무도 모르는 기라.
뭐 표가 나야지. 속으로 하기 때문에..

기도를 한다,
참선을 한다,
뭐 참구를 한다,
이런 게 아니잖아요.
그저 생활 하면서
일 해가면서
걸어 다니면서.

그 담에 남하고 이야기할 때,
말!

자기 말하는 거를
자기 귀로 들어야 되는 기라.
아이들 커가는 그 과정하고 꼭 같아요.
우리 하는 거도..
새로 걸음걸이 배우고
그 다음에
말 새로 배워야 돼.
말 배울라 카면
옛날에는 남의 소리 듣고 배웠는데
이제는 지 말소리 지가 듣고 배워야 돼.

원등님 : 참 안 고쳐져요, 선생님

이게 소위 말하는
우뇌계발이라 카는 부분입니다.
이게 감성계발이라.

그렇지만
그거 안하던 짓이래서..
그거 고비가 조금 있어요.
처음부터 될 거 같으면..
그 놈이 그렇게 계발이 빨리 되나?
우뇌계발인데..

우뇌는 감(感)입니다.
좌뇌는 뭐냐 하면 지능지수라.
머리 좋은 거,
공부 잘하는 거는
전부다 지금까지는
좌뇌 좋은 사람이 고시합격하고
다 그래 하는 거라.

그런데 사업가들이나 정치가,
이쪽으로 나가는 사람들은
꼭 공부 잘하는 사람들이 아니지요.
학교 전혀 안 댕긴 사람도
큰~ 기업의 창업자가 되지요..
그거하고는 전혀 딴 판이여.
감이 번쩍번쩍 햐~.
척 보면 저 놈이 어떤 놈인지 환해.
책 안 읽어도 환해~
꿰뚫어 봐버린단 말이야.

그게 공간의 감지능력이라.
우뇌입니다. 우뇌.

그래,
이건 책이고 뭐고 필요 없는 기라.
자꾸 정신 차리는 연습
부지기수로 하는 기라.
정신 차리는 게 어떻게 정신 차리노?
고거 막연하잖아요.

그러니까
자기 몸의 주인으로서
몸이 어떻게 지금..(하는지)
소 부릴라 카면
소가 우에 하는지
주인이 봐야 되잖아요. 예?
소 부릴라 카면 소를 봐야 돼.

보고나면
잘하면 가만 놔두고
잘 못하면 채찍으로 한방 쳐.

안 그러면
소리를 내어 이랴이랴~ 카던지.
그것도 소 부리는 것도
한꺼번에 안 되잖아요.

또 잘 부리던 놈이나 부리지.
나 같은 사람한테 밭 갈라 카면 못하지.

영 황당해,
처음에는..

그래, 이제 소 맡아가지고
처음에는
남하는 거 구경하고
고대로 처음에는 따라하다 보면
한참 하다보면
나름대로 소와 내가
주인과 소가
둘이 아닌 게 파악이 되어가면서
척척척~ 부리잖아. 예?
저~끼리 통하는 거
우리는 옆에서 보면 모릅니다.

소주인하고 자기들끼리 통합니다.
그놈의 소리만 들어도 서로 아는 거라.

이 몸뚱이가 우리 소라. 소!
사람이 우리 이 몸뚱이를
나라고 하는데
내가 아니여,
동물이여.

이거 내가 아니여.
내가 타고 다니는 동물이라.
얼이라 카는 거
정신이라 카는
그게 "나"지.

사람이고.

이 안에 세포가 60조라 하는데 말이야.
조상의 DNA가 여기 다 와있으니
옛날에 무슨 아메바 시절부터
길짐승 날짐승 해가지고
온갖 조상들 인자가 여기 다 와 있어.
여우도 있고 늑대도 있고
뭐 호랑이도 곰도 다 있어요.

한 생각 일으키는 게 뭐여?
동물성이지?
예? 어때요?

목이
목마르다~ 물 좀 달라 카는데
그거 부리 먹을라 카면
물 좀 주고 부려 먹어야 될 거 아이가~

귀는
또 좋은 소리도 듣고 싶고 그렇지?
재밌는 이야기도 듣고 싶고,

눈으로는
좋은 풍경도 보고 싶고, 그렇잖아요.

그거 싹 무시하면 될까?
부려먹을 판인디?
어느 정도 여물도 주고 물도 주고

영양가 있는 콩도 좀 썰어줘야지.

그게
우리가 밥 먹이고 옷 입히고
목욕하고 이래 사는 기라.
미장원도 가고 신발도 신기고..
소도 추울 때는 신발 신기고
짚으로 옷도 해주잖아요.

그런데 어떨 때는
우리가 소 같을 때가 있잖아요.
눈만 껌적껌적
우짤 줄도 모르고..
느려터져..
빨리 안가고..
이럴 때도 있고

어떨 때는
또 말 같을 때가 있지?
화닥닥 화닥닥 뛰기만 햐.

소처럼 느리게 갈 때는
느리게 가고,
말처럼 빨리 갈 때는
빨리 가야되는 기라 이게.

우리한테는 그게 다 있거든?
소 같은 놈도 있고 말 같은 놈도 있고
곰 같은 놈도 있고

호랑이 같은 놈도 있고
뭐 여우같은 놈은 없는가?
다 있지.

그래 사람이 만물의 영장인데,
이 안에 오만 것이 다 있는 거라.
물고기 같은 것도 있고
미꾸라지 같은 거도 있지, 왜..

잘~ 빠져나가,우리가..
우리 미꾸라지 같애,
전부다.
그리고 자~알 숨어.
잘 도망가고..
기가 막히게 도망 가버려.

그리고
잘 안 들킬라 카고.
숨어가지고
요래~요렇게 한다.
지는 남 보면서 지는 안 들킬라고..
그래야 지가 살지.

동물이 사는 전략이 그거여.
나만 보되
내가 바로 들키면 안돼. 그렇지?

그래 그 버르장머리가 남아서
지금도 문구멍으로

남은 요래~ 보면서
지 껀 안 들킬라캬.
그게 나쁜 건 아니여.
진화의 과정에서
우리에게 남은 거거든?

근데 그게 이제 동물성이라.
그래서 우리가 사람이
동물을 봐야 되는데
그게 우리가 얘기하는 돌아봄이여.
봄!

봄하고 생각은 틀리죠?
생각은 동물성이야.
육체에서 나오는 것들이야.
그렇잖아요?
그죠?
이해가 되나요?

봄님들 : 예

이해가 되면 된다 그래.
가만있으면 성난 거 같잖아.
커뮤니케이션 되어줘야 돼.
항상 우리가
둘이 가.

우리가 산책을 가면서
"이 사람아, 저 꽃 보게.

매미소리 들리는가?
하늘 봐, 저 노을 봐"
이렇게 되었을 때
서로 감동이 되고,
서로가 이래야 친해지고,

그 뭐 차 몰고 가는데
옆자리 탄 친구,
내 친구 하나 있어.
한 놈은 내하고 장단이 잘 맞아,
신바람이 나.
그런데 어떤 놈은 타자마자
코 더러렁~
이라면 기운 빠져버려,
그 다음부터 다신 안태워, 저놈은..
만나보고 싶은 생각도 안나.

우리
여기도 마찬가지야.
우리가 뭘 배우는 게 아니여, 여기는..
좌뇌로 지식을 배우는 게,
책으로 배우는 게 아니고

여기는
깨달음에 대해서
감성에 대해서
감각에 대해서
계발하는 법을 나누는 거여.

어려울 거도 하나도 없는 거여.
주거니 받거니 하는 거여, 그냥..
그리고 지금
나중에 이걸 기억해 놨다
써먹는 게 아니라
지금 내가 언급하는 그 사항을
실지 사항으로 여기고
자기 안에서 같이 따라가는 기야.
같이 가주어야 돼.
"니는 가봐라 나는 구경하겠다."
이래 해버리면
그건 극장에나 가지 왜?
여~ 뭐 할라고 오노?

그게 굉장히 중요해.
회사에 가도 그렇고
가족들하고도 마찬가지야.

살아있는 얼굴이라는 것은..
얼굴이 죽으면 안 되거든?
얼굴이 모든 걸 다 말해줘.

'천의 얼굴을 가진 사나이'란
옛날 영화가 있는데
우리가 다
천의 얼굴을 가지고 있거든 사실은,

그때그때
천의 얼굴이

변할 때는 변해줘야 되고,
그렇잖아?

공감할 때는
공감을 표시해야 되고
불만 있을 때는
불만을 표시해야 되는 겨.
그거 그대로거든..

근데 우리
도덕적으로
너무 '웃으면 좋다' 이래가지고
소문만복래(笑門萬福來) 해가지고

맨날 웃고 댕겨.
그럼 얼마 못가지?
찌그러져버려~

그저 자연스런 흐름..
희로애락(喜怒哀樂)을
자연스럽게 나타내야 돼.
나타내면서 나타낸 줄 알고..

우리
표정 알아차리기 있었지?
표정 알아차릴 정도 공부하면,
깊은 공부의 수준인데
그게 어려워요.

자기 천변만화(千變萬化)하는 표정을
생활 가운데서 알아차린다는 거
참 어렵지.
굉장히 깨있어야 돼.

처음에는
첫 단계로서 걷는 거,
걸음마.
걸음마 할 때 못 깨어있는 놈이
뭐 말할 때 깨어있을까?
에이~ 턱도 없지.
안 그래요?
못해..

걸음마가 굉장히 중요합니다.
저도 그래서
항~상 걸을 때마다 그때 너무 행복해요.
 처음에는 걷기 바빠 가지고
바깥이 희미해져, 안을 들여다보면..

이 말이 뭔 말인가 하면
우리가 하나의 각성,
하나의 어떤 진리가..
안과 밖이라고 하는,
나와 남이라고 하는,
주관과 객관이라고 하는 것으로서의
이 절벽이..
은산철벽이 있어요, 이게..

그렇기 때문에
안을 볼라 카면
바깥이 희미해져버려.
그 다음에
바깥에 쏠려버리면
이 안이 안 보인다, 이 말이야.

이 말이 뭔 말인가 하면
우리가 이걸 모르고
지금 공부를 하다보면
아~ 이거
내가 남북으로 분단되어있구나~
안과 밖으로
이 무언가 모를 (벽으로) 막혀있구나~
하는

이걸 우리가 이제 아는 단계인데

이걸 스스로 알정도 되면 제법 아는 거지.
근데 명상하는 사람들도 이걸 잘 몰라.
이걸 못 깨달아.
"아~
내가 지금 현재 분열 상태구나~"

그래서 우리가 거듭나려면
분열을 합일시켜야 되는데
이거 우예야 되노?

이걸 과거에는 뭐요?

뭐 삼천배하라,
뭐 염불하라,
뭐 주력하라,
뭐 별별 방편이 다 있었지?

근데 그게 계발이 됐냐고~
몇 천년동안에..
아직도
그 모양이잖아, 지금..

근데 이런 식으로
우리가 공부한다 카면은
뭐 교회 가고 절에 가고
따로 공부할 여가를
따로 낼 필요가 없잖아.
그렇잖아?
그렇잖아요~

자기 생활 그대로가 수행이잖아요.
아!
생활하는데 공부할 시간이 없다고?
그거는 말이 안 돼.
밥하면서
청소하면서
걸어 다니면서
남하고 이야기해가면서
일해가면서
컴퓨터 두드려가면서

옛날에는
컴퓨터 두드리면
일에 빠져가지고
손놀림 뭐 전부다
기계적이고 무의식적이잖아.
그걸 의식화시켜야 돼.
마음먹으면 다 돼요.
지가~
지가 지 마음이지 뭐.

처음에는
안하던 짓하니 안할라고 해.
안할라 카면
뭣이 물에 떠내려가고
멱살 잡혀가지고
얻어맞고 그라지.
누구한테 얻어맞아?
지가 지한테 그라지 뭐.

누가 뭐
누가 있어가지고 때려.

근데 이상한 게
지가 지한테
얻어맞고
얻어터져가지고
퉁퉁 붓지.
그것 참 이상하~
그쟈?

맞은 새도 없는데
퉁퉁 부어.

"아이고 죽겄다.
죽겄다 야~
아주 고통스럽지.

때리는 놈이
부처가 때리나,
하나님이 때리나?
이런~
다 지가 지은 거 아니야?

그러니까
이 세상에 있다 카면
지가 하느님이고
지가 부처인기라,
지 세계에.
그렇잖아?

이 60조 세포에
이 세포에서 반영되어 나오는
우리 마음(생각 느낌 감정),
육체는 동물입니다.
다른 게 뭐 있어, 소하고?
늑대하고 다른 게 뭐 있느냐고?
우리가..
예?!

머리가 조금 아담하고
조금 좋은 거 뿐이여.
똑같애!

새끼 놓고 집짓고
뭣이 사는 거는
틀린 거 뭐있어?
똑~같지.

어찌 생각하면
날짐승은 말이여.
비행기타고 티켓 안 끊어도 되잖아,
돈 안줘도..
물고기들은 물에서는...
그걸 뭐라 해,
서브마린(submarine : 잠수함)?
옷 갈아입을 필요도 없고
세탁할 필요도 없고
이놈들은 말이야.
자동으로 옷 떠억 입고
어떤 놈이 나은지 모르지, 팔자가..
맨날 놀러 다니면서
먹을 거 쌨지~

물총새라는 놈 보면
아침에 나가가지고 터~억하니
시~원한 골짜기 말야,
시냇가에 터~억 앉아가지고
참, 고기 잡는 거 보니

기가 차다~
참, 아이구~

우리 출근해서
그거(일) 하는 거나 똑같애.
우리 출근은 정해놨지만
이놈은 지가 하고 싶은 대로 하니
누가 나은지 모르지.

이래가지고 우리가
감을 자꾸만 이제..
검도 같은 그런 영화
옛날 "미야모토 무사시" 그런 거도 보면
이런 부분 많이 나옵니다.
이래 있는데
뒤에 눈이 안 달렸는데도
뒤에서 움직이는 거 다 알잖아, 그지?

그거는 오랜 세월동안 수행을 해야..
길러져야 되잖아, 그지?
마음이 텅~ 비워지고
마음 비워진다는 거는
생각이 비워지고
비워진 거기서 발하는
한 줄기 광명이 있는 거야.
거기 다 걸리는 거지, 말하자면..
그걸 계발해야 되지.

그냥 아무것도 안하고 말이여.

일주일에 여~어 한 번씩 와가지고
어쩌다 듣고는 말이야,
"아유, 나는 왜 안 됩니까?
이카면 되겠나?
택도 없지!
노력을 해야 되지.

걸음마부터 하고
그 다음에
말.
말 새로 배워야 되는 거는
뭐냐면은
옛날에는 남의 말소리 듣고 배웠지만
이제는 지가 지 말소리 듣고
새롭게 지가 말 배우는 기라. 고쳐야 돼.
말 나오는 거 보면
저게 늑대소린지 여우소린지
호랑이 소린지, 다 알거든?
저게 사기꾼인지
저게 진실한 소린지, 다 알거든?
늙은 소린지,
어린 소린지 다 안단 말이여..

말소리 들으면
말소리만 들어도 대번 알아.
그렇지 않아요?

소리 들어보면은
그 사람의 수준이 그냥 나타나.

그걸 모르니까 뭐 이력서 가져 온나,
출신 성분이 뭐냐,
뭐 이래 묻잖아?
이것만 계발되면
말소리만 턱~ 들으면 되고
얼굴만 척~ 한번 쳐다보면 다 알지~뭐.

저 사람이 어떤 수준에 있는 사람이냐,
무게가 얼마나 나가느냐,
얼마나 진실하냐,
얼마나 집중력 있고 추진력이 있느냐,
뭐 다 알지.
감으로 알아.
의식으로 몰라도 감으로 안단 말이야.

20세기까지는 이성의 시댄데,
21세기이후에는
감성의 시대,
깨달음의 시대,
영성의 시대라.
앞으로 우리 계발 안 되면
특히 젊은이들은 행세 못햐!

옛날에는 머리 좋아가지고
간판가지고 통했지만
이제는 간판 보지도 안햐~
벌써 요즘 그쪽으로 많이 가잖아요.
대학시험, 수능?
이거 논문? 논술?

비중이 커졌지?
쪼끔 나타나 이제,
꼬랑댕이가..

앞으로는 사람 턱 보면은 알잖아.
눈동자 왔다갔다 하고 이라면
뭐 그만
불안한 놈이고,
자신 없는 놈이고.

표정도 잠깐 보면 알 거 아니여.
얼음처럼 굳어가지고
잘 안 움직이면 안 되지?
출렁출렁 해야 되는디..
저거 안 되면
장사를 하겄나?
뭘 하겄노~
아이고~

그래 변화에..
변화라는 건 자연스러운 거지?

바람이 불면
물결 일어나는 것이 정상 아니야?
물결이 안 일어나는 거는
어디서 안 일어나?
얼음에 가면 안 일어나지, 물결이..
얼음이 되면 안 돼.
얼굴이 얼어버리면 이거 영 파이라.

한참 드라이브 좀 즐길라 카는데
이 녀석이 쿨쿨~ 옆에서 자고 있어.
다음번엔 다신 가자 소리 안한다.

같이 가면서
도란도란 주거니 받거니
이래가지고,
서로가 말이야 주거니 받거니..야?!

술도 그래서
권커니 자커니야.
주고받아야 돼.
나눠야 돼!
통해야 된단 말이여.

우리가 공부가 되면 될수록
우리 봄나라 사람들도
이게 자꾸 되어져야 되는데
뭐 돌아봄 한다고 앙콤~하게
이래가지고 따악 얼어가 있으면
에이~ 안돼야~
출렁출렁 이래야지.

바다도 춤추고,
그게 춤이잖아.
그래 사람을 만나도
처음 보는 사람하고도
출렁출렁 할 수 있지.
그쪽에 탁탁 맞출 수 있어.

그런 모든 것이
진실한 것이고
자신감이 그거지.
자꾸 숨기는 게 있으면
어떻게 돼?
자꾸 쪼그라들지..
아~ 눈치보고..
탁! 털어놔버려야 돼.
"나 아무것도 볼 거 없는 사람이여!"
뭐 실지로 그렇잖아?
볼 거 뭐 있어?
볼 거 있느냐고?
없어~

빨가벗고 동네 목욕탕 댕겨보니
이거라고 뭐 내세울 게 아무것도 없더라.
똑같애 뭐..
큰 놈 작은 놈 있지만
그거 뭐 똑같애, 까짓..
그러니까 내세울 게 아무것도 없어.
숨길 거도 없고
내세울 거도 없더라 이 말이야.
실지로 그런 기라.

근데 이제 옛날에
우리가 저거(진화) 할 때
동물을 거치면서,
내가 미리 봐야 되고
내가 저놈한테 들키면 안 되잖아요.

그거 때문에 우리가 사람까지 진화되고
이까지 된 거거든?
고게 남아있는거야,
중생심으로..

그걸 이제 우리가 알아야 돼.
깨달아가지고
"어허, 이 사람아.
이제는 사람까지 되었는디
호랑이도 사자도 이제는 없네,
그카지 말게."

탁! 깨달아가지고
자기한테 오픈해야 돼.
요새 젊은 아이들도 뭣이 어떻고..
전부다 빼꼼~하게 요래 가지고 못 와.
오겠다 해놓고는 못 와.
들킬까 싶어.. 공부 좀 해가 온대.
공부를 뭘 어떻게 혼자 하노, 그랴.
뭐 좀 해가지고는 폼 잡을라고?
에이고~
고게 이제 뭐냐면은
우리가 살아생전을 도모하던 그거야.

힘이 약하고 이럴 때는..
내가 그렇잖아..
내가 미리 봐야 되지.
내 몸은 숨겨야 돼.
여러분도 얼마 전까지 그게 있었지?

봄님들 : 지금도

지금도 있지?
그래~
그게 도가..
자기를 오픈하고
공부를 한 사람이
그게 없는 사람이래야 돼, 적어도..
그게 있는 사람은
공부한 사람이라 말할 수 없잖아.
중생 중의 중생이지.

이제는 사람이 됐어.
이제는 사람인데,
내가 사람임을 자각을 해야 돼.

근데
한 생각은 아직 짐승의 반응입니다.
몸의 반응입니다.
몸!
마음이란 게 몸의 반응,
생각이란 게 몸의 반응입니다.
그렇잖아요?

위장은 위장의 반응이 있고
간의 반응이 있고
신장의 반응이 있고
폐장의 반응이 있고
요구사항이 있다 이 말이여.

각자가 다 있습니다, 이게..

팔은 팔대로 다리는 다리대로
눈은 눈대로 귀는 귀대로
코대로 입대로 다~ 있잖아.
요구사항이 다 있다고.

아, 입으로는
좀 맛있는 거 먹고 싶잖아?
그거 뭐 잘못된 건 아니잖아요.
얼마 있으면 좀 줄어드는 기고
정~ 안 되면
"야, 임마! 좀 기다려라."
부리 먹을라고 하면
그 놈들 어느 정도
비위 좀 맞춰줘야 부려 먹지.
그래, 옛날에 우리 보니까
소 먹일 때도 농사철 되고
이럴 때는
콩~ 삶아 먹이면 힘 좀 써요.
주는 대로 한다꼬!

그래서
그럼 사람이 뭐냐?
사람이 뭡니까?

생각이 몸의 반영,
육체의 반영이란 말이여.
그렇죠?

육체의 반영이지.

뭐 하고 싶다, 보고 싶다, 듣고 싶다,
안고 싶다, 뽀뽀하고 싶다,
전부다 육체의 반영이잖아.
그게 생각으로,
욕망으로 나타나는 거잖아.

근데 그게 무조건 나쁜 기야?
아이고~
지가 소타고 댕길라면
소한테도 어느 정도 잘 보여야 되지.
주인이라고 최고여?
요새 주인이라고 까불다가
요새 혼나잖아.
야?! 혼나잖아~
요새, 막 들고 일나~
노조가 있어가지고. 주인이라고 까불어?
서로가 잘 화합이 돼야 돼.
하나가 돼야 된다고.
소하고 주인이, 사람이 말이여.
그래 할라 카면
어느 정도 저 요구사항에 대해서,
귀를 기울여주고,
보고 살피주고,
들어줄만하면 주고,

좀 그런 거는
"야 임마! 니 주인이 요새

주머니가 좀 없다. 쪼금 기다려라."

그 정도 하면 이놈들도 다 안다카이,
알아.

이래야 되는데
뭐냐면
지금까지 한 생각 일어나는 걸
나로 봤잖아.
"아, 내가 도 이만큼 닦고
이래 결심하는데
아직도 시기 질투심이 있어?
응?
나 공부 하나도 안 되었네~"

아니야~
그 놈들은 소잖아, 소!
동물이야. 동물..
뭐 지금 보면 개나 고양이나
얼마나 질투심 있는디~
굉장해~ 동물은 질투심 다 있어.
동물이야!

그럼 나는 누구냐 하면
봄이거든.
봄! 봐주는 거.
고놈들 돌보는 주인이란 말이여.
그넘들이 그칼 때는 예사지.
시끄럽고 울고 똥 싸고 뭐 이러잖아.

그렇지만은
엄마가 자기 자식 낳아가지고
똥 싼다고 때리는 법 있고
불평하는 법 있냐?
아니야~

여 얼아란 걸 알았고..
이거는 개인 줄 알고
이거는 소인 줄 알고
동물인 줄 알고
그러면 그 뿐이잖아.

동물은 늘 그런 거 아니여?
짖고 말이여~
지밖에 모르고 욕심꾸러기,
심술꾸러기, 변덕쟁이 뭐 막 이라잖아.
아무케나 막 하잖아. 팡팡 짖고 말야..

개보고 짖지 말라카면 돼?
개는 짖는 그거가지고
밥 얻어먹고 사는 놈인데
개보고 짖지 말라카면
죽으라 카는 소리랑 마찬가지지,
안 되지..

우리 안에서 개처럼 짖는 것도 있지?
지 아빠 보고도 짖고
엄마 보고도 짖고
형 보고도 동생 보고도 짖고,

친구에게도 짖고.. 이라잖아..왕왕~

그거는 개가 나타난 거라. 내가 아니란 말이여.

사람이 만물의 영장이기 때문에
내 안에 있는 모든 짐승을 다 다스려.
부리고 쓰는 이 사명으로 태어난 거야.
이게 사람이라 그랬어.

근데 아직까지 깨닫지 못하고
이래가지고
완전히 생각을 다스리지 못하는 단계는
아직 사람이 덜 되었어.
사람으로 진화의 과정이 있는 거야.
사람으로 몸은 받았지만
아직 사람은 아니야.

그래 이제 봄이 나고
내가 사람이고
사람이 동물을 보살펴야 되지.
죽도 주고 긁어도 주고
이놈들이 빗이 있나 뭣이 있노?
긁어주면 다리 턱 들잖아? 이놈들이..
사람이 좀 거들어 줘야 되지?
목욕도 시켜주면 얼마나 좋아해?
코끼리도 그래 좋아하대.

꼭같애, 우리하고..
우리 몸이랑 꼭같애.

이게 동물성이라 이 말이여.

우리 이게 (몸 가르키며) 동물 아니야?
이게?
여기서 일어나는 게 생각으로 반영이여.
좋은 생각도 마찬가지고 나쁜 생각도..
좋고 나쁜 게 어딨나?

좋고 나쁜 게 없어요.
우리가 봄으로 비추면
생각이란 것은 좋고 나쁜 게 없습니다.
좋다라는 생각을 덧붙여서 그렇고
음탕하다는 생각을 덧붙여서
음탕한 거 뿐이여.
그런 게 없어~ 어이구, 참

아니 동물이란 게
고상한 생각이 있고 음탕한 게 있나?
그냥 동물의 생각이지.
그럼 우리는 뭐냐면
동물을 기르는 입장 아니여?
사람이니께.
이 안에는 전부다 동물성이여, 어이구..
그래서
"아유 내가 아직도 시기 질투 하네."

내가 아니잖아~
니 안에 있는,
니가 다스려야 될 동물들이야~

고양이가 만날 긁고 이라잖아.
고양이가 뭐 어데 양변기가서 똥 누나?
아무데나 눠버리지.

"예이, 요 녀석
너 왜 양변기에 안 누고~"
이래 멀 안하잖아?
그렇잖아요?
나도 아닌 거야,
나도 아니고 잘못된 거도 없는 거야.
또 잘 한 것도 없지.
무슨 그깟 놈들이
뭐 잘하고 못하고가 있노?
동물이.. 없는 거라.
선악이 없어.

그래서 자~꾸 이제
우리가 모든 생각을 봐주는 게
만물의 영장의 소임이라..
보고 살펴주는 거.
고양이다 그러면
"고양이 너 임마! 왜 야옹야옹 카냐?
듣기 싫다."

그건 말이 안 되지?
고양이기 때문에 야옹야옹인데
어쩔 기야.

"야, 개야 너 왜 짖냐?

앞으로 짖지 말고 밥이나 먹어라."
아마 안 짖으면 밥도 안 줄 끼다.
모든 존재를 그렇게 자꾸 보다 보면
이놈이 인정을 해줘.
인정을 해주는데 무슨 잘나고
못난 게 있냐.
없지? 없는 거라.

그런 의미에서 금강경에서
이 대목을 사구게 중의 하나가
제상비상(諸相非相)이면
즉견여래(卽見如來)라~

모든 상, 모든 이미지가 말이야.
상이란 이미지야..그렇지?
머릿속에 그리는 거..
내가 저 여자를 범하겠다 하는
그런 생각을 하면 그건 죄다!
이렇게 나왔잖아.

말하자면 이게
이천 년 이상 인류를 지배했던
하나의 고정관념이여.

이걸 지금 부수는 판이라.
그게 아니라는 거여.
그렇게 이미지라는 건 이미지일 뿐이지?
생각일 뿐이여.
그런데 아직도 여러분들

“야, 내가 와 이따위
음탕한 생각을 하지?”

야~ 동물은 음탕하고 청결하고
이런 거 없어.
그냥 그래.
야옹야옹하고 캥캥 하고 이랴,
여우는.. 그렇잖아?

이 고비만 여러분들 넘어가면
대번 구원이다.

고생 하던 사람들이
첫 번에 받아먹을 거고,
고생 안하던 사람들이
한 번 해볼라 카면 잘 안 돼.

잘 안되면 뭘 해야 되냐면
걸음마 새로 하고
말 새로 배우고,
그 다음
자기 표정 알아차리기 해야 돼.

요걸 통해가지고
각성을 자꾸 계발하고 난 연후에
계발이 돼야
거울이, 명경이 뜨지~
의식의 스크린,
거울이 뜨고 거울이 떠야

바깥에 있는 동물,
안에 있는 동물,
다 한꺼번에 보는 기라.

동물하고는 감정도 없고,
동물하고는 싸움할 거도 없어.
동물은 뭐 수우미양가로
매길 것도 없지?

동물은 그냥 동물일 뿐이야!

우리 오장육부가 전부다 자기 하고 싶은
대로 신청을 해! 뭘로 신청을 해?
생각이란 형태로 하지.
그림도 그려 내놓고.
그러면 누구한테 결제 올려?
사람한테 결제 올리는 거 아니야?

사람이 만물을 다스리게 되어 있잖아.
이게 우주의 법칙이 요게
사람처럼 요렇게 되어 있잖아.

이게(몸 탁탁 두들기는 소리) 돌아가는
게.. 그래가지고 사람이 참~
엄마가 마치 자기가 낳은 새끼를
자식을 말이야
참 옥이야 금이야~
아~ 그게 사랑이지?
안 따지잖아.

그와 마찬가지로 모든 중생들,
여기서 동물이란 말을
중생으로 바꾸면 더 좋아.

모든 무리들을 우리 안에
60조라고 하는 어마어마한 이 중생이
그것도 몸 계속 바꾸어가며 있는 기라.

이게 다 바뀌는데 7년 정도 걸린대.
싹! 다 바꾸는 데.
7년 후에는 다른 인간이야.
다른 인간이라기보다
다른~ 그런 종류의 중생을 제도하는..

그러니까 이제 우리가
저놈들이 낑낑대고 울고 밥 달라 카고
요구하고 뭐 할 때
말을 못하기 때문에 낑낑 대지?
개는 밥 달라 카면
왕왕 짖고 꼬리 흔들고 이라지?
돼지는 꿀꿀~ 이카고.. 이래.
배고프면 더 그래.
사람만 봤다 카면 그래.

우리 안에도 모든 게 다 마찬가지야.
종류가 많지?
오장육부가 전부다
창자라던가, 허파, 심장, 머리, 두뇌!
이 모든 오관이

여기서 전부다 욕구사항이 있습니다.

보고 싶은 게 있고
듣고 싶은 게 있고
만지고 싶은 이런 게 있어,
욕구.. 그게 뭐 나쁘냐! 아니여.
나쁜 게 하나도 없어.
나쁜 게 없기 때문에
좋은 거도 없고 그런 기라.

그저 다만 그래!
걔들은 늘~ 그래.
그게 여사여.

예사롭게 봐주는
이것이 뭐냐면
사람다운 자세지.
그게 이제 말하면
사랑이고
말하면
대자대비고

아유~
그런 소리 때려치우고
사랑이니 뭐니 무거워.
그놈의 소리 때려치우고
그저 내 안에서
60조 거느리고 있는
이놈들이

그때그때 따라서
착착착착 이렇게 해 나가.

두뇌는 과거의 생각으로서
미래에 대한 걱정으로 가면
"어우, 그래 야 임마!
눈에 헛 게 띄어 그런다.
괜찮다 아가야~
아직 안 왔어, 아직~"

우리가 근심, 걱정, 불안, 공포라고 함은
미래라는 꿈꾸는 거 아니여?
"아가야, 꿈이다 현실 아니야..
내가 있잖아."
그렇잖아?
봄이 그렇잖아, 봄이..

그 다음 이 놈이 맨날
과거에 대해서
아이고 아무 것이는 어떻고
누구는 어떻고
이놈이 죽일 놈이고
뭣이 잔뜩 가지고 있어.
"야, 이넘아! 무겁다~ 내려버려라."

이 바보가!
기차타고 가면서
짐 지고 가는 놈이나 같지?

기차타고 가면서 짐 져,
짐 질 필요가 뭐 있나?
내려놓으면 편할 낀데~
그거하고 똑같애.
그러니까 그걸
사람이 해주지 동물이 해주나?

그러니까 부처라고 하는 거는 봄 자체,
사람이 부처입니다.
사람이 중생을 제도하는 거야.
첫 번부터 중생제도야.
닦아가지고 하는 게 아니죠.
쪼금만 정신 차리면
다 그냥 그대로 사람이지.
그래 그거는 생각이 내가 아니여.

생각이라고 하는 거는
몸의 반영이고, 중생의 요구사항이여.

그러니까 탐진치(貪瞋癡)
삼독심(三毒心)이다~ 이카는 거도
그것도 내가 볼 때는 말 그래하면 안 돼.

좀 달라져.
동물성을, 중생을 제도하는 기야.
탐진치라는 것은 나쁘게 보는 게
그 자체가 좀 틀렸어.

아 돼지가 꿀꿀 칸다고 잘못이냐?

여우가 캥캥 한다고 잘못이냐고~
하나도 잘못 아니지?

저넘들끼리 서로 먹을라고
으르렁 거리고 싸움하잖아.
형제끼리..
그게 잘못이라고?
아니여. 하나도 잘못 없잖아.
이걸 갖다가 뭐라 캬?

대긍정이라 카지.
뭐 잘했다 못했다
그냥..
할애비가 손자 귀여워하듯이 그랴.

그래서 사람을 갖다가
만물의 영장이다~
중생을 제도한다~

그럼 사람이 뭐냐?
우리로서는.. 뭐여?
봄이지?
생각을 봄이여.
생각을 다스리고,
중생을 다스리고,
만물의 영장이고

그걸 우리는 새로운 언어로서
봄이라고 하는 기여. 봄!

생각과 봄이 다르단 걸
그걸 완전히 알아야 돼.
다르죠?
사람이 말하자면
인내천(人乃天)이라
천(天)이 바로 사람이라.
사람이 곧 하늘이라.

이렇게 살면
우주의 대도가
그대로 이루어지는 거여.
우리가 그 역할하고 사는 기여.
이게 가장 근본적이여.

정치, 사회, 경제, 문화,
모든 각 방면에, 있든지 없든지
좌우지간에 그렇게 하고 살아야
사람다운 삶이지.
근본의 길이다~

그래서 내 안에 있는 이런 중생을
그렇게 다 알고 다 봐주고
다 수용이 다 되게 될 거 같으면
바깥에 있는 중생도 마찬가지지?
그렇겠지?
그러니깐 뭐 야단 안치고
성질 안내고 그래 되겠네.

"야, 그 사람 왜 그래!"

아니, 그 사람이 아니라
고양이는 야옹야옹하는데
잘못된 게 없지?
개는 왕왕 짖잖아?
앙칼지게~ 깜짝 놀란다,
깜짝 놀라.

아~ 나..
옆에 지나갈 때 보면
하얀 개가 담 넘어로 만날 짖어.
콱! 그러면 깜짝 놀란다..

ㅎㅎㅎ 그렇지만 그놈한테 유감 있나?
하나도 없어.
그놈한테 책임이 없잖아,
그거는.. 그래도
사람 죽이면 가만 안 놔두대.
사람 물어가지고 이라면,
그건 총으로 없애버려.

사람이 곧 하늘이다~

그거는 봄이 이제 드러나서
봄은 늘 시작도 끝도 없는 것이고
참말로 그건 영성이지요?

그걸 못 깨닫는단 말이여.
그 봄 자체를..
지금 여기도 존재하고 있는데

그걸 못 깨닫는 거는 왜 그러냐면
우뇌가..
공간에 대한 감지능력이 부족해서 그래.

만날 따질 줄만 알지.
그건 좌뇌적이여.
지능 가지고는 안 되거든?

그래야
작다면 무지하게 작고
크다면 무한하게 큰..
그래서
무한한 공간이라 그럴까?
진공이라 그럴까?
비었다 그럴까..
비어도 빈 줄을 몰라~

그러기 때문에
그걸 깨우칠라 카면
처음부터 대번 되나?
안 돼.

어떡하면 좋노?
우뇌계발 해야 된다.
그럼 우뇌계발은 어찌 하노?

뭐 별별 소리 다 하지만
나는 생활 가운데서
걸어갈 때

걸음마 제대로 하고 있는가를 알고,
대중을 잡고 하고,
자기 말할 때
자기 말 우째 하는지
자기 귀로 들으며 살고,
놀든지.. 행동할 때,
그거 다 행동이지요?
그럴 때 거기서
깨가지고 하게 될 것 같으면
활~짝 벌써 정신 차렸는 거라.

그동안 정신 안 차리고 살다가 말이야..
그땐 정신 못 차리는 게,
새나 짐승들 말이여..
고기, 먹이 잡아놓고도 있잖아.
먹으면서 얼마나 봐야 돼.

내보다 더 센 놈이 오는가 싶어가지고
새도 그러고 길짐승도 날짐승도 다 그래.

돌아봄 잘못했다가는
잘못하면 골로 가지? 야?!
왜 돌아봄 안하는가는 여러분 알겠지?

동물 시절 때 것이 남았어.
돌아봄 잘못했다가는 말이야..
밖을 살피지 못하잖아.
바깥으로 살펴야 내가 살아나.
물고기 한 마리 먹는 사이에

빠져버리면 안 되는 기라.
자꾸 이래 돌아봐야 되는데,
이 돌아봄을(몸 돌아봄) 할라 카면은
잘못하면 안 되잖아.

그러니까 자꾸 뒤로 미루는 기라.
지금은 돌아봄 한다고 해서
잡아가는 놈이 아무도 없지?

호랑이가 잡아가겠나,
여우가 잡아가겠나?
없어 이제는..
근데 아직도 먹이 먹는데

혹시 누가 뺏어갈까 봐..
더 센 놈이.. 없어.
경찰도 있고 검찰도 다 있어. ㅎㅎㅎ

그때 그거라!
그래서 도 안 닦을라 캬.
아이고~ 먹이도 못 먹고
그러면 죽고 망하는디..
그래 자꾸 뒤로
미룰라 카고
안 할라 카고..
겁나.
옛날 버르장머리야.

그거도 이해하고 보면

하나도 안 밉지?

아~ 그래서 너가 그렇구나.
"근데 나는 왜 아직도 시기 질투가 있고
그래요?"
그런 소리 안 나와. 내가 아니여.
애들이야. 얼아들이야. 얼아~.

그러니까 그런 측면에서는
우리는 본래 부처고,
본래 자기 세계의 하느님이라.

그거는 본자원성(本自圓成),
스스로 다 이룩돼있어.
그러니까 수행한다,
공부한다는 거는
결국은 중생을 제도하는 것이지?
단박 깨닫는 거지 뭐, 봄은..
부처는 바로 깨달아버려.
하느님은,
영은 바로 깨달아버려. 원래

지금도 있잖아.
누구한테는 더 있고
누구한테는 없냐?
아니잖아.
고걸 깨달아야 사람이다.
사람이 돼야 만물의 영장인데
아직도 짐승 행세하고 있고..

옛날 그거, 짐승 때
그 기억가지고
할라 카는 경향이 있잖아.
아닌 겨..

그래 되면 결국은 뭐여?
이 세상에 성인군자가 뭐 따로 있나?
아, 불보살이 따로 있어?
우리가 본래 불보살이고
전부 다~
아닌 사람 하나도 없지.
시비가 없잖아.

'왜'가 없잖아.
야, 임마! 너 왜 그리 짖어?
개니까 짖는 거지.

저거는 왜 자꾸 시끄럽게 켕켕 대냐?
그거는 여우 아이가?
저거는 왜 짹짹 대냐?
참새 아이가?

그래 되면 전부 다가
모든 존재를 인정해주지.
야단칠 거도 하나도 없어.
있는 그대로야.

고것이 중생을 제도하는
유일한 방법이라.

다~ 인정해주고
그게 대자대비고,
그게 사랑이고
그게 성인군자고
불보살이고.

아이고~
거기까지 갈 거 뭐 있노?
암 것도 아니지.
그런 소리 다 헛소리다.
무슨 성인군자고
무슨 불보살이고?
그런 거 다 폐기조치하고
아, 그냥 화~안하게
그 그림자들을 비춰!

그러니 그래 되면
자기가 자해한다는 건..
그거는 자기가 자해가 아니라 뭐야?
전부 다 살리잖아~
모든 중생 다 살리잖아~

전에는 일일이 말이야.
"야, 조용하지 왜 시끄럽게 그렇게 짖냐?
무슨 소리가 그러냐, 짹짹짹짹 하냐?"

참샌데 우짤끼고.
"저놈의 닭 새끼는 소리를 와
저렇게 목을 꺼끄리~하게 저카는고?"

닭이래서 그러는 기여.

이게 대긍정의 눈으로
모든 걸 다 살려주는.. 인정해주는..

요렇게만 되어버리면 뭡니까?
아이고~ 살만하지.
가슴이 계발되고 따뜻해지고
보는 세상이 아름답고!
그게 이제
우리가 이름 해서
봄나라야..
따듯~한 봄나라.

<늘봄의 생활> 하니까 갈비집이요?
이카더라고..

이게 참 억울한 게 요렇게 간단햐,
사실은..진리는.. 아주 간단합니다.
맨날 하나님 소리는
왜 그렇게 팔아먹는지 몰라.
하느님이 어데 앞에 나타나는가?

뒷전에 계시지.
속으로 그렇게 해야지.
지 혼자만 어데 뭣이..
저만 인가냈나?

앞으로는 하여튼

개인이 위주가 되어가지고
우리 자신이 전부다
하나의 사법기관이 되신단 말이여.
참 존엄한 존재들입니다.

사람으로서 그 행위는 밉지만은
그 사람은.. 그런 말이 있지요?
그게 그 말이라.

가장 중요한 거는 결국은
이 봄이 비치기,
빛나기 시작해야 되지요?
그래가 모든 생각이
자기 손안에서 비출 수 있어야지?

고게 문제여.
고거 시키기 위해서 지금
자기 몸 돌아봄,
마음 돌아봄을 시키는 거여.

그걸 안 하면은
아무리 책 읽어도
그건 지식이 되는지라
계발이 안 돼.
감성계발이 안 돼.
감성이 우뇌인데..

오늘 올 때,
원선 올 때 그래..

한 발자국도 안 놓치고
대중 잡으면서 왔는가?

원선님 : 예

원아님 : 왔어? 이야~
계속 그라면 되는 기여.
누구는 되고
누군 안되는 게 아니라 카이 이거는..
대도를 닦는 거는
누구 되고 안 되는 게 없고
누구든지 하면 다 되게 되어 있어.

수학방정식으로 푸는 거는
수학에 소양이 있어야 되고,
나같이 둔한 사람은 그런 거 못햐.

이거는 아무나 되는 겨.
나 같은 사람도 된다.

원오명님은 그래..
직장 가가지고
가정생활 하면서
바쁘다,
멀리서.. 아무리 멀어도
바쁘다고
한 생각 내서 바쁜 거지
한 발짝은
똑같은 한 발자국 아니여?

시간도 맨
같은 시간 사는 거고.
못할 거 아무것도 없잖아.

못 하는 거는 내가 괜히 들킬까 싶어서,
잡아 맥힐까봐.. 먹이 뺏길까 싶어서..
옛날 버르장머리 때문에
자꾸 안하는 거 아니여?

원오명님 : 예

원아님 : 이제 들통 다 났다. 그거지?
그것 때문인데..
이제는 사람이야.
이 밝은 시대가 되었어..
밤에도 대낮같이 지금 켜고 있어.

차~암 두려웠던 시대여, 옛날에는..
우리 쥐새끼 때,
참새 때 시절이 다 있었잖아.
여우도 했고 늑대, 호랑이 다 했거든.

그래 이제 사람 몸 받았거든?
근데 옛날 하던 그 버르장머리가 있어.

나는 숨기고 내가 미리 봐야 돼.
저 놈이 나 미리 봤다가는 나 죽어.
그래서
자꾸 안 보일라 케.

숨어.
이해되겠지?
이해돼?

그러니
"왜 나는 이 모양이야?"
아니야~
그 덕분에 이만큼 살아온 거야.

"야 이놈아 그동안에 수고했다.
이제는 이 대명천지에 말야..
너 그래 안 해도 돼.
안심하거라, 아가야."
우리가 탁~
걔들을 갖다가 제도해줘야 돼.

마음 돌아봄을 통해서
만남이 이루어지면서
탁탁~ 뚜드려줘야 돼.
"수고 많았다,
이제 그런 걱정을 더 이상 하지 말거라."
우리 원오명이 그렇게 했으면 좋겠다.
많이 되어졌어.
처음에 올 때 하고는 확실히 달라.
오신지 얼마나 됐지?

원오명님 : 10개월인가?

원아님 : 10개월.

두 달 이내에 끝내버려.
중생제도차원으로 가야지,
무슨.. 처음부터 중생제도지!
사람인디..

깨쳐? 깨치긴 뭘 깨칠 게 있어요.
본래 그대론데..
그저 중생을 그렇게만 봐주면 돼.
꿀꿀꿀꿀..야 저건 왜 자꾸 꿀꿀거려?
그게 아이고..
어, 돼지구나.
그러니까 꿀꿀 대지? 이거여.
간단햐~
그래서 늘 보고 있어야 돼.
돼지소린지, 참새소린지, 여우소린지.

그넘들 잘못은 아니지?
아, 동물들 잘못했다고 재판에 걸어?
아니지~ 우리는 지금 재판하고 있잖아.
지 안에 동물들 재판 걸고 있잖아.
나 왜 아직 그럴까?
시기 질투가 있고 말이야.
도를 얼마나 닦았는데, 참선했는데..

잘못이여!
동물하고 사람하고 구별을 몬햐.
그거는 아직까지 진화의 시절에
전생의 내 모습이고
아직까지 잠재가 돼있어,

이 몸에..

그러나 진짜배기는
사람이 하늘이기 때문에
하늘이 사람이고
이것이 봄이야.

부처님이 불성이라고 했던 그 부분이야.
각성이란 말이여.
기독교에서 말하는 영성이여.

각성, 영성 이걸 우린
우리말로 하면
<봄> 이래 나와 버렸어.
실천하는 삶으로 가버리지.

봐야 알고,
봐야 위로해주고,
이해해주고, 쓰다듬어 줄 거 아이가.
봐야 면장, 알아야 면장을 하지.
알라면 봐야 돼.
그래서 봄이 제일이라.

다 끝났네, 그러면? 응?
다 끝났어.
그렇게 간단한 거야.
그렇기 때문에 우리가 해야 될 거는
딴 거 다~ 때려치우고 뭐여?
걸음마 할 때 늘~ 챙겨.

각성을 자꾸 계발해야 돼.

그 다음에 말할 때 있지?
남하고 말할 때
자기 말소리
자기 귀로 듣는 게
제일 가깝잖아.

그거 안 들어볼 때가..
처음에는 잘 안되지?
자기 말소리 들을 정도 되면
참.. 괜찮다~

그 다음에 자기 표정을 갖다가
내가 수시로 물결치는 모습
수시로 천의 얼굴입니다요,
우리가.. 희로애락뿐만 아니라 많아요.
거기에 하나하나
깨어가 있다는 거는 대단한 거요.

세 번째가 제일 어려워.
그걸 향해서 우리 계속 나가는 거야.

우리가 토끼 볼 때 다르고,
노루 볼 때 다르고,
곰 볼 때 다르고,
호랑이 볼 때 다르잖아, 느낌이..
그게 여기(얼굴 표정) 다 나타나.

참으로 진실하면..
맑은 물에 산 그림자, 구름,
다~ 고대로 비춰지듯이
우리 마음 거울에도 참으로 진실하면
(다 비춰)
얼굴이 거울이여.
마음 거울이 어딘 줄 알아?
(얼굴을 탁탁 때리며) 이게 거울이여.
여 그대로 다 나타나. 그렇지?

그러니 얼굴 보면 고마 그냥 다 알아.
지금 곰이 뜨는지
여우가 뜨는지
호랑이가 뜨는지 다 알아.

그렇기 때문에
남이 알기 전에 내가 알아야 돼.
남은 아는데 내가 모르면 내가 죽잖아.
이치는 마찬가지야.
동시에 알아야 된다.

그래,
각성이 처음부터 되나?
팔 이렇게 들었다 내리는
이 와중에서도
생각이 막 몇 번이나 들락날락 하잖아.

이거도 안 되는데 어떻게 그게 되노?
안되거든!

그러니까 걸어 다닐 때
제일 먼저
걸음마부터 시작하고
말배우고.. 그 말은

우리가 전생에..
어릴 때 배울 때는
남한테 부모한테 배웠지만은

인제는 내가 말을..
내 목소리를 듣고
내가 배워.
배우고 새로 고쳐.
말이 서로 달라져.

자기가 자기 말소리 듣게 되면
주체적이 됩니다.

행위자는 아니지만은
어쩐지 모르게 저절로 다스려져요.
근데 이 사람소리는요.
뻐꾸기는 참새소리 못 내고
참새는 뻐꾸기소리 못 냅니다.
사람은 못 내는 소리가 없지요?

얼마든지 사람은 고쳐~
호랑이가 늑대소리 못 냅니다.
늑대가 호랑이? 아이구~ 택도 없어.

사람은요? 빰칩니다, 빰쳐.
연습만 하면 다 돼.
야~ 기가 맥혀요.

그러니 이제
자기 소리도 고쳐야 돼.
누가 고치냐 하면 지가 고쳐야 돼.
지가 하고 싶은 대로 고쳐야지.
누가 하라고 해서 하는 거 아니잖아.

자기가 스스로
각성으로 알아차려가지고
알아차림이 지속되면
저절로 자기가 엮어나간단 말이야.
누가 시키는 거 아니거든.
그러니까 자기가 하나님이고
자기가 창조주여.

그러니까
생각에 대한 봄은 뭐여?
주님이다~ 예?!
주인이다 이 말이여.
주님이라 카니 뭐 특별한 줄 알아?
예배당 안에만 있는 게 주님이 아니여.

생각에 대한 주인이잖아.
빛이기 때문에.. 생각은 그림자지?
그림자는 어두움 속에서만 활동하~
가만히 남모르게 할라캬~

근데 들켜버리면..
벌써 빛으로 들켜버리면 들통나버리지.
진행이 안 돼.
파토가 돼버려.

이기 뭐 전부 다네~
더 할 말 도 없고..
그지? 없어요.

[원아님의 참말씀 녹취]

합일의 과정 (1)

(이 글은 2006년 11월 24일

봄나라 운니동 센터에서 가진

금요직장인 모임을 녹취한 기록입니다)

나한테 왔으면
나한테 깨놓고 얘길 해야 돼.
나는 어디 사는 아무개 이고,
몇 형제 중에 몇 째이고,
학력은 어떻고,
공부는 어땠고,
건강은 어떻고,
자기가 오픈 안 되면 공부가 헛 빵이라..

그거 해결하자고 온 거 아니요?

그 다음에
내 자신이,
마음의 상태가 어떤지?
물결이 치느냐? 잔잔하냐?

자기의 장, 단점은 뭐냐?
현실적으로
문제가 뭐냐?
아쉬운 게 뭐냐?

이게 다다.
이게 다인데
이런 건 이야기 안 하려고 해.

에고라는 게
늘 숨기는 거야.
그러니까 오픈 하는 만큼,
좁은 사람이 아니고,
넓은 사람이지.

얼마나 오픈하느냐 이거야.
오픈하면 당당하지.
숨기는 게 없기 때문에 당당한 거라.
당당하다는 건
숨기는 게 없는 게
당당한 거야.

당당하게 사는 건
아주 간단하다고.
숨기는 게 많고
비밀이 많은 사람은 지저분해.

근데 숨길게 뭐가 있어?
우리 빨가벗으면 다 똑 같잖아.
뭐 특별한 게 있나?

그래서 바이블에도 나오잖아.
선악과를 따먹고 난 뒤부터
옷 입고 몸을 가리고 한 게

그게 상징이거든.

우리 여기까지 온 사람들이
몇 년씩 공부를 한다고 하면서도
자기를 오픈하지 않아.
사실은 자발적으로 해야 돼.

나는 어디 사는 아무것이요.
나이는 몇 살이고
집안형편은 이랬고
내 성격은 이랬고
사실을 고백해야 돼.

근데 그게 어렵더라고.
그렇다고 길가는 사람한테
자기 얘기 할 필요는 없잖아.
그건 효용가치도 없고 말이야.

적어도 나한테는 얘기해야 돼.
나는 한귀로 듣고 한귀로 흘려.
금방 잊어버리기 때문에
나한테는 괜찮아. 알겠나?
그게 자동이야.
그걸 가지고 그 사람을 안 본다니까.
그거 가지고 보면
내가 손해인데 뭐 할라고 그래.
이것만,
태도와 자세가 잡히면
공부는 반 이상 된 거야.

자기문제를 해결해야 되는 거 아니야?
그렇잖아?
경제면
경제문제 해결 봐야 되는 거 아니야?
점쟁이한테 가면
근본이나 대궁이 아닌
가지 잎사귀 갖고 문답을 한다.
그거 가지곤 문제해결이 안되지.

진짜 그 회사
승승장구 하고
CEO가 될라 카면
정말 네가 되고 싶다면
이러이러한 것을 바꿔야 된다.
대인이 되어야 되는 거 아니요?

사사로움이 없고
사람이 넓고 깊고
사람을 용납해주고
그릇이 큰 거 아니요?

그래서 그릇을 크게 만들어야
CEO가 될 거 아니요?
그릇만 크면 또 뭐 하노?
빛, 지혜가 있어야지.

그런 것은 성리연마거든.
이치를 알아야 되거든.
이치에 안 막혀야 돼.

이래가지고 실제로
인생에서의 집의 문제,
형제의 문제,
부부의 문제,
경제의 문제
이게 왜냐? 무엇 때문이냐?
어째서 난 이렇게 됐느냐?
그게 문제 아니요?

혼자서는 어디 가서
누구하고 상담해 본 적도 없고
혼자서는 해결 안 되는 게 있잖아.

그 문제 내 놓는 게
도 닦는 거잖아.
아주 간단하다고 사실은.

근데 그렇게 해야 될 이걸
자발적으로 하라고 했는데
이래 나가다보면
금생에서는 안 될 거 같아.

나는 항상 기다리고 있는 판인데
내가 무슨 호랑이가?
내가 돈을 달라 카나?
근데 안 와.

그 얘기부터 되면
무지하게 자신 있어.

1주일만 하면 정말로
견성 다 시킬 자신 있어.
인생문제 다 해결 볼 수 있어.

근데 자기들이 지금
현재 그걸 모르고 있잖아.
내가 왜 이렇게 살며
앞으로 어떻게 해야
내가 성공적인 인생을 이끌 것이냐?

거기에 대한 확실한 처방이 안서잖아.
막막하거든.

우리는 자기 자신의
인생문제 해결하는 거고
그게 해결되면
다른 사람도 거들어 줄 수 있는 거라.

자기문제만 알면
아는 과정 중에서
모든 인간에 대해서 다 알게 되거든.
이것이 간과된 거거든.

인생의 스승 만나가지고
참말로 합일해 나가는
이 마당에 말이야!

선생한테 다 숨기고
이래가지고 뭘 해 묵노?

이래가지고는 아무것도 안 되는 기라.

이걸 여러분들이 한번 생각해 보라고.
못할 말 없고 못 들을 말 없고
이게 하나가 되어야 해.

우선 내 캉 하나가 되어야 돼.
그거 안 되면 효과가 없는 거야.

가끔 한 번씩 와서
얼굴도 잘 모르고 말이야
단독으로 서로 마주보고
이야기도 한번 나눠 본 적 없는
이런 판에 무슨 공부가 되나?

나와 인연을 안 맺으려면 몰라도
단독으로 만나야 돼.
여럿이 만나면 안 돼.
여럿이 만나면 누구한테 맞추노?

이것 때문에 여러분들
공부가 안 되고 가슴이 안 열려.
참말로 못할 말 없고 못 들을 말 없고
여기 사이에서 서로 간에 교류가 되고
공감이 이루어지고 업장이 녹아요.
우리가 해야 되는 게 이 문제입니다.

친구들하고 되나? 안되지.
나한테는 아무리 갖다 쏟아 놓아도

난 기억도 안 나요.

그래서 단독으로
대좌가 되는 게 있어야 되는데
여러분들이 그거 없이 할라카니
말짱 도루묵이라.
가정문제, 경제문제, 회사문제
기타 등등에 대해서
자기가 가지고 있는 문제를
내 놓아야 돼.

막연한 게 아니고
문제의식이 정립되어야 되거든.
그래 가지고 나가야
가정문제, 신상문제, 직장문제
그런 문제가 해결되는 게 공부요.
그런 문제 해결 안 되면
뭐 땜시 여기 오나?
뭐 땜에 책 읽고
뭐 땀시 왔다 갔다 하냐고?

허위와 거짓에 산다는 사실을
여러분들은 첫째 그걸 인정을 해야 돼.
자기가 거짓말쟁이야.
그래서 인정하기 싫어가지고
돌아봄 하라고 하면 하기 싫어해.

그러기 때문에
팍 깨 놓고 얘기하면

해결 다 할 자신 있잖아.

여러분들 합일하고 견성하는 건
다른 사람하고는 안 되더라도
나하고 단독으로 만나가지고
나는 어떤 집의 몇째고 이래가지고
어떻게 자랐고
내 굽이마다 무슨 일이 있었고
나한테 현재 아쉬움은 뭐고
희망사항은 뭐고
문제는 뭐다라는 걸
대화를 통해서 딱 간단명료하게
정립이 되어져야 돼.

그거 푸는 게 우리가 도 닦는 거야.
그거 통하면 도통하는 거야.

그게 안 되니까 막연해.
뭐를 도통이라고 하는지?
도통해서 뭐 할 거야.
어디다 써 먹어.
책은 뭣 하러 읽어.

그게 안 되니까 공부가 안 돼.
난 사실 그렇게 해오길 바랬거든.
늘 기다리는 자세야.
나한테 오길 바랬거던.
하도 안 오니까
내가 반대로 상담하자고 신청해.

내가 술 한 잔 먹고 하는 건
왜냐하면 술이 좋다 나쁘다가 아니고
술 먹으면 속에 있는 게 나와.
입 다물고 있던 놈도
술 들어가면 어떻고 저떻고 말해.

그러니까 진실로 돌아가는 건 뭡니까?
우선 나와 둘이 만났을 때만큼은
진실로 돌아가야 돼.
한 번도 진실해 본 적 없잖아.

이 문제 해결하려고 하는데
어떻게 하면 좋습니까?
거기에 우리들의 도통의 문제가 있고
자기해결의 문제가 있고 다 있는 거거든.

그걸 떠나가지고 무슨 도를 닦아?
왜 돌아봄을 해야 되고
왜 바라봄을 해야 되?
합일은 무슨 깻묵이야 그거?

안 그러면 겉돈단 말이야.
자기 인생에 대한 이야기를
참으로 빨가벗고

나는 어디어디에 태어나 가지고
나는 몇 살이고
우리 집안 몇째 중에서 몇째고
학교는 어떻게 다녔고

성적은 어땠고 환경은 어땠고
내가 좋아하는 건 뭐고
내 인생 역정은 이렇습니다.

그게 합일이야.
하나가 되면 숨길게 없어.
숨긴다는 건 벌써 하나가 아니지.
나하고도 하나가 안 되는데
무슨 나한테 합일인가를 받냐?

나한테도 속이는 데
두 마음이잖아.
적어도 봄나라에서 인가받고
합일하려면
나한테만큼은 조금이라도 하나도
하늘을 우러러 부끄럼 없이
하나도 속에 넣어둔 거 없이
다 토로해야 돼.

그 때가 진실한 만남이 이뤄진단 말이야.
이 세상에 한 번도 없는 진실.
이 과정이 없으면 앞으로 못 나가요.

자발적으로 그렇게 하면은
깊은 이해가 이뤄지고
공감의 물결이 일고
거기서 치유가 됩니다.

아무리 기다리고 기다려도

진실을 토로하는 사람이 없어.
참으로 올 땐 진지하게 와야 돼요.

나는 제자 따위는 필요 없어요.
친구가 되면 좋지.

친구란 건 뭡니까?
몸뚱이는 둘이지만
가장 가까워서 못 할 말없고
못 들을 말 없는 거 아니요?

그게 하나에 접근된 거라.
그게 딴 사람하고는 안 되지만
나하고 만나면 된단 말이요.

무슨 얘길 해도 다 듣고
못 할 말 못들을 말 없어요.
그렇게 되면 나와 너가
하나가 된 거 아닙니까?
합일체험이지.

대번 만나자 합일이요.
합일이 어디 딴 건가?

두 사람의 만남에 있어서
내가 내안에도 둘이야.
이게 내 안에서
합일이 안 되다 보니까
밖으로도 안 되는 거거든.

내안에서 또 다른 나가
둘이서 싸움하잖아.

그러니 대립, 갈등, 투쟁이고
이 문제 해결 안 되다 보니까
아무리 잘 하려고 해도 안 돼.

평화가 어떻고 아무리 해봐야
이 문제가 해결이 안 되었기 때문에
내안에 평화가 안 되었어.
하나가 아니야.
합일이 안 되었어.
그러면 합일이 안 된 놈이
아무리 구호를 외치고
책을 쓰고 강연을 해봐야 거짓말이지.
사이비야. 그럴 듯하지만 아닌 거야.

여러분이 비록 부부고
가족이라 하더라도
여기는 원아하고 1:1
관계가 돼 줘야 돼.
이게 정립이 돼 줘야 돼.

일평생을 살면서
한 번도 일어나지 않는 일이
첫 번 만남에서 이룩되어야 됩니다.
그게 고백이라.

종교적으로는 고해성사라고 하지.

난 해본적도 없고 들은 적도 없어.
우린 그거하곤 다르잖아.
자유스럽잖아.

술 한잔 먹으면서 할 수도 있고
들판을 걸으면서
산을 걸으면서 할 수 있고
그저 가슴을 털어놓고 만나는 거야.

이게 되면 빠릅니다.
그 때 뭘 체험하느냐 하면
하나를 경험해 버려.

요것이 부족해서 자꾸 느리고
공부가 진척이 안 됩니다.

합일이란 건 다른 게 아닙니다.
화끈하게 나오는 사람도 있지만
그런 사람은 드물고
대개는 속에 자기 꺼 따로 있어.
겉 다르고 속 다르니 둘이지.

참으로 진실한 인간은
있는 그대로 다 내놔.
내가 너 싫어하는 것 까지
그대로 얘기해.
싫어하는 것도 금방 바뀌잖아.
계속 싫어하는 건
계속 사랑하는 만큼 힘들지.

그렇게 안 돼.

인간과의 관계에서
참으로 진실하지 못하면서 그게 하나야?
내안에서 둘이잖아.
늘 그 두 놈이 대립 갈등 투쟁하잖아.
자기가 자기를 늘 못 마땅해 하고
못미더워하고 이게 중생 아니요?
그러니 분열된 것이 우리다.

합일은 평화입니다.
내안에서 개인의 평화가 이루어져야
세상의 평화도 된다.
우리가 하는 것은
개인의 문제를 해결함과 동시에
인류의 문제, 세상의 문제,
우주적인 문제를 해결하는 거지.

참으로 크고 큰 일 입니다.
책을 읽고 수행을 하는
그 문제가 아니라
단독 대화
서로 눈 쳐다보고 얘기해봐야 돼.

오라고 그렇게 해도 안와.
그래가지고 무슨 공부를 하냐.
돈을 달라고 하냐?
복채를 달라고 하냐?

합일이란 건 진실로 돌아감입니다.
자기가 자기를 안속이고
남을 안속이고 하늘을 안 속이는 거야.

정직하고 진실함이 그게 하나요.
정직하고 진실했을 때는
그 어려웠던 이치가 한꺼번에 뚫려버려.

정직하고 진실하게 봤을 때
모든 자연도 그렇고
인간도 한꺼번에 안 다니까.

각(覺)이라는 것도 알고 보면
참으로 진실했을 때가 그대로 각이야.
그냥 알아버려.
성리를 무슨 배우냐?
성리 참 쉽습니다.
전부 하나야.

생물이고 무생물이고
해, 달, 별, 공기, 물질이 전부다
하나의 기운이고
하나의 생명이고
하나의 이치라.

정직하고 진실해야 그게 보이거든.
책만 읽는다고 되는 게 아니야.
돌아봄, 바라봄, 늘봄
그거만 한다고 되나?

안 돼.

그러니까 우리들의 인간관계에서
부자지간이나 부부지간이나
친구지간이나
참으로 진실한 때가 있었느냐 이거야?

정말 남의 눈치 안보고 말이야.
나는 그대로 다 봤고
울고 싶으면 같이 울고
또 기쁘면 같이 웃을 수 있는
이런 자리가 있느냐고?

그것이 한번이라도
참으로 그리되면
완전히 뚜껑이 열린 겁니다.

그걸 뚜껑을 닫아놓고 할라 카니 안 돼.

진실한 거거든.
뭐 감출게 있냐?
뭣이 있느냐고?
뭐가 있는 것처럼 그러니 사기꾼이지.
동네목욕탕 한번 가봐.
거기 가보면 똑 같잖아.
잘나고 못나고 크고 작고
도토리 키 재기다.
지까짓 게 키가 크면 얼마나 크고
작으면 얼마나 작나?

이쁘면 얼마나 이쁘고
뭐 재봐야 별것 아니야.

도라는 건 진실한 겁니다.
첫째, 자기가 자기한테 진실한 겁니다.
내안에 보는 자와 보이는 자로
주객이 둘이 있어.
그걸 깨버려야 되거든.
진실하지 못한 것은
거짓과 에고가 쌓이고 쌓여서
패가 갈린 거야.

그러니까 이러지.
성질이 날 때 보는데 왜 안 없어집니까?
이렇게 질문해.

그것은 왜 그러냐하면 성질이 날 때
보는 것은
앞의 성질난 놈을
뒤에 성질난 놈이 보는데
성질난 놈이 성질난 놈을 보는 거지.

그러니 없어지나?
이 과정을 통해
안 없어진다는 걸 알아야 돼.

그래서 이걸 돌아봄이라고 했던 거고.
그렇게 하다 하다보면
자꾸 산에 앉아서 산을 보려면

안 보이기 때문에
뒷걸음 질 해서 나온다.

오리, 십리를 와서
뒤로 물러서서 샷터 누르면
좌정한 것이고
자리 잡은 것이고
빠져나온 것이란 말이야.
해탈이야.
해탈해서 샷터 누를 땐 제대로 쏜 거야.

그러니 바라봄이야.
거기서 보면 진실하게 다 찍혀.
근데 자리 잡아서 쏘는
그 시점 그게 합일이야.
산안에 있으면 아무리 봐도
산이 안 보여.
성질난 놈이 성질난 놈을 보니까
성질이 더 나지 어떻게 가라앉아.

왜 그런지 아셨지?
그러면 내가 아직까지
합일이 안 되었구나!
제도가 안 되었구나.
그 한 고비 못 넘어가지고 그렇구나!

빠져나와가지고 보는
그 자리는 광명이야.
빛이기 때문에

생각이란 그림자는
쏘자마자 없어져버려.
쏠 것도 없어.

그래서 그것이 잘 안되면
아이고 아직 내가 제대로
해탈 못하고 합일 못하고
바라봄의 단계로 못 갔구나
하는 것만 알면 돼.

내가 정성이 부족하구나!
그러면 보이든지 안보이든지
까짓 것 성질난 게
없어지든지 안 없어지든지
계속적으로 보고 보다보면
자기도 모르게
사진 찍으려고 뒤로 물러서는 거야.

뒤로 물러선다고 했다고
말로 따라가진 마라.
안으로 파고든다는 말도 돼.

말로 따라가기 때문에
보통 고민한 게 아니여.
고민 끝에 나온 게
'늘봄의 생활"책이에요.

여러분들이 보면 우습지.
거기에는 지식과 정보는 얻을 게 없어.

지금까지 책 읽는 것은
목적이 지식과 정보잖아.
“늘봄의 생활“책에는
지식과 정보가 없으니
외우려고 해도 뭐가 있어야 외우지.
이런 책이야.

그러기 때문에
그런 버르장머리를 싹 고치고
그런 자세와 태도를 버리고
꾸준하게 계속적으로 하다보면
안하던 버르장머리가
새롭게 들게 돼 있어.

그래서 한 100번쯤만 읽어라.
알든지 모르든지 간에
그냥 자꾸 하다보면
안으로 간 단 말이야.
바깥에 있는 내가 안에 있는 나와,
앞에 있는 내가 뒤에 있는 나와
합일이 된다.
합일의 연금술이거든.

거짓을 깨버리고
진실로 돌아가는 것
그게 합일이거든.

우리가 눈병나면 물건이 둘로 보이지.
그와 같은 거야.

진실하지 못했기 때문에 눈병이거든.

거짓의 세계,
환상의 세계에 빠져가지고 있었지만
빠져나와버리면 없지 뭐.

결국은 따져보면
합일이나 공부됐다는 건
진실한 인간이란 말이
야. 딴 건 없어.
진실함이야.
사회적으로 적당히
세련된 거하고는 틀려.

돈이 있든지 없든지
지위가 있는지 없든지
지식이 있든지 없든지
관계가 없이

진실한 것에서 우러나오는 힘이 있잖아.
그게 당당함이지.
자기가 잘났다고 하는
그런 거와는 틀리지.

그게 도라.
그래서 진리라고 하지.
진리란 진실한 이치이다.

이 공부할 땐

여러분들이 나를 만나야 돼.
어떨 땐 까다롭고
어떻게 나갈지 몰라 위험하지.

그래서 나한테 겁을 내.
안 그래?
진실하다고. 물어뜯어도 진실해.
욕해도 진실해.
그 힘이라.

[원아님의 참말씀 녹취]

합일의 과정 (2)

(이 글은 2006년 11월 11일
봄나라 센터에서 가진 돌아봄 수련회에서
원아선생님의 말씀을 녹취한 기록입니다.)

봄님 : 무엇을 볼 때마다
보는 자가 나타나는구나!
그걸 느꼈습니다.
근데 정말 이놈이 끝나면 끝나는 건데
이놈이 어떻게 끝나지?
이제 거기서 막히면서…

오케이! 오케이~
오늘은
합일 문제를 한번
중점적으로 다루어 보자!
그걸 아주
집중적으로
오늘 한번 조명해 봅시다!

이야기 잘 나왔다.
나도 궁한 판에…

그래, 오늘은 뭐 할까?
나는 정해진 것도 없고
스케줄도 없잖아.

늘 코너에 몰리지.
늘 절벽이지.
뭘 해야 될지 모르지.

그런데 또 오늘 살려준 게
우리 원허님이
질문이 나왔어요.

이제 그게 뭐였지?

봄님 : 보는 자…

자기를 늘 돌아봄 하는데
뭘 발견했느냐 하면
거기에
보는 자가 있더란 말이야.

보는 자가 뭐죠?
보는 자가 있다는 건
뭐를 말합니까?

봄님들 : 상대가 있다는…

상대!

보이는 자가 있다!
이 말이여.
그러니까 둘이잖아!
그렇죠?

봄님들 : 예

이거를
스스로 깨닫는 게
첫 번 깨달음이야.
합일 이전의 깨달음이
이거란 말이야.

내가 이걸 뭣도 모르고
이렇게 하다보니깐
돌아봄으로 계속 하고 글 읽고
터억~ 이렇게 하다보니까
최초로 오는 발견이 뭐냐 하면
어!
이쪽은 새카만데 저쪽은 하얀 거라.
산에 가면 내 맨날 그카지 왜,
서울 시내 쪽으로 보면은
캄캄한, 새카만 하늘이
이래 있고
저 북한산 쪽으로 보면
이쪽은 하얘.
분명히 거기에
경계선이 있더란 말이여.
그거보고 내가

등산갈 때마다 늘 이야기 했을 때
아마 잘 몰랐을 거야~잉?
왜 저런 이야기 하는고 말야.
이칼지도 몰라.

근데 오늘
그 합일에 대한 얘기를
이모저모로 다 짚어 보자.

가능한 모든
합일에 대한 사례,
프로세스(process),
과정!
과연 합일이란
뭘 가지고
합일이라고 하느냐?
이 문제를
오늘 아주
집중적으로 한 번 다뤄버려.

그래 이제
거기에
보는 자가 있더라는 걸
발견했다는 것은
참~ 거기
에고가 있다!
에고가 있다는 것은
분열이다!

내가 분열된 거 아니야?
그렇죠?
내가 두 개가 있는 거요.
보는 자가 있다는 것은
뭐냐 하면
보이는 자가 있다는 거지?
보이는 자가 있기 때문에
보는 자가 있는 거 아니요?
그러니까 둘이잖아~잉?

이거를 말하자면~
스스로 깨닫는다고 할까?
안다고 할까?
이 과정이
가장 중요한 합일의 과정이라.

뭘 합일 시키냐?
갈라진 걸 합일시키지?
통일을 시키든지,
합일을 시키든지,
용접을 하든지 하지.

그러니까
합일이라는 것은
내가 분열된 사실을
스스로 인정하는 거야.

내가 스스로
모든 수행법을

다 해봤어요!
참선이다,
기공이다,
호흡이다,
다 해봤는데
결국은 실패했거든.
할 만큼 했는데
실패했어.

그래가지고
죽지 않으려고 발버둥치는 거야~

그 이야기를 여러분
들은 분도 있지만
처음 듣는 분도 계시니까

그걸 내가 이제 비유적으로 이야기 하면

폭포가
저 나이아가라 폭포 밑에
절벽이야.
떨어지는데~
마치 내가 그 위에 있는 것 같애.
그래가지고
발버둥 쳐가
살아나려고 하는 거야!
안 그러면
여~ 떨어져 죽으니까.

이런 절박감 있잖아!
간절함과 절박감!
무슨 간절함이나
절박감이란 말도 맞지 않아.
그저 살려고 발버둥 치다 보니까
발견한 게 뭐냐 하면

첫째 발견한 게
어!
이거
보는 자가
이 에고란 놈이 하나
귀신이 하나
붙어 있구나!

그때 느낌이
이놈의 귀신
떼야겠다는 생각이…(나더라고)
그래가지고
잘못 알라 배가지고
뗄라 카면 왜,
언덕에서 떨어지면
떼는가 싶어서
뛰어내려도 안 떨어지잖아!

그런 식으로
나도 별별 수단 방법을
다 해 봤단 말이야.

이러면 떨어질까?
저러면 떨어질까?

내가 둘인 거야!
갈라진 거야!
금이 가 있는 거라!
분열이 되어 있는 거라!

요것이 내 소식이야!

그래서
딴 데서는
견성이니 뭐 여러 가지
이런 말 쓰는데
우리는 합일이라고 쓰지.

왜?
분열이기 때문에
합일되는 거야.
분열소식을 모르면
합일에의 열정도 없고!
당위성도 없는 거야!
뭐?
합일은 무슨 합일이여?
오케이?

여러분들이
"내가 분열됐구나!" 하는 사실을
뼈저리게 알아야 돼.

그거 스스로 알아야 된다, 이 말이야!
그러면
원아가 갔던 길을 그대로
여러분들이 걷는단 말이야.

나는 백화점처럼
무슨 명상, 무슨 명상,
그거 소개하는 게 아니야!
나는 내가 갔던 길을
할 따름이란 말이여.
지가 갔던 길에 대해서 안내하지,
안 간 길을 어떻게 아노?
그렇잖아?

그러니까
첫 번째 알아야 될 사항이
내가 분열됐다는 사실을 알아야 돼.
어! 거기 뭐가 붙어있는 기라.
뗄라 케도 안 되고 이상한 거라, 이게.
그 뒤부터는 항상 이걸
"야~ 이거 내가 갈라져가지고
웃긴 놈이다, 이거!"

그때 이제
생각되는 게
"아! 내가 미숙하구나!
분열된 게 합쳐야 될 사항이구나!"

안 그러면
본래 이렇게 돼있는데
어떻게 병이 나가지고
눈병이 나가지고
마치 "허공의 꽃"이 보이듯이

이런 현상 아니면
두 가지 중에 하나인 거야.

그걸 지금까지
모든 전통에서도
이렇게도 이야기하고
저렇게도 이야기 해.

"본래 그 자리가
눈병이 나가지고 둘로 보인다."
이렇게도 이야기 해.
둘로 보인다는 이야기는 거의 안하고
"허공의 꽃이다." 이래 표현햐~
"눈병이 나면 허공의 꽃이 보인다."
이제 그렇게도 표현하고

그 다음 또 다른
선가의 전통에서는
"본래 하난데…"
뭐 이렇게 나와~

근데 막연해!
그럼 어떻단 말이여?
어째서 그런 기여?

뭐가 분열됐다는 기여?
뭐가 분열됐어?
그거 지식으로 알아가지고
말들은 잘해, 지금.
"아따~ 분열이 어떻고…" 이래.

그래서 첫 번째 인가는
내가 분열됐다는 사실을
발견하고 고백하는 거!
거기서 문제의식이 됐지?
그게?

내가 둘이란 건
이건 기가 막히잖아~
내가 하나여야지!
내가 둘이란 건 웃기지?
이것이 이제 발견인 동시에
첫 번째 관문통과고
여기서 문제의식이 되잖아.
아이고~
이거 큰일 났다,
이거 치유해야 되겠다,
합일해야 되겠다,
또 뭔 말이 있나?
고쳐야 되겠다,
또 딴 말이 있는가?
거듭나야 되겠다,
혹은 또
미완성을 완성시켜야 되겠다,
그런 말이 되겠지?

그러니까
이게 논리가 분명하게 서는 거야!
분열을 알아야
문제의식을 알고
내 목표가 딱 서지는 거야.
그랬을 때 뭐여?
추진력이 생기지.

그렇게 되면
돌아봄 해야 되나?
바라봄 해야 되나?

봄님들 : 바라봄

아니 아니~
두 개로 됐을 때!

봄님 : 두 개로 됐을 땐 돌아봄

돌아봄 해야 되잖아!
뭐가 뭐를 돌아봐?

봄님 : 보는 자가 보이는 자

그렇지~
그럼 보는 자와 보이는 자인데
보는 자가 안에 있나요, 밖에 있나요?
보는 자!

다시 한 번
잘 봐가지고 이야기해요.
그냥 이야기하면 안 돼.
머리에서 나오는 건 소용없어.
지금 봐가지고 이야기해.

봄님 : 보는 자가 안에 있고
보이는 자는 밖에 있고

아니지?
반대로 이야기 한 거 같지?
어때요, 여러분들?
반대로 이야기 했어, 반대야.

보는 자가 밖에 있어요.
보이는 자는 안에 있는 거야.
그게 잘 못 볼 수 있어.
표현은 그렇게 해도 상관없어.

그게 뭘 말하느냐 하면
보는 자와 보이는 자라고 하면
주관과 객관의 문제죠.
그렇죠?
보는 자가 주관이고
저게(보이는 자) 객관이죠?

내 안에서
내가 있고 너가 있는 거예요.
내 안에서

나하고 너가 둘이 있어.
너(상대방을 가리키며)만 너가 아니라
내 안에서도
너가 있다, 이 말이여!
오케이?

그래 둘이라.
이원성이라, 이 말이야.
내가 이원성이 되었어.
그러니까
이 세상은 전부 다
두 토막으로
청군, 백군 해가지고
어려서부터 싸움하잖아요.
모든 경기와 게임이
전부 다
이 게임이야.
지구상에 벌어지는
모든 것이
이원성이야.
이치가~

그래가지고
이걸 갖다가 합일시켜서 나오게 되면
맨 두 다리로 걸어.
두 팔 흔들고~잉?
이원성에 휘달리다가
이원성을 부리고 쓰는 차이가 있어.

이거 여러분들 명심하시오.
이원성을 넘어간다고 해서
이원성을 초월했다고 해서
두 다리로 안 걷냐?
두 팔 안 흔드냐?
이 말이여!

남녀는 분명해!
맨 그 법을 써!

그러면 왜 그러냐면
첫 번째는 뭐냐 하면
합일이 안 되었기 때문에
부리고 쓰질 못하지?
내 말 못 듣잖아.
안 듣잖아.
"니가 내 말 들으면
내가 니 말 들을 기다."
서로
"내 말 들어보래."
"아니 아니~
내 얘기부터 미리 들어."
이카잖아.

내 안에서도 그런 기여.
그래가지고
내가 항상 얘기했잖아.
산에 가다보면
골짜기로 가는 길이 있고
하나는 능선으로 가는 길이 있어.

능선을 타면
하늘 봐가면서 경치 봐가면서
내려다보는 맛이 있어.
바람도 시원하고…
그 욕심이 하나 있네.

그 대신 골짜기는 말이야,
그윽해!
아늑하고 말이야~잉?
물이 흐르고 말이야~잉?
아늑~한 거라!
포근~하게 싸이고 싶은 기라!

이놈이 두 개가 있으니
이놈은 이리 가자고 하고
저놈은 저리 가자고 하니
나는 어쩌란 말이야?

그때
두 가지 중에 하나를 선택을 해.
결단을 만일 내렸다 치자!

그래가지고 이제
골짜기를 터억~ 가게 되면
그때 생각으로 억지로 했지?
양자택일로 탁 가버리면
어떻게 되지?

가면서도 능선을 쳐다보면서
못내 저쪽으로 갔으면 좋았는데…
그래가지고 막
크~
걸음걸이도 무겁고
심리적으로도
이게 그냥 앤티(anti)가 걸려.
그냥 계속…

골짜기로 갔으면서
골짜기와 하나가 못되지?
있으면서도 계속 저놈이 말야.
환상이 계속 되니까…

이걸 반대로 얘기해도 마찬가지지?
능선으로 가면
또 골짜기의 저 그윽함이 생각이 나!
이게 우리 중생의 모습입니다.

중생(衆生)이란 게 뭐여?
중(衆)은 무리 중(衆)이죠.
두 명 이상이면 중생입니다.
중생이 두 명만 돼?
2! 4! 8! 16!막 32, 64로 나간다.
무량무수한 중생이,
자성중생(自性衆生)이,
그래서 중생이야~잉?

이제
내가 중생이란 사실 아셨지?
그걸 알아야 되는 기라.
그걸 깨달아야 돼.

내가 왜 중생이야?
"아! 내가 중생이구나!"
왜?
내가 둘로
남북으로 갈라져 있어.
보는 나와 보이는 나.
밖의 나와 안의 나.
그렇지?

이거는
공간적인 얘기인데
공간적인 게 뭐냐 하면…
안과 밖이란 건 뭡니까?
시간을 말하는 게 아니라
안과 밖이란 건 뭐요?
공간을 이야기 해야지,
공간!
공간적으로
분리되어 있다, 이 말이여~
하나의 공간이잖아, 이게 사실은.
공간이 어떻게 분리될 수 있어?
이게 거짓인기라!

뭔지 모르게
사탄의 세계,

거짓의 세계,
허위의 세계,
환상의 세계,
내가 그렇게 보는 기라.
그렇게 삐딱하게 보는 기라, 세상을!
내가 진실하질 못해.

이게 중생인기라.
내가 중생인기라.
내가 분열되어 있는 기라.

보는 자와 보이는 자!
그건 주객(主客)이지?
나와 너가 있는 기여~잉?
내 안에서도…

그 다음에
밖의 자기가
안의 자기를
안과 밖으로
공간적으로
분열되어 있는 기라!
그렇죠?

그 다음
또 한 가지 짚어볼게 있는데
둘 중에
내 안에 나와 너!

그러면 이제
현재심!
현재 일념은 갖다가 말이야.
지금 일념이 있고
아까 게 있잖아.
아까 거!

또
지금 일념아
후념이지?
아까 거에 비해서…

전념을 보는 거지?
전후가 생기지?
둘이 되면
전후가 생기지?
시간이 분열되지?

하나의 시간이 아니야!
시간적으로
앞의 생각 전념과
뒤의 생각!
그렇지~잉?
이거는
현재와 과거의 관계인데
현재가 과거를 보잖아?

여기서 뭐가 나와요?
판단, 평가, 심판,

후회가 나오지?
여기서 나와!

여기서 자해(自害)가 돼!
자해!
자기가 자기를 괴롭히는 것이
이 관계에서
시간적인 분열에서
자해가 됩니다.
그런가요?

봄님들 : 네

그랴?
어.

그러니까 이제
둘로 갈라졌다는 얘기는
분명해.

또 그 다음에
또 한 가지 더 짚을 것은
현재와 미래 관계가 있지?
그것도 말만 바꿨지?
뭐요?
똑같지요~잉?
똑같애~

그러니까

과거도 이미 하나의 기억이고
환상을 보는 것이고
미래라는 것도 환상이지
온 게 아니잖아요.
존재하는 것은
늘 현재 여기
찰나 찰나뿐이잖아!

그런데
엄연히 두 개가 되어가지고
마치 존재하는 것처럼
나와 너가 생겨버리는 겨.

앞생각 뒷생각이
이게
가상에서
허공에서
가상적인 현실에서
존재로 행세하는 거여.

이걸
"눈에 헛 게 꼈다." 이칸다.
이 눈병이 나아야 한다.

다른 말로
"통일시켜야 되겠다."
남북통일이
지금 염원이잖아.
가는 길이 고난이 많아.

육자회담
한다, 안 한다,
밀었다, 당겼다,
막 이칸다.

우리들도
합일에 가는 길이
용이하지 않습니다.
쉽지를 않아!

그러나
오늘 여기서
확실히 정리해버리면
우리가
나를 진단하고
내가 어떻게 해서 합일 되는지
오늘 분명히 나올 겁니다.
오늘 끝장내자!
7주 갈 거까지 뭐 있노?
놀러나 댕깁시다.

그래서 이제 그러면
여기까지는 됐나요?
분열에 대해서
여기까지는 되셨나요?

봄님 : 분열이라고 말씀하셨는데
공간적 분열, 시간적 분열!
공간적 분열도 확실히 이제 이해가 되고요.

시간적인 분열에서
보는 자, 보이는 자 라고 할 때
시간적으로
뒷생각이 앞생각을 볼 때
뒷생각을 보는 자
앞생각을 보이는 자
이렇게 볼 수 있습니까?

그렇게 볼 수 있지.

봄님 : 그럼 이제
뒷생각을 보는 자 라고 할 때
보는 자는 진아(眞我)고
보이는 자는 가아(假我), 소아(小我).
이렇게 대치는 안 됩니까?
그런 개념은 아닙니까?

그게 아니여.
여기서는 분열이기 때문에
둘 다 에고라고…
가아(假我)라 이케.
가아.
둘 다 가아입니다.

봄님 : 예, 그런 것 같습니다.
저도 제 마음이 마음을 보는 것 같고

진아를 본다는 그런 확신은
안 생기는데…

아 그러니까
여기서 진아(眞我)라는 것은
모르는 거여!
안 나타났기 때문에
그렇기 때문에
합일되어야 만이
견성이고 진아다, 이 말이여!

봄님 : 네, 알겠습니다.

합일 전에는
견성이 아니고
내가 누군지 몰라요.

이 단계에서는
뭐가 뭐를 봐요?
생각이 생각을 봅니다.
여기는 봄도 안 나타났어~잉?
아, 참 오늘
이렇게 확실하냐!
아주 인수분해를 하는구만, 그랴!

봄님들 : 하하하

어때?
괜찮은가?

소리 할 때 북도 좀 치고 이래야
그 맛에 소리꾼이 말야~
죽는다 산다, 뭐 하지!

그래 질문 끝났어요?

봄님 : 예

오케이
아주 좋은 질문이야.
아주 날카로워.
혼났다~

봄님들 : 하하하

그러면 이제
그 다음 단계는
합일의 자격은
내가 분열됐다는 걸
소상하게 보는 그 안목!
예?
그걸 이 자리에서
여러분들이 만약에
내가 분열됐다는 사실을
보지 못했으면
그거부터 봐야 돼~잉?

사실은 그거부터 봐야
다음 얘기 들을 자격이 있어.

그게 안 된 사람은
합일될 수 있는 자격이 없어.
그 관문을 통과해야
비로소 합일이 될 거 아니야.

그러면
분열에서
합일을 어떻게 해야 될 것이냐?
뭡니까?

봄님 : 일단 지금까지는
분열된 것을 확실히 알았잖아요.

알았잖아요.
알았으니까
이게 뭐
병리현상이고
미숙현상이고
아니면
이게 눈의 사시(斜視)!
눈병이 나가지고
물체가 둘로 보이는 것 같은…
여러 가지로 표현한 거야.

말이 어떻게 됐든
좌우지간
현실이
내가 둘이라고 하는 건
중생 아니야?

무리, 중생이야.
그러니까 하나로 만들어야 돼.
그쟈?
하나로~

그러면 어떻게 하면
둘을 갖다가
하나로 만드느냐?
이 말이여.
어떻게 해야 돼?

물 같으면
두 개의 물 같으면 어 ?
한 그릇에 부어버리면 끝나지?
오케이~
물은 그런데
그러면 또 뭐 있노?
물은 간단하다, 그쟈?
이건 물인가 뭔가?

지금 내가 큰일 난 기라.
두 개로 보여.
야~ 이상한 기라.
너와 내가 분열인기라.

그 관계는 뭐여?
서로 대립, 갈등, 투쟁이지.
그렇지?
둘의 관계

중생의 세계는
대립, 갈등, 투쟁이 법칙입니다.
이 법칙을 벗어나나요?
예?
평화?
그래 봐야 웃기는 소리여!

그렇기 때문에
우리 전 인류의
동서고금의 역사란 것은
개인 대 개인,
집단과 집단,
국가와 국가 간의 뭐여?
대립, 갈등, 투쟁이지?
무지하게 많은 사람 죽였다.
동물들은 그래도
어쩌다 뭐 물어가지고
한두 놈 우예 되지.
우리는 막 몇 십만 명,
백만 명을 말이야,
한꺼번에 막 죽여 버리잖아.

이~ 인간이요,
참~ 악마입니다.
분열된 그 자체가 악마이지?
악마가 따로 있지 않아!
어느 의미에서는 자기들이 사탄이야.
합일되지 못한 그 단계는
참으로 말하기 안됐지만

사탄이야, 사탄!
드라큐라야.
드라큐라가 남인 줄 알고
저 드라큐라 보고 어떻다고…
드라큐라가 드라큐라 보고!
되게 웃기지?

봄님들 : 하하하

원자탄, 핵폭탄 그카지만
지가 핵폭탄 아니여?
한번 건드려 보래?
대번에 터진다.
가뜩이나 살기 어렵고 한데
누가 건드리기만 해봐라.
이런 상태로 사는 기라.
국가와 국가도 그렇고
이게 위태위태하기 짝이 없는 기라.

그런데 이 중생이 말이야.
"나는 생각한다. 고로 존재한다."
이 힘을 써가지고
항공기 만들고
원자탄 만들고
요새 DNA 조작
컴퓨터까지
이 정도까지 되었어.

생각이 우리 무기입니다.

이거 가지고 여기까지 온 거야.
핵폭탄까지 만들었는데
낭패잖아.
핵폭탄을 만들어놨어~
지구를 날려버릴 정도로다가
핵폭탄을 지금 만들어놨다네!

근데 이게
사람 마음이 터지는데
뭐가 터집니까?
욱! 하는
그 한 생각 때문에
분노 한번 일으키면
터지게 돼있지?

핵폭탄은
인간의 심리와 연결되어 있습니다.
중생심은
반드시 터지게 되어 있지?
예?

여기까지 왔는데
이제
영성의 시대 맞이해야 될 거 아니야?
합일돼 가지고
"우리도 한번 잘 살아보세~"
한번 해야 돼.
그 시점까지 온 거야.
위기가 뭐야?

찬스 아냐?
코너에 몰렸을 때가
반등(反騰)될 때거든.
반등!

도는 그렇잖아?
끄트머리에.
그래서 우리가
늘 사람들 몰 때
늘 코너로 몰아.

아직까지 그러니까
이러한 사항을 스스로 아는 것!
"내가 중생이다~
중생이라는 것은
분열되어 있다~"
그렇지?
그러면 큰일 났잖아?
"미숙한 거
이걸 치유해야 되겠구나~"

이게 이제 말하자면
수행이라~잉?
근데 여기서는 도리 없이
진아도 안 나왔고
지금 가아와 가아가
둘이 있습니다.
둘!
분열상태니까.

그러니까
지금은 뭐냐 하면
한 생각이 한 생각을 봐가지고
저희끼리
대립, 갈등, 투쟁 일으키잖아.
그렇죠?
그게 과거에 대해서
판단, 평가, 심판이고
미래에 대해서는 뭡니까?
근심, 걱정, 불안, 공포죠?

과거에는 뭐요?
판단, 평가, 심판이야.
거기에서 자기를 자해하잖아.
자기를 막 때리고 말이야~
막 자기한테 얻어터져, 그냥!

참 묘하지?
참말 묘한 거라.

그 다음에 미래에 대해서는 뭐요?
근심, 걱정, 불안, 공포가 전부 다지 뭐.
그게 분열에서 오잖아, 그지?
모든 인생의 고통,
전부 다잖아요?

봄님 : 전부 다지요…

전부 다잖아!

인생에 고통은
원인이 어디 있냐 하면
중생, 이원성, 분열
여기에 있잖아!
그죠?
오케이?
그럼 이제 물은
두 개 여기에 딱 있으면
한 그릇에 탁! 부어버리면 끝나는데
이거는
나무도 아닌 것이
풀도 아닌 것이
공기도 아니고.
야~
이걸 어떻게 하면
이걸 합일시켜?

그래, 이걸 또
연금술이라고도 얘기하고
사람 골 뺐다~잉?
연금술은 뭐여?
쇠와 쇠를 갖다 합해가지고
금을 만든다네, 금을!
이래 꼬셨어, 또.
이래 꼬셨어, 사람들을.

그럼 여기서 나온
첫 단계 우리 수행법이 뭡니까?
돌아봄이죠!

그럼 뭐가 뭐를 돌아봄?
예?

봄님 : 처음 단계는
보는 자가 보이는 자를 봅니다.

오케이~
순서는 그렇잖아.
그렇기 때문에
거기서는 아직 깨달음이 아니올시다!
돌아봄은.

합일이라는 건 뭐야?
합일이 돼야 겨우
본래 내 모습,
성품자리,
내가 뭔가
진아를 아는 자리야.

그 전에는
모르겠다고 하고 나가야 돼.
과거에 알았던 거 모든 거도.
지금 내 병 고쳐야지.
병은 뭐 눈병이 나아야 제대로 보이지.
여기서는 진리 얘기도 하면 안 돼!

봄님 : 지금 말씀하시는 합일은
가아와 진아가 완전히 합쳐져
하나로 되는 걸

합일로 보는 거하고는
조금 다릅니까?

지금 단계는 진아가 뭔지 몰라!
진아 얘기 끄집어내지도 말어!

봄님 : 지금의 합일은
생각과 생각의 이원성을 극복하는
하나의 생각만 갖는 걸
그걸 합일이라고 말씀하시는 겁니까?

이제 그것도 자꾸만 나오면,
곁가지가 나오기 시작하면,
생각이 꼬리를 물게 되면,
이것이 흐려져.
이 메인을 세워 놓은,
이 메인!
이게 흐려져.

지금 이거 복잡하거든?

봄님 : 그럼 여기에서는
합일에 대해서 정의를
어떻게 하십니까?

정의가 없다니까!
합일이 뭔지를 모르는데, 지금!

합일로 가기 전 단계여, 지금!
지금은 중생입니다!
죽겠어, 지금!
니캉 내캉 막 서로 이래가 겨루고 말야.
기가 막히지, 이게!

남북분단 되는 거하고 똑같습니다.
그 우리 남북에서 뭐여?
우리 이 법을 알면
참말로 한반도 남북이
지금 우리 도하고
똑같이 나가지?
"한반도에서 대도가 나오는구나!"
어찌 지도까지 그렇고
남북이 그렇고
육자회담 돌아가는 거 봐.
세계의 문제 돼 있잖아.
핵문제~잉?

핵무기 해체하려고
우리 이 합일 공부하는 거 아니여?
안 그러면
우리가 다 죽을 거니까.
죽게 돼 있지?
가만 놓아두면 죽게 돼 있어!

왜?
자기 마음을
자기가 다스리질 못해.

욱! 하며 끌려가버려, 어느새.
참으로 위기이고
참으로 위험합니다.
그 위기 때가 또 찬스죠?
대안이 나옵니다.

그러면
가장 지금
남북의 문제
첨단의 문제로
지금
세계사적인 문제로 대두된 데가
어쩌면 이렇게
남북이 분단된 이게
우리 지금 이야기 하는 거하고 똑같애.
그렇지요~잉?
야~ 절묘하다!
거 우리 봄나라가
그래서 나온 줄 아시오!
헛소리가 아니요!

불교 같으면서도 불교 아니고
기독교하고도 연결이 되고
도가하고도 맥이 되고
요가하시는 분도 많겠지만
요가란 말도 합일이죠, 원래가?
이상하게 거 참 똑같애.
다 연결 돼 있어.

그럼 여기에서는
그래서 온전한 봄이 아니기 때문에
첫째 돌아봄이라 케.
돌아봄!

돌아봄에서 이제 합일이 되면
하나이면서 제로(0)인 도리가 나오지?
거기서부터는 뭐냐 하면
자기가 들어앉았어.
중심에,
하나의 법계에 말이야.
태양계면 태양계.
법계의 중심에 딱 들어앉았어.
떠돌이별이 아니란 말이야.
지금까지는 떠돌이별이야.
끌려댕겼으니께…
자기 주체성이 없어!
그저 기대어 살았어!
터억~ 가서 이제
태양자리
중심자리에 탁! 해가지고
좌정해버렸어.
합일이 된 연후에 그리 돼.
그리되면 거기서 이제
호주 노릇하는 거지.
주인이야!
그러면
아들, 손자 해가지고
우리 낳고 사는 거랑 똑같애.

태양계의 태양이야.
말하자면, 떠돌이별이.
그 전까지는 끌려댕겼으니께.
멱살 잡혀 끌려댕겨.
지 생각에 놀아나.
그걸 비유적으로 말하면
떠돌이별이다!
이 말이야.

합일되면 뭐여?
붙박이별이여!
태양처럼 탁! 잡으면
거기서 벌써
호주가 되어가지고 처자를 거느려,
태양이 말이여.

지구라고 하는 아들,
또 지구의 아들이면 뭐여?
손주!
삼대가 사는 거 아니여?
또 형제가 여러 형제여.
지구만 어디 저 태양의 아들인가?
태양계에는 여러 아들이 있는데…

이 이치가 똑같애!
우리 공부하는 이치하고 똑같애!
태양계의 문제나,
지구의 문제나,

세포의 문제나,
원자의 문제나,
똑같단 말이야.
구성요소가 똑같다, 이 말이야.

이제 겨우 해서
분열까지 왔다.
그쟈?
이게 다입니다.
이게 다죠?
첫 번째 관문 통과했잖아~

여기서부터
비로소 문제의식이 나와.
아~
여기서 진발심이 나와!
진발심이 왜 안 되었다는 걸
이제 알겠지?

관념적으로 남이 공부하니까
어데 남이 장에 가니까 따라가듯이
나도 한번 가볼까?
시간도 남고 말이야.
꽃꽂이 하는 기분으로~잉?
배우는 기분으로…

그래가지고는 진발심이 안 돼지?
엔진이 안 걸리지?
안 걸려~

간절함이 없어!
10년, 100년 해봐도
100생을 닦아봐야
맨날 그러고 돌아다니지!
산 구경, 물 구경이나 하고 다니지.
시간이 간다고 될까?
진발심이, 발동이 걸려야 돼!
발동이 걸릴라 카면
내가 둘로 갈라진 중생이란 사실을
어디서 알아야 돼?
귀로 듣고 아는 게 아니고,
머리로 아는 것도 아니고,
심안으로 자기를 봐서
"아이쿠~ 이래 됐다!"
하는 걸 아는 거야.
이것이 첫 번째 관문입니다.

그래가지고
합일 된 과정은 나중에 얘기하고.
합일됐을 때
바라봄이란 얘길 하는 거야.

왜 바라봄이냐 이거야!
지가 아주 우주의 중앙에 있고
하나의 법계의 중심에 딱 자리를 잡았어.
붙박이 별이기 때문에.
그 다음에 나머지들은 뭐여?
거느리잖아, 그쟈?
지가 벌어가지고 자꾸 먹이잖아.

태양이 말야,
자기가 불살라가지고 먹여 살리잖아.

그러니까 모든 이치가
우리 살림하는 이치,
가정꾸리는 이치나
태양계의 이치나
똑같단 말이야, 이치가.
그래, 안 그래?

분열에 대해서 질문 있는 분?

봄님 : 시간적인 분열로
앞생각이 뒷생각을 본다는 것은
이해가 되는데
공간적인 분열로
보는 자가 보이는 자에 대해서
안으로 파고 들어간다는 것이
이해가 되지 않습니다.

내 경우를 이야기 합니다.
나는 이런 문자가 없었어.
이런 이론이 없었어.
살려고 하다 보니까
어떻게 했나 하면
지금 생각하면
그땐 그런 생각 없었어.
파고 들어간단 말 주로 했어, 나는!

안으로 가는 길이고,
위로 올라가는 길이고,
안으로 가면서도 이건 힘든 길이야.
위로 올라가!
그래서 이제 내면의 하늘로 간다,
등천한다,
맨 이게 연결 되는 건데…

나는
바깥에 있는 내가
안으로 향해서
파고 들어간 거야.
말하자면
정자가 난자를 향해서 파고드는 것과
똑같은 거야.
내 경우는
아주 간절하게 안으로 파고 들어갔어.

그 공부를 할 때는요,
바깥을 전혀 몰라.
걸어가면서도
가로수도 안 보이고
지나가는 사람들도
주마등처럼 흘러가 버리고
바깥이 희미해.
모든 에너지가 안으로만 가버리기 때문에.

여러분들은 뭐
1년 하고 되니 안 되니 이카지만

나는 되는지 안 되는지도 모르고
그 세월을…
그냥 한 거야.
기약도 없어!
되는 지 안 되는 지도 몰라.

그때는 온통
모든 에너지가
안으로 뚫고 들어가!
정자가 난자를 향해 간다는
그 비유가 정확해.
그러니까
밖에 있는 놈이 안으로 들어가지?

이치가 그렇잖아~잉?

그래가지고
정자와 난자가 하나가 되어야
하나의 생명이
태동되지?
거듭남이지?
탄생이지?
똑같은 이치라.

우리가 지금
새로운 단계로
영적인 존재로
탄생하고자 하는 진통이야.
우리가 모인 것도

그 대사를 성취하고자 함이야.
우리 중에서 합일된 인간이 나왔다는 건
전체 인류가 구원될 수 있는 가능성이 열리잖아.

그래서
여러분들 오시면
내가 항상 존경의 마음으로
하늘에 반짝이는 해와 달과 별처럼
볼 때마다 나는 그런 생각이 나.
오늘 확실히 되면
사흘 이내에 합일 돼버려.
알고 보면 쉬운 거야.
오래 안 걸려!
모르기 때문에 헤매고
헤매기 때문에 바로 못 갔잖아!

봄님 : 정리를 하자면
밖에 있는 나, 보는 나가
안에 있는 내 몸을 비롯해서
내 안에 뜨는 내 생각, 감정까지 다
즉 보이는 나를 돌아봄 하는 것!
에고가 에고를 일단 보는 단계가 돌아봄.
그렇게 해서 계속 파고들어가는 것…

파고들어가는 것!
그러니까
돌아봄이 끊어지지 않아야 된다,
이 말이여!

끊어져버리면 중간에…

왜냐하면 이놈이
내가 여기에 대해서
여러 군데에서 이야기 해놨습니다만
이게 안으로 파고드는 길인데~
위로 올라가는 길이야!
위로 올라가!
내리꽂히는 길이 아니야!
위로 타고 올라가야 돼~

그리고
가는데 순탄치를 않아.
물줄기가 내려오기 때문에
차고 올라가야 돼!

그래서
내가 잉어를 좋아하고
또 고향으로의 돌아가는
그 회귀본능이 있는
연어를 좋아하고
또 뭐있더라?
해바라기는 해를 향해서
항상 끊어짐 없이
늘 해를 바라보는 공덕이 있지.

왜 잉어를 좋아하냐 하면
잉어는요,
폭포를 차고 오른다고 했어 옛날부터

차고 올라오는 힘이 있어야 되잖아.
그래야 골인할 거 아니요?

그렇기 때문에
무지하게 어려운 거야.
마지막 내 경우에…
여러분들은 어떨지 몰라~
나이도 젊고 이럴 때 하면 더 쉬워요!
나는 40대 말(末)이야!
중반부터 시작해가지고
한 5년 지간에 난 뚫어버렸거든?
한 5년 동안은 완전히 헤맸고,
그 헤맨 것도 또 도루묵이 아니야.

헤매는 바람에
동서고금의 철학과
모든 수행법 다 해 본거야.
대궁은 다 거쳐 본 거야.

그래도 다 실패했거든.
내가 살 도리밖에 없다!
이래가지고 나온 게
돌아봄, 바라봄, 늘봄이거든!
순수한 우리말이야.

합일되면 뭐야?
알 슬었지?
잉태됐어.
잉태되어서 나오는 데에도

그래도 열 달 필요하지?
나와 가지고도 크는데
한 3년은 커야 되지, 말하자면.

그러면 비로소 이제
뭐 좀 걷고 이런다.
그와 같은 이치로
그대로 간다.

내가 뒤집기하고
기고, 앉고, 서고, 걷고,
그 다음 뭐요?
말할 때?
옹알이!
이게 꼭 그 순서를 거친다카이.

합일됐다고
뭐 대번 능력이 나와?
택도 없는 소리들 하지 마라!
그렇게 되질 않아, 이치가.
이론상으로는 그리 되지.
합일이 됐으니까.

아니야!
알 슬어가지고
엄마 뱃속에서 크는데도
열 달 걸려가지고
나와 가지고도
크는데 3년은 있어야
사람 형체를 갖추잖아.

에이고~ 택도 없는 소리다.
그래, 한 열댓 살은 먹어야 되지?
열댓 살 쯤 되면 다 컸어.
스무 살만 되면 투표권도 나오고
장가 시집가도 누가 말 못한다.
그렇죠?
자유라.
그래 공부해가지고
한 20년 해야 된다는 말이
거기서 나온 거라.
그것도 안 연후에.

그리고 이제 합일되어서
온 몸의 60조 세포가
전체가 변하는데
요새 발표 됐어, 과학에서.
그걸 맞다고 본다면
7년 이래.
7년이 지나면 이거 완전히
세포가 다 변한대.

그러니까
우리가 깨달아가지고
새로운 놈이 나왔을 때
7년 동안에
이 의식이,
에너지가 바뀌잖아?

어디까지 왔어요?

지금 우리가?

봄님들 : 아직까지 두 갈래…

아직까지 두 갈래 길에서 이제
합일을 어떻게 해야 되느냐?
밖에 있는 나가
안을 향해 쳐들어가는 게
개념정리 되었어요?

봄님들 : 예~

이 사실을 알아야 돼.
합일하려고 하지 말고!
내가 분열된 사실만 알면
아이고~ 아이고~ 이지!
그 때부터~
발동이 걸려, 저절로!
자동으로
어디를 가든지
돌아봄이 안 끊어진다, 이 말이야.

돌아봄을 첨에 그래 하면
뭐가 보이나?
헛생각이 헛생각을 보는데 뭐가
생각이
존재가 있어야 보이지.
안 보여요~
벗어나기 전에는.

산 중에 있어도 산이 보이나?
말짱 허당이라.
깜깜해!
그래가지고 들어간 게,
내가 어떻게 들어갔겠어?
거기서
"얼씨구절씨구~ 들어간다!"
이칸다!

그래가지고 이제 처음에는
그래하다 보니까 캄캄해.
진보가 있는지 없는지.

그래하다 보니까
그 다음 단계,
나는 어떻게 갔는가 하면
손발 움직이는 거
몸 움직이는 거 있잖아.
겉으로!

그때는 뭐
요새는 그래도 고급이야~잉?
뭐 심장 뛰고
뭐 이거 체크할 여지가 없어.

그땐 그까지도 못가!
펄떡거려가지고.
펄떡펄떡 하는데
뭐 심장이 어떻게 느껴지냐?

그 에너지 가지고?
붕붕 뜨는데~잉?

죽겠어!
막 일어나는데.
이건 뭐, 뭘로 덮어?
산불 일어나는데 이불가지고 덮냐?
야~ 죽을 지경이다.
죽을 지경~

그래 그때 뭘
방편이 나왔는가 하면
일어서면 일어서는 줄 알고
움직이면 움직이는 줄 알고
안 움직이면 안 움직이는 줄 아는 데
대중을 잡아나가는 거지.

그게 몸 돌아봄이야.
지금 몸 돌아봄 하는 시간이야, 사실!
응? 그렇죠?
이게 아주 막 첫 발자국이야, 이게!
그러니까
이놈이 바로 가질 못하기 때문에~

예비단계야.
저절로 그렇게 가더라고.
"에~라 이놈아!
니 자격 없는 놈이…
이놈아,

몸 돌아봄부터 해가지고
올라오너라!"

동정일여(動靜一如)부터 해가지고
몽중일여(夢中一如)로 가거라.
동정일여,
몸 돌아봄이 되어야
몽중일여라.

몽(夢)이 뭐여?
생각이지?
동정일여가 어느 정도 되어져야
생각이라는 게
어느 정도
한 부분이라도 보이는 거야.

왜?
아직 벗어나질 못했지만
꿈속에서 그래도
"꿈이구나~"
하고 있는 거지?

거기서 깨어나질 못했어.
깨어나 버리면 끝나는 거지.
깨어나질 못해!

우리도 그렇지?
꿈꾸다 보면 알긴 알아.
꿈인 줄은 아는데

그래도 맨 속지?

나도 그럴 때 있어.
거의 없지만 한 번씩 그럴 때 있어.
근데 그것도
"꿈보다 해몽"이라고,
내가 해몽을 멋지게 해버리기 때문에
거기에 하나도 안 걸려.

그래,
악몽도 괜찮고 길몽도 괜찮아.
다 길몽으로 만들어 버려.
해석을!

여러분!
오늘 중요한 얘기 한 겁니다.

"아!
나는 도가 통했는데
합일이 되었는데
왜 이런 지저분한 꿈이 나옵니까?"

아니여~
해몽만 잘하면 뭐~
기~가 막힌 거지 뭐~

무슨 현상이 문제가 아니라
내가 어떻게 보느냐…(이다)
결국은 봄으로 온다!

그렇죠?
봄으로!

그래가지고 이제
간 것이 동정일여지?
문자로 말하면 동정일여야.
뭐 그런 게 없었어, 나는!
몰랐어, 그때는!

그래가지고
밥 먹으면
늘 밥 먹는 꼬라지,
걸어가면 걷는 거,

그 중에서
내가 가장 많이 한 거는
산에 다니면서
걸어 다니면서
거기서 힘을 좀 얻은 거 같애.
오른발 왼발 이러면서~잉?

그래 가다보면
지루한 것도 덜하고.
그렇게 다닐 때는
뭐 이래 돌아보고…

동영상 촬영하는 것은 뭐야?
바라봄의 단계지?
예?

녹음하는 것은…(마찬가지야)
벌써 자기를 천하통일하고,
내면을 통일하고 난 다음에
나와 자연과의 관계,
천지인이 합한 자리야.

그러니까 뭐부터 통일해야 돼?
내면의 통일!
나부터 통일해야지?
그렇죠?

이거 중요합니다.

꽃이 피고 무성하고
열매를 맺고
또 눈이 내리고
그렇게 몇 바퀴를 돌고 돌아도
언제 시간이 갔는지
꿈꾸는 것 같애.
명료하게 보질 못해!

이거(자신의 가슴을 가리키며)!
보느라고~잉?
가기 바빠!

우리 여기
모두가 성공한 사람들이야.
1등으로 골인한 사람들이야.
1등짜리 아니면 여기는 존재가 안 됩니다.

경쟁에서부터 아주 승리한 사람들이야.
이긴 자들입니다, 우리가!

그래 이겼는데
우리가 한 번 더
영적인 잉태를 하자,
이 말이야.
그렇죠?
맞죠?

육체적으로도
우린 1등짜리야.
육체적으로 탄생했지만
이제 영적으로 거듭나는 단계로…
(올라가야 해)
지금 이것 때문에 만났으니
참 대단한 거지.

여기서
다시 정리합시다!

밖에서 안으로 가는 길이고
보는 자가 보이는 자를 향해서 나간다.
밖에서 안으로!
이거 해야 됩니다.
그게 돌아봄이야!

안이 저 밖을 보면
바라봄이지!

어떻게 돌아봄이요?
방향이 틀렸어!

개념정리 해야 돼.
가장 중요합니다.
방향도 모르고 가면
영~ 헛방이잖아!

그래, 이제
동정일여란 것은
자기 몸 돌아봄을 쭈욱~ 하다보면
호흡이 잡히고.

호흡이 잡히려면
얼마나 걸립니까?
숨이 한 1분정도
떠억~ 멈춰질 거 같으면
이게(배) 올라와!

또 올라와가 있으면 뭐요?
(호흡이) 스톱해 있는 동안에
뭐가 느껴집니까?
심장 뛰는 게 느껴지지?
한 너댓 번.
사람에 따라 약간 차이가 있겠지만
대개 숨이 멈춰지고
다음 숨이 올라오기 이전 단계까지
심장박동이 한 너댓 번 정도가 느껴질 겁니다.
대개.

그리고 이제 저절로
뭐 어떻게 숨을 쉬어야 된다든가
이게 아니에요.

그저 전체적인 하나의
우주의 리듬에!
자연의 리듬에!
그걸 그대로
다 알아차릴 뿐이야.

그렇게 하다보면
상당히
가라앉아.
맑고 가라앉아.

이것이
수련 프로그램에 적어놓은
전부 다입니다.

식사 중 돌아봄,
목욕 중 돌아봄,
또 뭐 있노?

봄님 : 시청각 돌아봄

사실은 시청각 돌아봄은
엄밀히 말해서는,
내면의 통일이 되어야
저거(화면) 하고의 연결이 됩니다.

사실은 그렇습니다.

잘 안 돼!
영화 보면서
혹은 모니터 보면서
화면은 화면대로 보면서
보고 있는 나와 동시적이거든?
"그러면 재미없겠네?"
아니야!
니 재미 보는 거와 똑같애.

근데 나는 한 가지 더 있어.
내가 노는 것까지
다~ 본다, 이 말이여.
두 가지를 다 보는 거야.

그거를 한번
도전해 보면 되지만,
합일 이전 단계는
잘 안 돼!
빠져버려!
약만 오르지?
그런 기라~

그래서
합일이란 게
대단히 중요하다!
이것은
반드시 넘어야 될 과제이다!

합일에 대해
완전히 신작로 닦아버리자!
개념정리 완전히 해 버리자!

몸 돌아봄을 통해서 동정일여,
움직일 때나 움직이지 않을 때나
늘~

이것은 결국은
마음이 몸 돌아봄이지?
달리 말하면 그렇지?

몸 돌아봄이란 건
마음이란 놈이 몸 돌아봄이다.
일단 그렇게 말하면
좀 이해하기가 쉬워지지?

몸 돌아봄의 중요한 고비는
마음이 몸 돌아본다,
몸과 마음이 분열됐다,
이렇게 얘기해.

그러면
결국은 동정일여를 통해서
몸과 마음이 하나가 되네!

어떻게 하나가 돼?
안 떨어지면 어떻게 돼?
안 떨어지면

그대로가 합일이지!

그런데
본래 떨어진 적이
사실 없다고 그래.
그거는 합일되고 난 뒤에 하는 소리지.
자기가 둘로 분열된 놈이
그 따위 소리 하면
업(業)만 짓지!
거짓말이잖아.
거짓말이기 때문에
안 되는 거야!
그렇지?

그런 소리 하면
자기도 공부 안 되고
남도 공부심을 방해시켜!
"할 것도 없고 그냥 그 자리다."
이렇게 말하면
남 공부 못시키는 사람이다.

우리는 분명히 깨달은 법이
이렇게 정규로 가는 방법과
이정표가 분명하게 짜여 있거든!
한 단계 한 단계
그걸 밟지 아니하고는 안 되는 거라.

그러니까
몸과 마음이 분열이 되어 있어!

여기서~잉?
분열되었기 때문에…

그런데 왜 그러면
밥이나 먹고
즐겁게 살면 되지 말이야!
마음이 몸 돌아봄을 왜 시키냐?

마음과 몸이 분열되어가지고
내가 괴롭다!
찢어지는 아픔이 있다!
금이 갔다!
헤어졌다!

"근데 어찌 이놈아,
너는 안 아프냐?
너는 아직 진화가 덜 된 인간이다."

그래도 아픔을 느낀다는 건
진화된 인간입니다.
응? 그렇죠?
고통스러워 할 줄 모르는 인간이 많습니다.

봄님 : 많아요.
이대로 좋은데 무슨 도는 닦느냐고…

응~
즐겁게 살자고 합니다.

그러니까
합일은 굉장히 복잡할 줄 알았는데
간단하다.
응?

안 끊어지면
본래가 됐든지,
합일이라고 하든지 간에,
좌우지간
그 자리잖아!

근데
그것이 지속이…(되는 것이)
수행이 없이
바로 깨달을 수 있을까?

난 그런 사람은 없다고 봐!
크리슈나도 그렇고
예수도 그렇고
붓다고 그렇고
다 고행이 있었고
기간이 있었어.

날강도한테 주겠나?
노력도 안했는데 그 좋은 보물을 주겠나?
금덩어리보다 더 한 걸!
이거 얻으면
천하를 얻는 거고 영생이잖아!
모든 문제없음으로 돌아간다.

돈이 있으면 있는 대로 없으면 없는 대로.
지금 죽어도 좋고 안 죽어도 좋아.

내 뜻이 없잖아.
기독교로 말하면
내 뜻이 아니고 하늘의 뜻이다, 이 말이여.

이게 이런 자리거든?
이게 이런 자리란 말이야.
그 좋은 자리, 최고의 자리.

돈도 말이야,
1억이고 10억이고 100억이고 벌려면
보통 땀 흘려야 되는 게 아니야.
그래도 안 나와, 그놈의 거.
그것도 별 것도 아닌데…

그보다 말로 할 수 없는
그 물건이 글쎄
날강도처럼 온다고?
노력도 안 하고?
이치가 그렇게 되어 있질 않아~
그렇지 않아!
노력을 해야 돼!

그 노력이 뭡니까?
돌아봄에서 뭐요?
발심이 돼 가지고
끊어지지 않을 정도로

동정일여가 되고.

그 동정일여는 주로 언제?
굳이 나눈다고 하면
낮에 할 일이지?
가정생활하고
직장생활하고
낮에 생활가운데 하는 공부법이
동정일여법이지?
그렇지요?

그런데 이제
다른 수행법을 보면
꼭 어데 가야 되고~
또 뭐 해야 되고~
이렇잖아?

근데 이거(돌아봄)는
그게 아니지요?
자기 생활하면서
분수의 일을 하면서
직장에 나가도 아무 상관없지?
그러니 이게 대도(大道)라.
이렇게 돼야 돼.

그래, 이제
동정일여법은
주로 낮에 하는 거고.
움직이면서.
움직일 때는 뭐요?

여러 가지
뭐 예를 들 필요가 있을까?
없지, 이제?

없고.
그 다음에~

안 움직일 때는 뭐냐 하면
심장체크하고 호흡이야.
그러면 그 이상 없어.
이거는 이제
아침에 일어나자마자 계속하는 게 좋아요.

사실은 뭐 여기서 이렇게 나갈 때는
앉고 서고, 무슨!
벌써 앉는다는 것 자체가 뭐야?
큰 병폐지?
앉는 게 있고…
들어가는 게 있고, 나오는 게 있잖아요.
그러면 벌써 깨진다.

그러기 때문에 이것도
"앉아도 앉은 바 없이 앉아라.
들어가도 들어간 바 없이 들어가라.
일어서도 일어선 바 없이 해라."
하는 뜻이 그거라.

낮에 동정일여 공부가
쭉 지속되어 갈 거 같으면

밤이 되면 어떻게 됩니까?
몽중일여가 되지?
꿈속에서도 꿈꾸는 줄 알아.
꿈을 깨진 못해.
아직 합일이 아니기 때문에.

숙면일여까지가
아직까지 일여(一如)라고 말만 붙였지,
그런 것 같다 이거지,
합일은 아니야.
그걸 아셔야 돼.

합일 아니지요~잉?
합일 아니야.

그게 이제
밤에 자면서도 몽중일여 되고.
그 다음에
더 나아가면 숙면일여지?
깊이 잠들어가지고도
고요한~ 그걸,
알아차리고 있는 거야!

그러니까
잠을 잔 것 같기도 하고
안 잔 것 같기도 해.
근데 피로감은 없어~잉?

나는 이걸 뭐
몇 년을 했는지
몇 달을 했는지
그건 계산은 안 되지만
참으로 오래한 거 같애.
그 다음 단계가 있는지…(도 모르고)

나는 이렇게 되면
깨친 줄 알았어.
왜?
주야가 없어졌으니까!

주야가 없어졌으면 말이야.
없는 자리에서
다시 주야가 있어야
현상으로 다시 나오잖아.
아직 덜 떨어졌어~잉?

그렇지만
그 과정을 안 겪고는…
들어감이 없이는 나오는 것도 없지?
안 들어갔는데 어떻게 나와?

들어감을 본체라고 해.
본질이라고 하고
또
나옴을 현상이다.
이렇게 붙일 수 있어.

주야가 없는 자리만 얘기하면 어떡하나?

본질만 얘기하면 어떡하나?
분명히 있어.
산은 산이요,
물은 물로 나와야 돼!

동정일여, 몽중일여, 숙면일여를
모두 합쳐
오매일여(寤寐一如)라고 해.
자나 깨나 앉으나 서나, 이 말이여.

말 하나~
말 안하나~
항상 대중이 터~억 잡혀 있는 기라.

이게 가고 있는 기라.
뭘 향해서?
안으로 파고들잖아!
합일을 향해서 가는 거야.

이것이 뭐요?
동정일여, 몽중일여, 숙면일여를
우리말로 하면 뭐요?

몸 돌아봄, 마음 돌아봄, 본격 돌아봄이지.
몸 돌아봄, 마음 돌아봄을 통해서
이것이 동정일여, 몽중일여까지 되는데
본격 돌아봄은
꿈도 없고 생각도 없는데
거기에 돌아봄이 있지?

숙면일여를 갖다가
내가 이름 짓기를
본격 돌아봄이라고 했어.

그때 심정을 말하면
뒤에는 낭떠러지야,
앞에는 물이 차악~ 밀려오는데~
내가 몸부림쳐서 앞으로 헤엄쳐가야 되지.
만약에 거기서 가만히 쉬고 있으면
어떻게 돼?
떨어져!

쉴 틈이 없으니까
얼마나 절박하냐, 이 말이여.
그 때 젖 먹던 힘까지 다 발휘해가지고
살려고 꿈틀댄단 말이야.

그것이
숙면일여에서
그것이 있어야 돼!
거기서도 파고들어가는 게 있어야 돼!
그때 나는 무지하게 힘이 들었어!
절박감이 있어!

그때 생각하기를
"야~ 참말로 기운 빠지면
이 공부 골인하기 어렵구나!"
옛날 어른들이
"정력 낭비하지 마라!"하는 뜻을 알겠더라고.

너무 딸리니까!
너무 밀리니까!
언덕배기 올라가려면 숨차지?

이래가지고
우리가 할 수 있는 일은 뭡니까?
수행이란 것은
숙면일여까지
오매일여까지 되는 데는
유위법으로
우리가 갈 수 있어.
이걸 수행이라고 해.

거기까지만 딱 가면 뭐냐 하면
골인직전이야.
말하자면
거기까지 가 있는 사람이
언하에 대오하는 수가 있어.
그 길이 있어.

언하에 대오하는 수가 있고.
스스로 자기 혼자 깨달았다는 걸 알아.
언하에 대오는
밖의 인연을 만나가지고
딸깍! 합일되는 수가 있고

그 다음에
누가 밖에 스승이 없어도
자기가 스스로 골인해!

골인해도
골인한줄 모르고 있다가
어느 날 갑자기
어!
지금까지 말야,
그냥 끊임없이 쉼 없이
추구하고 달려왔던
그 놈이 없는 거야.
잉태되어 버렸는데 뭐가 있냐?
스스로 깨달아.

내 경우는 어디에 해당돼?
난 스승이 없기 때문에
깨달아 놓고도 깨달은 줄도 몰랐지.
몰랐지!

거기서 합일돼 놓고
거기서 한 소식이 나와.
스스로 아는 거지!

나는 어느 날,
길을 떠억 가는데
그날도 습관적으로 파고드는데
파고들어갈 데도 없고
파고들어가는 놈이 없는 거야!

그게 내 합일소식이야.
며칠 갔는지도 몰라.
지나가버렸으니까!

나는 스승이 없으니까…
나는 전통적인 걸 답습해서
결국은 실패했잖아.
실패했기에
독자적으로 나오게 된 거야.
그러니까 독불장군이지!

동정일여,
몽중일여,
숙면일여를 통과하면
다 된 거야.

깊이 잠 들어가지고 깨어 있어.
잠은 잤는데 안 잔 것 같기도 하고
피로감은 없는 거야.

근데 거기에서도
골똘하게 앞으로 전진이 있어야지.
조금이라도 거기에서
거리를 두고
"아이고~ 좋구나!"
이래가지고 쉬어버리면 큰~일 난다!
그걸 조심하셔야 돼.

거기서 "이거다!" 하면 안 돼.
그거 아니야.
거기서도 가만있으면
뒤로 밀린다는 절박감이 있어야 돼.
거기서도 공부가 있어야 된다, 이 말이야.

환~하고
"아이고~ 봄나라 좋구나~" 하고
거기 주저 앉아버리면
아니야.
골인 못해!
그게 마(魔)의 경계요.
마의 경계를 조심해가지고…
큰 마입니다.

그건 아주
기가 막힌
꽃동산이고
아름답고
이렇습니다.

새가 울고
아주 기가 막힙니다.
환~하고
고요하고
이런 거라~

그거 뚫어버려야 돼!
그거 경계야.
돌파해가지고
어디에도 머물지 말고
끝끝내 뚫고 나가야 된단 말이야.

그래 됐을 때,
이제 한 소식이 오든가

자기 나름대로의 그게 생겨~잉?

그게 되면
매미가 땅속에서 굼벵이 생활하고
때가 되면 위로 기어 올라오지?
나무 꼭대기로 기어 올라온다.
땅속에서 저절로 올라와.

봄이 오면
싹이 말이야.
움에서
씨에서
발아되어가지고
땅위로 삐죽이 나오듯이
합일이 되면
뭣이 하나가 이래 나온다니까.

그래서 대웅전(大雄殿)이라고 하잖아.
수놈에 비유해.
뭣이 하나 나온다, 이 말이여.
이제 대웅전 뜻을 아시겠지?
수컷 웅(雄)자야.

뭣이 하나 나와, 이렇게.
싹이 나온단 말이야.
땅속에 가만히 있질 않아.
올라와.
때가 되면,
올라와!

그러기 때문에
남의 눈에 띄고
인가법이 생겨.

여러분들은
날 인가해줬기 때문에
이게 된 거거든.
암암리에 인가했잖아.
인가했기 때문에
여기 이 자리까지 오셨지?
내가 인가를 받은 거야.
확실하지?
인가를 못 받으면 안 되는 거야.
나도 여러분들의 인가를 받았기 때문에
그래도 이카잖아, 지금!

또, 그 대신에
내가 또 여러분들을 인가해야지.
내가 인가받았으니까.

시절인연에 따라서
그게 짧게 하든지 길게 하든지
숙면일여,
오매일여 통과 안 해가지고는
합일이 안 되지?
안 되는 거야!
가장 중요한 것은
1단계로
내가 분열되고 금이 갔다,

내가 중생이다,
여기서 분심이 나.
그것만 된 사람은
가지마라고 해도 가!

그래서
용맹정진이라고 해.
잠 오는 거
송곳 꽂고 그러는 거
용맹정진 아니야.

진정한 용맹정진은
살려고 해!
안 죽으려고 용맹정진 해!
잠 다 자고
쉴 거 다 쉬면서 하는
용맹정진이지.
억지로 하는 억지춘향이 아냐.
그 가운데
성성하게 깨어 있는 거라.

이제 합일까지 왔네!
합일되면 이제 자리 잡았지?
이제 내 영토가 생겼고
내 땅이 생긴 거야.

내 터전이 생겼는데
그 위에
밭도 갈고 논도 매고 집도 짓고
그렇지?

살림 이뤄야 돼.
마누라도 얻고 서방도 얻고
새끼도 낳고 길러야 돼.
해 먹여야 돼.
키워야 된다, 이 말이여.
이게 살림살이 아니야?
거기서부터
바라봄의 단계거든.
바라봄의 단계는 합일 이후의 단계야.

여기서 동영상촬영,
봄의 능력이 비로소 개시가 되는 거야.
내가 자리를 잡아.
안 움직여.
여기서 촬영하는 거야.

이 문제(자신의 가슴을 치면서)가
해결됐기 때문에
내가 내 안에서
두 개의 나가 합일되자마자
어떻게 돼?
합일이자마자 뭐요?
하나(1)이면서
제로(0)가 돼버렸어.

제로(0)가 되면
주객이
나와 자연과의 관계,
나와 바깥과의 관계가

마찬가지로 하나가 되어버리지?
하나라고도 없는
또 제로(0)인 거라.
순식간에 일어나버린 거야.

그러면
그렇게 됐을 때는
이제 바라봄인데
합일되면 뭐냐 하면
천지만물이 다 내 손아귀에 들어와.
내 안에 들어와.
전부 다 내 안이 되어버려.
그래서 그걸 갖다가
우주의 주인이라고
말 하지 아니 할 수 없어.
그리고
그 전에는
큰 산을 보면 두렵고 겁나.
눌리고 이럴 때도 있고
산에 대해서도 질투가 있어요.
질투해.
너무 크고 너무 이쁘고
변함없는데
내 마음은 죽 끓듯 하잖아.
그래도 거기 가면 편안하고 그래.
그래서 자꾸 산으로 가.

근데 나중에 가면
산이 한꺼번에 다 들어와.

히말라야고 어디고 다 들어와.
히말라야에 갈 필요가 없어.
전부 내 안에 있는데
어디로 갈끼고?

이렇게 된 가운데
형편 따라 인연 따라
못 갈 것이 없는 것이고.
"야들아~ 놀러가자."
"오늘 어디 안 갈래?"
"안 심심하나?"
그랬을 때 뭐요?
천지만물이 다
한꺼번에 내 소유가 됐지.

뭐 등기부에 있고 없고
그것은 종이쪼가리야.
그까짓 불 질러버리면
없어지는 거야.
여기에서 천지만물이
은하계고 뭐고 까짓 거 뭐
읊을 것도 없어.
통째로 그냥
내 안에 다 들어와 버렸어.
그 마음의 보따리가
무궁무진한 보따리라.
그걸 깨달아
내 걸로 만들었을 때는
부자 중의 부자지?

제일 높으신 분이지?
우주의 주인이니까!

합일 금방 되면 얼아입니다.
그러니까 합일되면
신통력도 나오고
번쩍번쩍 하는 줄 알았어.
아이고~ 아무 것도 아니여.
이제 얼아로 태어났어.

여러분들은 안 울어도 돼.
나는 얼마나 울고 다녔는지…
물을 때도 없고,
참으로 답답하고,
그 심정은 말 할 수가 없어요.
나는 매일 산에 혼자 다니면서 울었다니까.
같이 다닐 사람도 없어.

아이고~ 그렇게 공부를 해서
확실히 깨친 건 틀림없는데
합일을 이뤘는데
천지만물이 다 내 것이 되고
누구 미운 놈이 하나도 없어,
그때만 해도.

근데 능력이 있어야지!
사람을 보는 안목도 잘 없는 거야.
이런 것 같기도 하고
긴가 민가
이 얼아가 뭘 알아야 말이지.

얼아가 새로 태어났기 때문에
아직 능력이 없어.
공부는 지금 부터라.
새로 해야 돼.
그러기 때문에 다시
돌아봄, 바라봄, 늘봄으로
다시 가.

그래서
깨치나 못 깨치나
똑 같아졌어!

나도 항상 돌아봄!

나도 내 얘기하면서
내 귀로 못 들으면 손해야.
무지하게 손해인거라.
내 얘기를 잘 들으면,
깨치고 못 깨치고 간에
들으면
그것이 잘 사는 길이야.

내가 움직이면서
움직인다는 사항을 파악하고 살면
제대로 산거고
모르고 살면
꿈속에서 취생몽사(醉生夢死) 한 거야.

그리고
내가 일회적으로
죽으면 그만인 존재냐?
아니잖아!

그러면
대명예와
부귀영화 중에 부귀영화고
출세 중에 출세지.
내가 맨날 부자장자 된다고 하니까
뭐 원아 자기도 부자장자 아니면서
무슨 저런 소리 하냐고?
아니여!
난 부자장자야.
다 자기 건데.
자기 강물이고
자기 바다고
자기 하늘이고
자기 별이잖아.

누가 아니라고 할 사람이 있어야지.
이렇게 되면 참 행복하다.
미운 놈 한 놈도 없고
다~ 보면 다 좋다.
좋다는 것도 없다.
항상 좋은데 무슨 뭐
나쁜 게 있어야 뭐 좋다고 하지.

이것이
나를 구원하고
인류를 구원하는 소식이고
모든 인류가 걸어가야 할
보편적인 길(道)입니다.

[원아 유종열 선생의 모든 저서]

싸우지 않고 사는 사람

원아 유종열 지음 | 도서출판 봄나라 | 정가 40,000원
2018년 2월 1일 출간 | 1120쪽 | 130*225mm
| ISBN 978-89-956705-13-7

내용

봄1　제2차 트레킹코스의 여정(旅程)
봄2　내면에서 일어나는 바람소리 물소리 알아차리기
봄3　파동 파장 소리(音)가 일어나는 내면의 세계 입문하기
봄4　유심(有心)의 나에서 무심(無心)의 나로
봄5　뒤집기의 중요성
봄6　운기(運氣)를 주관하는 장기(臟器), 폐장(肺臟)과 심장(心臟)의 사용법
봄7　수행(修行)이 <가만히 있어봄>의 단계를 통과하면
봄8　유심(有心)을 사심(私心)이라면 무심(無心)은 공심(公心)이므로
봄9　숨죽여봄이 이루어진 연후에 만수무강(萬壽無疆)합니다
봄10　수승화강(水昇火降)의 이론과 실제

봄11　심신이 시원(COOL)하십니까?
봄12　머리에는 항시 서늘하고 시원한 바람이 불어 오르고, 수족(手足)에는 뜨거운 온천이 힘차게 흘러내려, 돌고 돌아야

봄94 수고하고 무거운 짐진 자들아 다 내게로 오라 내가 너희를 쉬게 하리라

봄95 낭독공부와 숨죽여봄의 생활로 하늘 사람으로 형질변경(形質變更)하여 정신을 개벽시킬 씨종자가 됩시다

봄96 Homo sapiens(인류)가 정신개벽에 성공하지 못하면 인간은 멸망하고 말것입니다

봄97 숨죽여봄으로 순간에 뿌리박은 삶을 삽시다

봄98 숨죽여봄으로 정신이 들어 침묵이 되면

봄99 현재에서의 판결을 앞둔 지금 시점에서 그대는 숨죽여봄을 통해 안락함을 느끼시나요 답답함을 느끼시나요?

봄100 숨죽여봄을 문득 깨달아 안락해지기 위한 돈오법(頓悟法)

봄101 진리적으로 본 보수(保守)와 진보(進步)의 상관관계

봄102 사람은 어째서 존엄(尊嚴)하고 위대(偉大)한 존재인가?

봄103 숨죽여봄의 의미(意味)

봄104 시간(時間) 공간(空間을 자유자재(自由自在)하는 우주의 주인

봄105 나의 골통 속에서 광대무량한 하늘을 여는 구체적인 방법

봄106 나의 내면에서 시간의 동정(動靜)을 자유자재하게 하는 구체적인 방법

봄107 우왕좌왕(右往左往)하지 말고 하단전(下丹田)에 뿌리내리자

봄108 정신이 하단전에 뿌리를 내리면

봄109 율려(律呂)의 근본은?

봄110 봄나라 낭독공부의 의의(意義)

봄111 본질의 빛, 영성의 빛, 정신의 빛 체험해보기

봄112 정신 들었나? 나갔나? 정신 차려라

봄113 정신과 마음과 몸의 구분

봄114 감각이라고 하는 음(陰)의 힘이 생각이라고 하는 양(陽)의 힘을 이겨야

봄115 대도(大道)란 무엇인가?

봄116 도(道)를 통하지 못하면 남자는 여자를 여자는 남자를 속으로 죽을 때까지 찾고 기다리는 집념(執念)이 그치지 않습니다

봄117 그대는 발심이 된 봄님이십니까? 아직 발심이 안된 봄님이신가요?

봄118 육안(肉眼)과 심안(心眼)과 천안(天眼)과 영안(靈眼)

봄119 명(明)과 암(暗), 음(陰)과 양(陽), 둘이 공화(共和)가 되고 하나가 되기까지

봄120 암흑의 하늘에서 광명의 하늘 맞이하기 까지

봄121 정신이 마음과 몸을 자유자재하게 부리고 쓰려면 먼저 몸과 마음을 가만히

[원아 유종열 선생의 모든 저서]

나는 봄의 힘으로 산다

원아 유종열 지음 | 도서출판 봄나라 | 정가 20,000원
2007년 11월 20일 출간 | 384쪽 | 130*225mm | ISBN
978-89-956705-4-5 (03040)

| 목차 |

45. 정신일도하사불성(精神一到何事不成)
46. 일상생활을 통한 기공의 연마
47. 일심과 상생 상극
48. 어찌 이루어지지 않을 일이 있단 말입니까?
49. 인간계발의 요체 - 인류가 나아가야 할 길
50. 본래면목(本來面目) 하나 찾는 것이

51. 지극정성으로 일심이 서고 일심으로 공들여야
52. 일심의 힘 얻는 순서
53. 마음을 잡고 사는 것이 기본이다
54. 일심의 세 가지 능력
55. 일마치고 일없는 무사인
56. 눈을 맞추면서 삽시다
57. 눈썰미를 키우며 삽시다
58. 자세히 눈여겨보아야 보인다
59. 귀를 잘 부리고 쓰기
60. 심심할 일 없다

61. 봄나라 공부 총정리
62. 길이 아니면 가지를 말고
63. 말이 아니면 듣지를 말라
64. 평등의 실현은 예의범절(禮儀凡節)로
65. 자기 점검표
66. 밥 한술 먹으면 행복합니다
67. 심장의 주인이 되어야 합니다
68. 의식의 스크린
69. 삶은 예술입니다
70. 봄나라 수련법의 개요

71. 바르게 보는 법
72. 바르게 듣는 법
73. 바르게 말하는 법
74. 바르게 걷는 법

105. 더도 말고 덜도 말고 한가위만 같아라
106. 진정한 초능력
107. 한 길 사람 속을 아는 기준
108. 팽창(膨脹)과 수축(收縮)
109. 증득(證得)에 이르는 3단계
110. 태극기에 대한 감각 감상

111. 한 바퀴 돌아 제자리에 오면
112. 그대도 지금 그러하십니까?
113. 마음 돌아봄 공부의 핵심
114. 지금 여기 사는 사람은
115. 작은 것에서 오는 기쁨
116. 심심함에 대처하는 두 가지 잘못된 길
117. 남을 보듯 자기를 보는 안목
118. 부스럼의 뿌리(根)를 뽑았나요?
119. 봄공부의 수행 6단계
120. 본격 돌아봄 공부

121. 자기가 자기를 탄생시킵시다
122. 아파보지 않고 어떻게 아프지 않을 수 있겠는가?
123. 안 되는 것을 겪지 않고 어찌 되는 것에 도달하겠는가?
124. 모르지 않고 어떻게 알 수 있겠는가?
125. 미움과 사랑
126. 죽어봄 살아봄이 죽음과 삶이다
127. 부정과 긍정을 자유자재로 잡아 돌리는 봄의 힘

봄나는 어떻게 삶을 창조하고 운행하는가

원아 유종열 지음 | 도서출판 봄나라 | 정가 20,000원
2008년 5월 20일 출간 | 280쪽 | 130*225mm | ISBN 978-89-956705-8-3 (03040)

| 목차 |

15. 봄공부의 핵심
16. 공부 줄을 잡으셨나요?
17. 생각돌아봄 공부의 길
18. 에고가 추구하는 자유와 평화와 행복은 공염불이다
19. 에고의 속성
20. 대아의 고독과 소아의 고독

21. 방출과 회수 법칙에 따르는 팀워크 운용
22. 집중력 계발
23. 영원과 찰나
24. 화로부터의 자유
25. 기쁨과 슬픔
26. 한번 일러보시기 바랍니다
27. 이별에 종지부를 찍고 당장 만나자
28. 왜 돌아봄 공부를 한사코 하지 않는 걸까?
29. 새해 복 많이 받으십시오
30. 일심의 축이 바로서야 운전대를 잡은 것이다

31. 분열과 융합
32. 하나의 공간
33. 감각과 생각의 상생으로 향상일로의 길로 가자
34. 생각으로부터의 자유
35. 생각돌아봄에 관하여
36. 집중력에 대한 개념정리
37. 감각이 주가 되는 수밖에 없습니다
38. 공부 잘하는 비결
39. 감각이 무디어지고 닫히게 된 까닭
40. 잘 노는 사람이 공부 잘 하는 사람이다

41. 공부 못하는 이유
42. 잘 논다(노닌다)는 말의 뜻
43. 정신을 차려야 정신집중이 가능하다
44. 왜 공부에 진도가 안 나가는가?

75. 삶의 목적
76. 화평이 아니요 검을 주러왔노라
77. yes man과 no man
78. 업장소멸
79. 자기 목소리 고치기
80. 자기 얼굴 뜯어고치기

81. 집착과 원망의 끈을 끊어버리자
82. 무심 가운데 계속 옵션을 걸어주어야 실천이 된다
83. 자기의 체질 기질 성질 고치기
84. 업장은 소멸하는 것이지 고치는 것이 아니다
85. 말 한마디에 천 냥 빚을 갚는 도리
86. 업장소멸을 통한 깨달음의 길

봄나의 증득

원아 유종열 지음 | 도서출판 봄나라 | 정가 20,000원
2008년 9월 24일 출간 | 400쪽 | 130*225mm | ISBN
978-89-956705-9-0 (03040)

| 목차 |

봄나라 윤리도덕

85. 사랑의 발로
86. 가슴을 계발하자
87. 가슴이 충만하고 훈훈한 사람 되자
88. 삼매(三昧, samadhi)
89. 해오(解悟)와 증오(證悟)
90. 자기점검을 통한 새로운 출발

91. 삼매연습
92. 지금 당장 무엇이 소원성취이고 만사형통인가?
93. 밥상은 다 차려져 있으니 먹기만 하면 됩니다
94. 정신의 명암 조절
95. 마지막 전쟁 아마겟돈
96. 자유정진을 통한 중간 점검
97. 왜 정진을 하는가?(1)
98. 왜 정진을 하는가?(2)
99. 신화와 전설의 영역
100. 천부인(天符印) 3개의 의미

101. 사람다운 사람
102. 도고마성(道高魔盛)
103. 봄나의 증득
104. 사람을 공경한다는 것
105. 견우와 직녀의 설화
106. 사명대사 전설
107. 성리의 체득
108. 깨닫고 보면
109. 성질 기질 체질의 개선
110. 자기계발의 바른 길

111. 속으로 인사하기
112. 사람 바라봄
113. 선악의 문제
114. 영감과 창조적 아이디어

태양의 탄생 봄나라

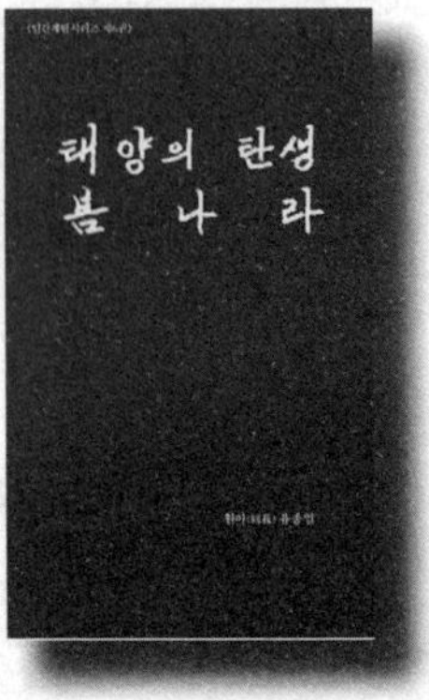

원아 유종열 지음 | 도서출판 봄나라 | 정가 20,000원
2009년 5월 20일 출간 | 320쪽 | 130*225mm | ISBN
978-89-956705-5-2 (03040)

| 목차 |

1. 돌아봄의 수련

1) 몸 돌아봄(동정일여)

가. 정할 때 공부
A. 호흡 돌아봄
B. 심장의 박동, 맥박 돌아봄
C. 몸의 아픔 돌아봄
나. 동할 때 공부
A. 몸동작 돌아봄
B. 자기의 말소리 돌아봄 (들어봄)
C. 자기의 걸음걸이 돌아봄
D. 자기의 얼굴표정 돌아봄
E. 식사 중 돌아봄
F. 일하는 중 돌아봄
G. 목욕중 돌아봄
H. 시청각 중 돌아봄

2) 마음 돌아봄(몽중일여)

가. 생각의 돌아봄
A. 과거심 돌아봄
B. 미래심 돌아봄
C. 현재심 돌아봄
나. 감정의 돌아봄

3) 본격 돌아봄(숙면일여)

2. 바라봄의 수련

1) 몸과 마음 바라봄
2) 자연을 바라봄
3) 사람을 바라봄

태양의 탄생 봄나라

1. 소리 내어 읽기에 대하여
2. 눈으로 정확하게 보기
3. 입으로 정확하게 읽기
4. 귀로 정확하게 듣기
5. 이해하기
6. 체험기 쓰기
7. 책읽기 과정의 필요성
8. 감각계발 과정
9. 책읽기
10. 득음의 경지

11. 공부나 일을 잘하지 못하는 까닭
12. 소리와 표정
13. 지식이 아닌 감각으로 대화하는 법
14. 생각이나 언어의 허구성에 속지 않는 경지
15. 무엇 때문에 공부하는가?
16. 인간계발 자아완성의 기본 구도
17. 감각계발을 왜 해야 하는가?
18. 도를 닦는다는 말의 뜻은?
19. 견성이란 무엇인가?
20. 부정적인 생각을 다스리는 법

21. 감각과 생각을 거느리고 다스리고 부리고 쓰는 삶
22. 중심을 잡아 조화와 균형을 유지하고 운행하는 방법
23. 컨디션을 조절하며 살자
24. 만물의 영장
25. 정신일도 하사불성
26. 존재 자체를 즐기자
27. 몸과 마음을 다스리는 법
28. 무궁무진한 에너지
29. 있는 그대로의 자기를 사랑하기

30. 봄나라 비결

31. 창조의 내적과정
32. 돌아봄으로 존재 자체를 음미하기
33. 동하는 마음을 부동심으로 만들기
34. 생각을 다스리는 법
35. 현상도 못 보는데 어찌 본질을 보겠는가?
36. 봄나라 키가 나왔습니다
37. 본연의 자기가 주체가 되어 살아가는 삶
38. 부동심 만들기
39. 봄나라 책읽기 안내
40. 감각과 생각을 부려 쓰는 법

41. 도통의 경지
42. 석굴암 조각품을 본 소회
43. 부동심에서 본 부정과 긍정
44. 부동심에서는 살 맛 죽을 맛이 한 맛이다
45. 생각(말)을 깨달음
46. 봄나라 이정표
47. 태양의 탄생
48. 태양의 삶
49. 빛은 진공에서 나온다
50. 진공묘유(眞空妙有)

51. 무제(無題)
52. 오후(悟後)의 수행
53. 책읽기 과정의 효과
54. 텅 비운 가운데 살자
55. 정신이 우주만유의 씨다
56. 여의주를 굴리는 법
57. 정신의 구조와 속성
58. 늘봄의 생활
59. 책읽기 과정 가이드 지침

사람의 완성

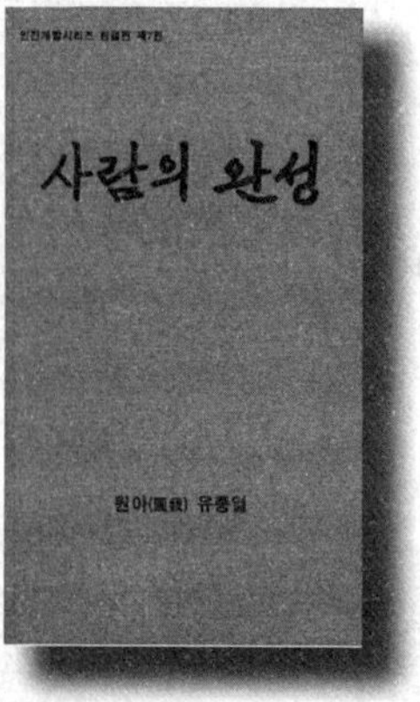

원아 유종열 지음 | 도서출판 봄나라 | 정가 30,000원
2009년 12월 3일 출간 | 376쪽 | 130*225mm | ISBN 978-89-956705-6-9 (030

| 목차 |

4. 앉아서 정신차려봄
5. 침묵
6. 침묵을 신(信)하라
7. 정신력
8. 마음이 텅 비워짐에서 오는 두 가지 갈림길
9. 텅 빈 가운데 충만하기
10. 텅 빈 공간에 정신을 차리면

11. 정신이 드는 과정
12. 독서백편의자현(讀書百遍義自見)
13. 책읽기의 낭독과 묵독
14. 정신은 나가고 들어오는 것이 아니다
15. 독서삼매(讀書三昧)
16. 정신력을 계발하는 법
17. 무엇을 얻기 위해 공부하는가?
18. 정신력계발 봄나라
19. 하나님이라는 의식으로 거듭나자
20. 만성피로증후군

21. 아토피(피부 가려움증)
22. 정신력 사용법
23. 평상심(平常心)에 점을 찍자
24. 천상천하 유아독존
25. 씨알과 열매
26. 무위법
27. 무의식적인 삶에서 의식적인 삶으로
28. 책읽기와 수행
29. 합일과 재능
30. 책 잘 읽는 것이 공부 잘 하는 비결이다

31. 책읽기 낭독의 효과
32. 구름이 가고 물이 흐르듯이
33. 안과 밖을 동시에 보는 눈을 뜨기 위하여

122. 지옥은 있어도 천국은 없다
123. 텅빔의 살림살이

삶의 완성

원아 유종열 지음 | 도서출판 봄나라 | 정가 30,000원
2010년 7월 10일 출간 | 352쪽 | 130*225mm | ISBN
978-89-956705-7-6 (03040)

| 목차 |

6. 카르마에 의한 운명의 결정
7. 카르마와 음양
9. 입자적인 조건부여와 파장적인 조건부여
10. 하나로 모으는 일심의 수행

11. 2010년 봄나라 수행의 두 가지 당부사항
12. 바르게 앉으면 대도가 이루어진다는 신념이 있어야
13. 허리를 곧고 바르게 펴는 것이 일심이자 무심이다
14. 천하대장군 지하여장군
15. 이목(耳目)이 총명한 사람
17. 제로(0)를 동반한 하나의 삶
18. 에너지와 빛이 나오는 무심에 일심의 코드를 꽂자

사랑의 완성

원아 유종열 지음 | 도서출판 봄나라 | 정가 30,000원
2010년 10월 15일 출간 | 440쪽 | 130*225mm | ISBN
978-89-94614-00-7 (03040)

| 목차 |

1. 소승에서 대승으로
2. 광명과 암흑
3. 봄나라는 무엇을 하는 곳입니까?
4. 사람 얼굴 구경하기
5. 나비의 눈과 우주의 눈
6. 구경하노라면 모양과 색깔이 텅 비워집니다
7. 신비와 아름다움, 기쁨과 행복
8. 생각의 눈과 감각의 눈
9. 봄나라와 질 볼트 테일러 박사
10. 좌뇌본위의 삶에서 우뇌본위의 삶으로 전환합시다

11. 기다림
12. 그리움

정신의 개벽

원아 유종열 지음 | 도서출판 봄나라 | 정가 30,000원
2011년 1월 15일 출간 | 440쪽 | 130*225mm | ISBN
978-89-9461-401-4 (03040)

| 목차 |

14. 한걸음 물러서서 구경하기
15. 감각으로 보는 6가지 쿼크(quark)
16. 이치로 본 거슬러 오름과 내려옴
17. 6가지 쿼크의 공간적 시간적 전개과정
18. 성리로 본 DNA 이중 나선구조
19. 식물인간도 생명의 환희를 누린다
20. 아픔은 자기를 사랑하지 않는데서 온다

21. 몸에 대한 깨달음이 있어야 자기를 사랑한다
22. 몸을 사랑하는 사랑의 주인 됩시다
23. 원자의 성리적 해석
24. 좌우의 조화와 균형
25. 깨달음은 수행의 시작이다
26. 멀티미디어시대의 스마트해지는 수행법
27. 고통의 의미
28. 몸과 마음의 관계
29. 단전호흡의 요령
30. 도가 무르익으면

31. 돈
32. 건강의 문제
33. 미술과 음악과 도학
34. 마음소와 몸소
35. 새지 않는 호흡
36. 주체성(主體性)
37. 주체적인 운동
38. 하단전에 점을 찍는 도리
39. 잠시라도 몸을 떠나지 맙시다
40. 몸에 대한 사랑을 꽃피웁시다

41. 성(性)에 대하여
42. 지혜에 관하여
43. 단전에 주하여야 봄의 능력이 나옵니다

104. 삶과 죽음
105. 진참회
106. 정신이란 무엇인가?
107. 정신과 마음
108. 정신의 개벽
109. 우주의 단전이 정신입니다
110. 하느님은 무엇입니까?

111. 의식의 혁명
112. 평상심(平常心)
113. 평상심을 보존하고 유지하기
114. 정신은 본래 여여(如如)합니다

깨달음의 완성

| 목차 |

원아 유종열 지음 | 도서출판 봄나라 | 정가 30,000원
2011년 5월 28일 출간 | 360쪽 | 130*225mm | ISBN 978-89-9461-403-8 (03040)

- 봄나라 수행법 세 가지

1. 방(房, room)
2. 자녀교육
3. 부부의 사랑
4.심심함을 수용하면 깨닫습니다
5. 심심함을 깨면 천당극락입니다
6. 봄나라의 비전
7. 봄나라 책을 읽으면 심심하게 만듭니다
8. 새벽별 보고 깨달은 사연
9. 심심함과 같이 놀다보면 화안해집니다
10. 정신의 스위치(s/w)

11. 망중한(忙中閑)의 삶을 삽시다
12. 정신을 알고 보아 몸과 마음을 다스립시다
13. 정신의 블랙홀
14. 마음먹기에 달렸습니다
15. 미세망념을 다스리는 법
16. 소원성취 만사형통
17. 자기 안에서 싸움이 그쳐야
18. 자유 평화 행복
19. 경계를 당하여 평상심을 유지하기
20. 무한대(∞) 분(分)의 x는 제로(0)입니다

21. 대인관계에 왜?는 없다
22. 모든 사람을 공경합시다
23. 선과 악은 남이 아니라 나의 문제입니다
24. 빛과 열기
25. 자기 얼굴에 책임집시다
26. 도덕(道德)
27. 착한 사람이 됩시다
28. 텅 빈 요괴(妖怪)
29. 깨달음은 깨달음에 대한 기억이 아닙니다
30. 착한 사람이 건강과 평화와 행복을 누립니다

61. 찰나가 영원입니다
62. 텅 비고 화안하고 고요함
63. 모르는 자리란?
64. 이미지로서의 몸과 감각으로서의 몸
65. 봄공부는 부자가 되는 길입니다
66. 영과 육의 소통
67. 봄공부는 겁대가리 없는 사람이 되는 길입니다
68. 있는 그대로와 계합되는 것이 도입니다
69. 대아와 소아
70. 화안하다는 것은?

71. 본질과 현상
72. 경계(境界)에 빠진다는 것은?
73. 동태눈이 독수리의 눈이 되어야 영안이 떠집니다
74. 시원하고 화안하고 고요함
75. 돈오돈수(頓悟頓修)
76. 무한성과 영원성을 상상하는 것과 실지로 봄의 차이
77. 자기에 대한 사후적인 심판 대신 즉각 감각하여야
78. 감각만이 진실입니다
79. 땅의 사람 하늘사람
80. 대인과 소인

81. 책읽기 낭독과정이 감각계발의 핵심입니다
82. 순수의식에서는 감각과 생각이 하나입니다
83. 어째서 하나입니까?
84. 영성의 광명과 물성의 광명
85. 한 이치 한 기운
86. 뇌량(腦梁)의 좌우 쌍방 연결통로 계발
87. 진정 싸움이 그쳤는가?
88. 광명의 하늘에서 본 진공묘유(眞空妙有)
89. 광명의 하늘에서 본 이기론(理氣論)
90. 광명의 하늘에서 본 〈너 자신을 알라〉

감각계발

원아 유종열 지음 | 도서출판 봄나라 | 정가 30,000원
2011년 12월 15일 출간 | 496쪽 | 130*225mm | ISBN 978-89-9461-405-2 (03040)

| 목차 |

115. 지혜의 칼
116. 모르는 자리와 아는 자리
117. 도통의 메커니즘
118. 삶(살림살이)
119. 두뇌와 눈귀로 무한하고 영원한 본질과 통합시다
120. 우주의 주인

121. 생명의 호흡
122. 시끄러움과 고요함
123. 고요한 가운데 빛이 납니다
124. 사람다운 사람이 되는 길
125. 감각으로 본 예의범절
126. 고요를 깨달아 증득하는 것이 진정 성공한 인생입니다
127. 고요함은 무엇이 깨닫는가?
128. 사람을 보는 척도
129. 무소속의 세상
130. 선천과 후천

131. 선천과 후천의 자유 평화 행복
132. 감각감상법
133. 자연의 이치에 따른 복지국가의 실현
134. 감각계발
135. 외계인과 우주인

136. 제로(0)와 하나(1)
137. 경계를 만나도 속이 상하지 않고 썩지 않으면
138. 텅 비고 고요하고 화안해지면
139. 편안하고 똑똑한 사람이 되는 길
140. 하늘과 땅, 우뇌와 좌뇌

141. 하늘나라 가는 길
142. 부정적인 사람이 긍정적인 사람으로
143. 도는 특별한 것이 아니다

마음이 몸을 늘봄

원아 유종열 지음 | 도서출판 봄나라 | 정가 30,000원
2013년 2월 25일 출간 | 474쪽 | 130*225mm | ISBN 978-89-9461-407-6 (03040)

| 목차 |

봄14 일상의 의식
봄15 머리에서 가슴을 거쳐 아랫배에 머물러야
봄16 고통은 순간이고 안식은 영원하다
봄17 호흡을 통한 대도의 운행
봄18 감각이 활짝 열리면
봄19 호흡을 감각하기
봄20 잡념과 악몽에 시달리는 까닭

봄21 감각계발의 필요성
봄22 정신 차리는 법
봄23 텅 비고 고요하고 화안하면
봄24 깨닫기 위해서는
봄25 좌우뇌 선택의 주인
봄26 몸과 마음을 감각하지 않을 때와 감각할때
봄27 수행은 감각의 재활치료입니다
봄28 결자해지(結者解之)
봄29 생각하고 말하는 법
봄30 언제나 각오하고 삽시다

봄31 삼위일체(2=1=0)
봄32 견물생심(見物生心)
봄33 인성 감성 인격이란 무엇인가?
봄34 3행(三行)의 실천
봄35 도통 법통 영통
봄36 늘봄의 옵션
봄37 정신과 육체
봄38 생각모드와 감각모드
봄39 자기 몸을 감각할 때와 남에 대한 이미지를 지울 때
봄40 사람이란 무엇인가?

봄41 무문관 제1칙 조주 무자
봄42 육체를 감각하는 순간 정신이 듭니다
봄43 무문관 제3칙 구지스님이 손가락을 들다

숨죽여봄

원아 유종열 지음 | 도서출판 봄나라 | 정가 30,000원
2013년 2월 25일 출간 | 568쪽 | 130*225mm | ISBN 978-89-9461-408-3 (03040)

| 목차 |

둘이 하나가 된 둥근 사람

원아 유종열 지음 | 도서출판 봄나라 | 정가 30,000원
2015년 5월 21일 출간 | 672쪽 | 130*225mm | ISBN 978-89-9461-09-0 (93110)

1. 모난 사람과 둥근 사람
2. 무한하게 넓은 내면의 하늘은 어째서 둥근가?
3. 공간적으로 무한한 진공(眞空)의 하늘,
   태초(太初)의 하늘, 내면(內面)의 하늘 보러 가는 길
4. 형이상학(形而上學) 〈하늘의 성품(性稟)인 둥근 이치, 하나의 이치〉
5. 우주(宇宙)의 본질(本質)과 현상(現象)

6. 21세기는 영감(靈感)의 시대입니다
7. 텅빔과 가득참, 암(暗)과 명(明), 정(靜)과 동(動),
   양극단(兩極端)인 둘이 하나가 되면 둥글다
8. 마음본위와 몸본위, 생각의 모드와 감각의 모드
9. 몸과 마음의 일체(一體), 심신일여(心身一如)
10. 몸 돌아봄의 생활로 마음을 길들이기

11. 내면의 하늘과 외면의 하늘, 음양(陰陽)의 균형(均衡)과 조화(調和)
12. 나의 내면에 있어서의 음(陰)과 양(陽), 암(暗)과 명(明)
    하나를 이루어 해탈(解脫)하는 법

61. 점(點)을 찍은 다음 옆으로 선(線)을 그어
하나 일(一)자를 써야
심(深)호흡이 일어나는 것을 지켜 볼 수 있습니다
62. 오매일여(寤寐一如)가 생사자재(生死自在)입니다
63. 몸의 신경(神經)을 쓰면서 살면 생각이 꺼집니다
64. 몸의 신경이 완전히 살아나야 호흡돌아봄이 가능하여
목숨의 호흡이 심호흡으로 바뀝니다
65. 〈호흡을 늘 돌아봄〉 이야말로 〈몸돌아봄〉 의 핵심이요 공부의 끝입니다

66. 돌아봄의 지속으로 몸이라고 하는 점(点)으로
관심과 기운을 모아 점찍기
67. 생각의 모드에서는 목숨의 호흡이 되고,
감각의 모드에서는 심호흡이 됩니다
68. 명암일색(明暗一色), 심신일여(心身一如),
동정일여(動靜一如), 오매일여(寤寐一如),
생사일여(生死一如)
69. 본질인 정신과 물질인 마음(생각)
70. 순간적으로 〈숨끊어져봄 〉 에서
연속적으로 〈숨끊어져 봄을 지속시켜〉 하여
심호흡을 복원시킵시다

71. 일이관지(一以貫之), 올인(all in)
72. 몸 돌아봄을 해야 하는 까닭?
73. 〈하나〉 는 무엇입니까?
74. 내가 어째서 우주의 주인입니까?
75. 정신이 든다고 하는 말에는 무슨 뜻이 있나요?
76. 정중동(靜中動)의 삶
77. 전기(電氣)와 정신(精神)
78. 정신이라는 원전기(元電氣)를 몸의 코드에 꽂아 쓰는 법
79. 인터넷 공간과 정신세계
80. 사람이라면 어느 누구도 미워해서는 안되는 까닭?

102. 열 길 물 속은 알아도 한 길 사람 속은 알기 어려운 까닭은?
103. 침묵(沈默)은 금(金)이요 웅변(雄辯)은 은(銀)이다
104. 심신일여(心身一如)에서 육체(肉體)를 찾고 영체(靈體)를 찾기
105. 용(龍)이 등천(登天)하는 길, 〈본격돌아봄으로 득력(得力)하기〉

106. 둘이 하나가 된 둥근 사람
107. 이치(理致)와 기운(氣運) 둘 다 갖추어 하나가 되어야 둥근 사람입니다
108. 사람 위에 사람 없고 사람 밑에 사람 없는 오직 한 법(一法)
하늘이 정한 법 따라 순천자(順天者)가 됩시다
109. 둘이 하나가 된 둥근 인간이란
자기가 자기에 대한 믿음이 선 인간이 되는 것입니다
110. 후천세상(後天世上)이 이 세상에 도래(到來)할 징조(徵兆) 세 가지

111. 대각여래위(大覺如來位)
112. 상위직(上位職)이나 하위직(下位職)이나
에고를 조복(調服)받는 공부를 함에 절대평등(絶對平等)합니다
113. 자연성(自然性)과 인성(人性)
외면적으로는 인성이 자연성을 이기고 있으나
내면적으로는 인성이 자연성에 지고 있습니다
114. 어째서 사람이 고귀(高貴)하고 위대(偉大)하고 존엄(尊嚴)한 존재입니까?
115. 죄(罪)를 짓는 것과 벌(罰)을 받는 것은 둘이 아닌 하나입니다

116. 〈본격돌아봄〉 은 몸과 마음 〈돌아봄〉에 전심전력한 나머지
〈바라봄〉의 힘보다 〈돌아봄〉 의 힘이 현격하게 약하다는 것을
통렬하게 절감함에서 시작됩니다
117. 움직이는 동(動)의 힘과 움직이지 않는 정(靜)의 힘
118. 심신의 분열(分裂)에서 심신의 합일(合一)에 이르기까지의 두 가지 고개
119. 상실한 육체를 복원한 다음 본질인 영체를 깨닫기 까지
120. 몸을 상실(喪失)하고 사는 시대에서 몸을 증득(證得)하고 살아
영육(靈肉)이 하나가 된 시대를 살아갑시다

121. 왜 살며 어떻게 살아야 하는가?
122. 상대(相對)가 끊어져 절대자(絶對者)가 된 둥근 사람

123. 천지인(天地人)
124. 오직 문제되는 것은,
내가 하늘 사람이냐 땅의 사람이냐가 문제일 뿐입니다
125. 위대(偉大)한 본질(本質),
영체(靈體)에서 발하는 영감(靈感)의 능력이란?

126. 영체를 깨달아 영체를 늘보면
정신의 체를 받아
상대를 거느리고 다스리고 부리고 쓰는 지혜가 발현되어
만능만덕이 나옵니다
127. 도란 결국 자동화시스템으로 가는 길입니다
128. 둥근 사람이 되기 위한
오직 하나의 서원(誓願), 주문(呪文), 기도(祈禱)

가만히있어봄 (상)

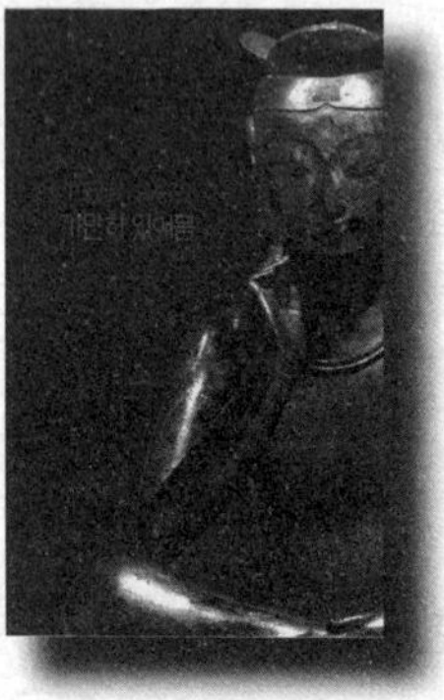

원아 유종열 지음 | 도서출판 봄나라 | 정가 30,000원
2016년 9월 21일 출간 | 403쪽 | 130*225mm | ISBN 978-89-94614-11-3, 978-89-94614-10-6 (94110) 세트

|목차 |

봄3 정신이 들면
봄4 정신개벽의 원년임을 선포합니다 (2015년 8월16일)
봄5 소리 있는 소리와 소리 없는 소리
봄6 초승달 반달 보름달
봄7 대소유무(大小有無)의 이치
봄8 동정일여(動靜一如) 〈동중정(動中靜), 정중동(靜中動)〉
봄9 영흥도에서 해보름달을 보았고 배가 하늘을 나는 모습도 보았습니다
봄10 텅비고 고요하고 화안한 경지를 증득하여
자동으로 부동하고 불변한 본성이 지켜짐을 스스로 입증해봅시다

봄11 스트레스의 근본 원인은 실지로 무엇인가?
봄12 초발심시 변정각(初發心時 便正覺)
봄13 부(富) 권력 명예 지위보다 더 중요한 것이 무엇입니까?
봄14 제로(0)와 하나(1)의 이치와 의미
봄15 거듭나기
봄16 대보름달맞이 트레킹의 강령(綱領)
봄17 본 대보름달맞이 트레킹의 의미와 의의
봄18 봄나라에서 본 신통력(神通力) 〈정신의 능력〉
봄19 사랑과 자비와 인(仁), 도(道)의 실천행은
〈싸우지 않고 살기〉입니다
봄20 본질은 멍이고 현상은 망(亡)이다

봄21 길을 닦고 도를 통하게 하는 구체적인 뜻은?
봄22 유체이탈(遺體離脫)과 유체이탈화법(遺體離脫話法)
봄23 본질(本質)의 정치(政治)란?
봄24 본질(本質)의 경제(經濟), 진짜 부자 장자되는 길
봄25 생각을 통한 음양상극과 감각을 통한 음양상생의 전개과정
봄26 천지인(天地人)이 하나인 인존시대(人尊時代)
봄27 10단의 경지 - 반집승
봄28 한 생각을 내면 죄가 수미산이다
봄29 알음앓이, 식자우환(識字憂患)
봄30 확철대오(廓徹大悟)란 무엇입니까?

가만히있어봄 (하)

원아 유종열 지음 | 도서출판 봄나라 | 정가 30,000원
2016년 9월 21일 출간 | 451쪽 | 130*225mm | ISBN 978-89-94614-12-0, 978-89-94614-10-6 (94110) 세트

|목차|

봄102 삶의 두 갈래길, 바라봄의 길과 돌아봄의 길 중,
어느 길로 가시렵니까?

봄103 인공지능이 인간의 지능을 능가하는 시대에
인간이 가야할 길 도(道)

봄104 영성(靈性)과 물성(物性)

봄105 인공지능인 로봇시대를 맞아
기계의 노예가 되지 않고
기계의 주인이 되는 인간만이 할 수 있는
두뇌의 혁명이란?

봄106 소아와 대아가 하나가 되는 방법

봄107 몸과 마음을 자유자재하게 부리고 쓰려면

봄108 몸이 아프지 않고 마음이 괴롭지 않게 살 수 있는 이치가 있나요?

봄109 어째서 인공지능 시대에 인간은 생각의 주인이어야 하는가?

봄110 꽃샘 추위 속에서 봄꽃이 피어나는 도리
〈숨죽여봄을 통한 호흡자재〉

봄111 생각을 자유자재하게 다스리고 부리고 쓰기

봄112 생각과 감각에 대한 깊은 내적 통찰(洞察, insight) 해보기

봄113 생각의 모드에서는 음양이 상극하고
감각의 모드에서는 음양이 상생합니다

봄114 나는 누구인가? 하나의 나 깨닫기!!!

봄115 나에게 있어 전지전능(全知全能)이란?

봄116 몇가지 질문 사항

봄117 무엇을 에고라고 하는가?

봄118 가만히 있어보면

봄119 몰입(沒入)이냐 돌아봄이냐?

봄120 돌아봄으로
내면의 하늘, 본질의 하늘, 태초의 하늘을 보면

봄121 우주를 창조하고 운행하는 힘의 도움을 받아
자기가 받은 천업(天業)을 달성하기

봄122 어떠한 것을 일러 정신개벽이라고 하는가?

봄123 하나님과 사탄(satan) 누구를 따를 것인가?

한번 깨어나 살자꾸나!
봄나라
나는 봄의 힘으로 산다
봄나는 어떻게 삶을 창조하고 운행하는가
봄나의 증득
태양의 완성 봄나라
사람의 완성
삶의 완성
사랑의 완성
정신의 개벽
깨달음의 완성
감각 계발
마음이 몸을 놓음
숨쉬어 봄
둘이 하나가 된 둥근 사람
싸우지 않고 사는 사람
봄나라

| 원아 유종열 선생의 책 목록 |

제1권과 제2권의 개정 증보 합본
한번 깨어나 살자꾸나 (40,000원)
제3권 나는 봄의 힘으로 산다 (20,000원)
제4권 봄나는 어떻게 삶을 창조하고 운행하는가 (20,000원)
제5권 봄나의 증득 (20,000원)
제6권 태양의 탄생 봄나라 (20,000원)
제7권 사람의 완성 (30,000원)
제8권 삶의 완성 (30,000원)
제9권 사랑의 완성 (30,000원)

제10권 정신의 개벽 (30,000원)
제11권 깨달음의 완성 (30,000원)
제12권 감각계발 (30,000원)

제13권 마음이 몸을 늘봄 (30,000원)
제14권 숨죽여봄 (30,000원)
제15권 둘이 하나가 된 둥근 사람 (30,000원)
제16권 가만히 있어봄 (상) (20,000원)
제17권 가만히 있어봄 (하) (20,000원)
제18권 싸우지 않고 사는 사람 (40,000원)

| 책을 읽고 강의 듣는 목적 |

봄나라 책 1권에서 18권을 읽고
강의를 듣는 목적은 무엇일까요?

본심을 회복하기 위함입니다.